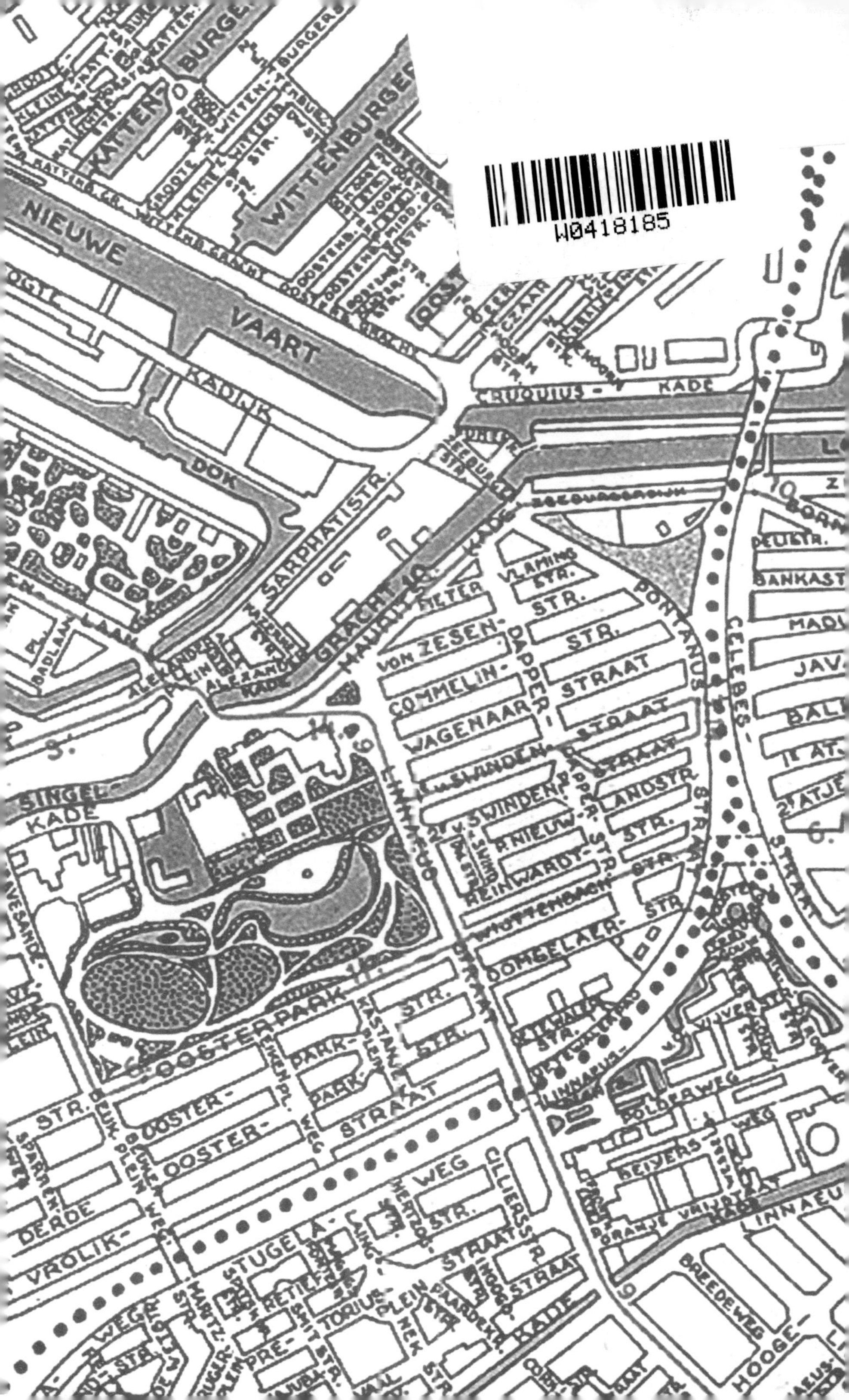

KATTENBURGER
WITTENBURGER
NIEUWE VAART
KADIJK
DOK
SARPHATISTR.
GRACHT
MAURITS KADE
ALEXANDER KADE
SINGEL KADE
PLANTAGE
CRUQUIUS KADE
ZEEBURGERDIJK
VLAMING STR.
PIETER STR.
VON ZESEN STR.
COMMELIN STRAAT
WAGENAAR STRAAT
SWINDEN STRAAT
DAPPER STR.
NIEUWLANDSTR.
REINWARDT STR.
WIJTTENBACH STR.
DOMSELAER STR.
PONTANUS STRAAT
CELEBES STRAAT
BANKASTR.
LINNAEUS STRAAT
OOSTERPARK
OOSTER PARK STRAAT
KASTANJE PLEIN
EIKENPL.
POLDERWEG
CILLIERSSTR.
STUGELA WEG
STRAAT
VROLIK
DERDE
SPARREN
BREEDEWEG
HOOGE
KADE

MIRJAM BOLLE

»Ich weiß, dieser Brief wird Dich nie erreichen«

Tagebuchbriefe aus Amsterdam, Westerbork und Bergen-Belsen

Aus dem Niederländischen von
Stefan Häring und Verena Kiefer

Eichborn BERLIN

Originaltitel: Ik zal je beschrijven hoe een dag er hier uitziet
Dagboekbrieven uit Amsterdam, Westerbork en Bergen-Belsen
Met een inleiding van Johannes Houwink ten Cate

Erstveröffentlichung in den Niederlanden 2003
bei Uitgeverij Contact, Amsterdam/Antwerpen

Die Arbeit an dieser Übersetzung wurde gefördert vom Nederlands Literair Productie- en Vertalingenfonds.

Wir danken Kai Gruzdz für das Erstellen der Zeittafel und der Anmerkungen sowie für die Ergänzung des Vorwortes für die deutsche Ausgabe.

Stadtplan von Amsterdam (1941) © Amsterdam City Archives
Karte »Der 2. Weltkrieg in Europa (1939–1945)« mit freundlicher Genehmigung aus *Großer Atlas zur Weltgeschichte* © George Westermann Verlag, Braunschweig

Fotos auf den Seiten 1 und 297 © Mirjam Bolle

1 2 3 4 07 06

Umschlaggestaltung: Christine Voigt
Lektorat: Angelika Winnen und Esther Kormann
Layout: Cosima Schneider
Gesamtherstellung: Fuldaer Verlagsanstalt, Fulda
(Eichborn Berlin)

ISBN 3-8218-5768-4

Verlagsverzeichnis schickt gern:
Eichborn Verlag, Kaiserstraße 66, 60329 Frankfurt am Main
www.eichborn.de
www.eichborn-berlin.de

Inhalt

Einleitung von Joh. Houwink ten Cate — 7

Amsterdam — 19
Westerbork — 167
Bergen-Belsen — 221

Zeittafel — 298

Einleitung
Johannes Houwink ten Cate

Die hier veröffentlichten Tagebuchbriefe aus den Jahren 1943 und 1944 wurden von Mirjam Levie geschrieben, einer jungen Jüdin, die als Privatsekretärin beim Jüdischen Rat von Amsterdam arbeitete und die gerade Mitte zwanzig war, als die Juden von den Deutschen aus dieser Stadt deportiert wurden.[1]

Daß die Briefe, die in Amsterdam, im Durchgangslager Westerbork und im sogenannten Austauschlager Bergen-Belsen entstanden, erhalten geblieben sind, ist ein großer Glücksfall: Die Briefe aus Amsterdam und Westerbork hatte Mirjam Levie Ende 1943 in einen wasserdichten Beutel gepackt und über einen Bekannten an eine Kollegin ihres Vaters geschickt, die sie in einem Lagerhaus der *Nederlands Aziatische Handelmaatschappij* (Niederländisch-Asiatische Handelsgesellschaft) am Hoogte Kadijk, wo ihr Vater Maurits (Moritz) Jacob Levie einst als Prokurist bzw. im Vorstand tätig war, versteckte. Sie blieben dort unentdeckt, bis ihr Schwager Jo Pronk sie 1947 aus dem Versteck holte und mitnahm, als er illegal nach Palästina auswanderte. Die Tagebuchbriefe aus Bergen-Belsen konnte Mirjam Levie selbst aus dem Lager schmuggeln, als sie Bergen-Belsen 1944 mit dem einzigen Austauschtransport in Richtung Palästina verließ, obwohl die Häftlinge natürlich durchsucht

1 Bei den biographischen Angaben stütze ich mich auf das Interview des Dokumentarfilmers Willy Lindwer mit Mirjam Bolle-Levie in Jerusalem, das er 1994 für seinen Film *Het Fatale Dilemma* (Das fatale Dilemma) über den Jüdischen Rat für Amsterdam machte. Eine bearbeitete Fassung wurde 1995 in dem gleichnamigen Buch veröffentlicht. Das ursprüngliche Interview kann in der Bibliothek des NIOD (*Nederlands Instituut voor Oorlogsdocumentatie*, Niederländisches Institut für Kriegsdokumentation) in Amsterdam eingesehen werden.

wurden. Mirjam Levie warf sie »in einem unbewachten Augenblick das Päckchen zu dem schon untersuchten Haufen« des Reisegepäcks (»so weit ich konnte, damit es nicht mehr zu sehen wäre«), suchte es später wieder zwischen den Rucksäcken hervor und brachte es mit nach Palästina.

Mirjam Levies Tagebuch in Briefen ist so ergreifend wie historisch einzigartig. Zum einen legt es Zeugnis ab von der Tätigkeit des Jüdischen Rats von Amsterdam, einer ausgesprochen umstrittenen Institution. Es gibt keine vergleichbare Quelle von einem Mitarbeiter des Jüdischen Rates, die erhalten geblieben ist. Daneben erzählen die Tagebuchbriefe – wie alle Erinnerungen von Deportierten – eine sehr persönliche Geschichte von Verfolgung, Elend und Leid. Das geht gar nicht anders. Aber im Unterschied zu vielen anderen Berichten über den Holocaust wurden diese Briefe ohne die Einsichten verfaßt, die man im Rückblick hat, ohne die Erinnerung an die Zeit nach der Befreiung, die authentische Erinnerungen verändern und sogar verfälschen können. Jeder von uns, egal ob Jude und Nichtjude, paßt seine Erinnerungen ja fortwährend dem späteren Lebenslauf an, ob wir das wollen oder nicht. Diese Unmittelbarkeit der Darstellung halte ich für die zweite Besonderheit der Tagebuchbriefe von Mirjam Levie.

Als Sekretärin beim Jüdischen Rat, dem die Juden, wenn sie nicht über gute Kontakte verfügten, ablehnend gegenüberstanden, war Mirjam Levie in einer privilegierten Position, die sie zugleich in die Lage versetzte, mehr von den Geschehnissen um sie herum zu überblicken als Tausende anderer Amsterdamer Juden. Ihr zukünftiger Schwager Max Bolle hatte zudem bis zu seiner Deportation eine sehr wichtige Stellung innerhalb des Jüdischen Rates: Er war »Allgemeiner Sekretär«; sein »Bolle-Brief« verschaffte den Mitarbeitern des Jüdischen Rates die begehrten Deportations-«Sperren«.[1]

So sind diese Briefe auch die Aufzeichnungen einer Frau, die mehr wußte und sicher mehr begriff als viele andere. Imponierend ist vor allem ihre Ruhe, die sie sich beim Schreiben der Briefe bewußt erkämpfte. Wer liest, was sie notiert hat, wird ohne Zweifel sehr davon beeindruckt sein, wie diese junge Frau, die im Grunde fast noch ein Mädchen war, versuchte, Verstand und Würde zu bewahren in einer von der nationalsozialistischen Besatzungsverwaltung pervertierten und von Angst bestimmten Welt – einer Welt, die infolge der ständigen Deportationen immer kleiner, beklemmender und panischer wurde.

Nachdem Mirjam Levie über Westerbork nach Bergen-Belsen deportiert worden war, schrieb sie weiter. Auch das ist ungewöhnlich. Von den Tausenden niederländischer Juden, die nach Bergen-Belsen gebracht wurden, schrieben nur sehr wenige dort ein Tagebuch.[2] Für Mirjam Levie gab es einen gewichtigen Grund dafür, nicht damit aufzuhören, Tagebuchbriefe zu schreiben: Ihre Berichte waren an ihren Verlobten Leo Bolle gerichtet, den sie heiraten wollte. Sie schrieb in dem Wissen, daß sie diese Briefe nicht würde abschicken können, denn Leo war bereits in Palästina. Das ist sicher das Anrührendste an dieser Sammlung nie verschickter und gut versteckter Tagebuchbriefe. Mirjam Levie schrieb in einem ruhigen, nüchternen Stil – auch aus Liebe zu ihrem Verlobten. Sie hatte schnell begriffen, daß in der Besonnenheit ihre einzige Chance lag, wollte sie diejenigen retten, die ihr lieb waren, und den Mann ihres Lebens jemals wiedersehen. Wenn Mirjam Levie an ihren Verlobten schrieb, konnte sie zudem auf eine gewisse Weise auch der äußeren Katastrophe entfliehen; sie vergaß sich. Aber nur dann.

---

1 Die »Bolle-Briefe« waren etwa bis September 1942 gültig; danach bekam der Inhaber des Personalausweises einen Freistellungsstempel. An der Nummer war zu erkennen, um welche Art von Stempel es sich handelte. Ein tüchtiger Polizist konnte somit erkennen, ob der Inhaber des Ausweises beim Jüdischen Rat arbeitete oder für die Wehrmacht etc.

2 Es gibt u.a. Aufzeichnungen von Abel Herzberg, Renata Laqueur und Louis Tas, die später veröffentlicht wurden. Abel Jacob Herzberg: *Zweistromland. Tagebuch aus Bergen-Belsen* (Wittingen 1997); Renata Laqueur: *Bergen-Belsen-Tagebuch: 1944, 1945* (Hannover 1995); Louis Tas: *Tagebuch aus einem Lager* (Göttingen 2002).

Wie sie lange nach dem Krieg erzählte, schrieb Mirjam Levie ihre Briefe in der Absicht, ihrem Mann später, wenn sie wieder zusammen waren, »einmal alles ausführlich zu berichten. In Wirklichkeit ist das so gut wie gar nicht geschehen. Natürlich haben wir kurz nach meiner Rettung darüber gesprochen, aber die Ereignisse in Eretz Israel, der Kampf gegen die Engländer, die Errichtung des Staates, der Befreiungskrieg und all die anderen Kriege, die Geburt unserer Kinder und der Kampf um unsere Existenz haben uns so sehr beansprucht, daß wir an den täglichen Sorgen und Freuden genug hatten. Ich brauchte die Vergangenheit nicht von mir abzustreifen. Sie trat von selbst in den Hintergrund.«

Mirjam Levie wurde 1917 in Amsterdam geboren. Ihre Mutter, Sara Levie-Oesterman, die Celine genannt wurde, da Sara »in dieser Zeit« – einer Zeit der niederländisch-jüdischen Symbiose – »zu jüdisch klang«, war Hausfrau und Mutter zweier Töchter. Mirjams Vater war schon in jungen Jahren Anhänger der zionistischen Idee. »Das war damals eigentlich auch sehr ungewöhnlich.« Die zahlreichen Familienmitglieder waren der Ansicht, dieser Zionismus sei »eine lächerliche Idee«. Ihre Onkel respektierten zwar den Standpunkt des Vaters und waren bereit, Geld für »das gute Ziel von Maurits Levie« zu spenden, aber sie meinten auch: »Wir sind Holländer, was sollen wir in Palästina?«

Mirjams Eltern schickten die Tochter auf eine jüdische Grundschule, obwohl diese nicht in unmittelbarer Nähe lag und sie dadurch einen weiten Fußweg hatte. Nach der Grundschule ging Mirjam 1929 auf die jüdische Mittelschule, die sie 1934 abschloß. »Danach stellte sich die Frage, was ich machen sollte.« Ihre Stärke waren Sprachen. Ihre Eltern wollten, daß sie studierte, weil sie selbst diese Möglichkeit nicht gehabt hatten. »Ich war ziemlich nüchtern und sagte: Ich will Sprachen studieren. Ich wollte allerdings nicht unterrichten.« Daher nahm Mirjam von der Idee eines Studiums Abstand, entschloß sich zu einer Sekretärinnenausbildung und erwarb Abschlüsse in Niederländisch, Deutsch und Englisch. Während ihrer Ausbildungszeit verliebte sie sich als Achtzehnjährige (1935) in Leo Bolle, der ebenfalls aus einer jüdischen Amsterdamer Familie mit zionistischer Gesinnung kam. Sie hatten sich bei Zusammenkünften von Zichron Ja'akov kennengelernt, der Jugendorganisation der Mizrachi, der religiösen Zionisten.

Leo Bolle (1912–1992) war Schüler des Niederländisch-Israelitischen Seminars. Seine Eltern wollten, daß er Rabbiner würde. Doch Leo war Idealist und wollte lieber als Pionier nach Palästina. Die »ganze Familie« und die »ganze Umgebung« fanden das »lächerlich«, sagte Mirjam später. Sie verstanden ihn nicht. »Warum mußt du aus den Niederlanden weg? Du kannst hier doch leicht eine Stelle finden, du kannst hier eine Familie gründen. Warum mußt ausgerechnet du nach Palästina?« Aber Leo blieb bei seinem Vorhaben. Nach einigen Abschiedsbesuchen bei hohen jüdischen Würdenträgern Amsterdams, unter ihnen auch beim Oberrabbiner, brach er im Januar 1938 nach Palästina auf.

Mirjam Bolle ist ebenfalls Zionistin. So sah sie sich vor dem Krieg, so sah sich ihr Mann, und so sieht sie sich heute noch immer – nicht ohne Grund. Als Leo nach Palästina ging, war es beschlossene Sache, daß sie folgen würde. Während sie auf ihr Visum wartete, suchte sie sich eine Arbeit. Schon kurz nach Leos Abreise bekam sie eine Anstellung beim Komitee für Jüdische Flüchtlinge, einer Abteilung des Komitees für Besondere Jüdische Interessen, das unter dem Vorsitz des Diamantenhändlers und Präsidenten der Niederländisch-Israelitischen Gemeinde Abraham Asscher stand, tatsächlich aber von dem Universitätsprofessor für klassische Sprachen David Cohen geleitet wurde, der auch das Flüchtlingskomitee verwaltete. Mirjam hatte sich auf eine Anzeige im *Nieuw Israelietisch Weekblad* (Neues Israelitisches Wochenblatt) beworben und war genommen worden, weil sie sehr gut Deutsch konnte. Sie wurde Privatsekretärin von Henri Eitje, einem Mitarbeiter Cohens. Eitje diktierte Mirjam Levie täglich dutzende Briefe an die Fremdenpolizei, an den Reichsdienst zur Bekämpfung der Arbeitslosigkeit, an das Justizministerium, an die deutsch-jüdischen Organisationen und an die um Aufenthaltserlaubnis flehenden deutschen Juden selbst.

Nach der Machtergreifung der Nationalsozialisten in Deutschland und deren antisemitischer Politik flüchteten viele deutsche Juden in die Niederlande. Das Land war zum einen besonders gefragt, weil die Niederlande im Ruf standen, Minderheiten gegenüber tolerant zu sein, und zum anderen natürlich wegen der geographischen Nähe zu Deutschland. (Zu den heute bekanntesten Flüchtlingen gehörte auch Anne Frank, die 1933 mit ihrer Familie aus Frankfurt am Main nach Amsterdam flüchtete.) Zwischen 1933 und 1938 kamen mehr als 10 000 jüdische Flüchtlinge legal oder illegal aus Deutschland, obwohl die niederländische Regierung die Einreisemöglichkeiten bereits ab 1934 stark einschränkte. Auch nachdem die Grenzen am 15. Dezember 1938 endgültig geschlossen wurden, kamen weitere deutsche Flüchtlinge ins Land. Dies veranlaßte die niederländische Regierung, zunächst 25 Auffanglager einzurichten sowie später, ab Oktober 1939, ein zentrales Flüchtlingslager in der Gemeinde Westerbork, unweit der deutschen Grenze.

Vor allem die jüdischen Organisationen wie das Komitee für Jüdische Flüchtlinge, in dem Mirjam Levie tätig war, halfen den deutschen Flüchtlingen, indem sie Unterkunft und Nahrung besorgten. Das 1933 gegründete Komitee für besondere jüdische Belange verbürgte sich gegenüber dem niederländischen Staat dafür, daß die jüdischen Flüchtlinge aus Deutschland dem Staat keine Kosten verursachen würden und das Komitee alles in seiner Macht Stehende unternehmen werde, um die Flüchtlinge zur Emigration in andere Staaten zu bewegen. Die überwiegende Mehrheit der Emigranten wanderte tatsächlich wieder aus; nur eine Minderheit durfte in den Niederlanden bleiben. Die jüdischen Hilfsorganisationen mußten 1938 eine Bürgschaft von einer Million Gulden für die Einrichtung von Flüchtlingslagern zahlen. Auch das 1939 eröffnete zentrale Flüchtlingslager Westerbork, in dem etwa 1000 unverheiratete junge jüdische Männer untergebracht wurden, wurde von den niederländischen Juden finanziert.

Als Sekretärin im Komitee für Jüdische Flüchtlinge erlebte Mirjam Bolle hautnah den täglichen Kampf um die Aufenthaltsgenehmigungen für die deutsch-jüdischen Flüchtlinge. Sie brachte ihren beiden Chefs Cohen und Eitje viel Respekt und Bewunderung entgegen, wenn diese in einer Audienz – Zylinder verpflichtet – den Justizminister darüber aufzuklären versuchten, daß die deutschen Juden in Lebensgefahr waren und daher in den Niederlanden aufgenommen werden mußten. »Manchmal gelang es. Und manchmal auch nicht. Außerdem mußte ich auch Besucher empfangen und mir anhören, was sie wollten und was sie zu erzählen hatten, und dann Termine mit Henri Eitje machen. Eitje hat sich für Hunderte von Menschen sehr eingesetzt und sehr hart für sie gekämpft. Er war nicht immer gleich freundlich, das lag nicht in seiner Art, aber er hat alles getan, um zur Verbesserung ihrer Lage beizutragen.«

Vor allem die Berichte der deutschen Juden, die Konzentrationslager von innen gesehen hatten, waren erschreckend. Es gab Berichte von »Schlägen und Mißhandlungen, wenig Essen und allen möglichen sadistischen Strafen.« Damals, vor 1940, waren die Konzentrationslager noch keine reinen Todesfabriken, sondern dienten als Terrorinstrumente, um die Emigration der deutschen Juden zu beschleunigen. Wenn Mirjam Levie, die damals gerade erst zwanzig Jahre alt war, ihrer Familie diese Geschichten erzählte, reagierte diese beschwichtigend: »So schlimm ist das alles nicht, und in Holland gibt es so etwas nicht. Davor brauchst du wirklich keine Angst zu haben. Das passiert in Deutschland, dort kann so etwas geschehen. Hier nicht. Du darfst nicht so schwarzsehen.«

Am 10. Mai 1940 jedoch überfiel die deutsche Wehrmacht die Niederlande. Binnen kurzer Zeit wurde das Land überrannt. Die Regierung unter Königin Wilhelmina setzte sich am 13. Mai nach London ab. Am 14. wurde die Innenstadt Rotterdams von deutschen Flugzeugen zerbombt, über 800 Niederländer kamen ums Leben, und 78 000 Rotterdamer wurden obdachlos. Am selben Tag kapitulierte das niederländische Heer mit Ausnahme der Truppen in der Provinz Zeeland. Bald nach der Besetzung begannen die Judenverfolgungen. Am 22. und 23. Februar 1941 gab es die erste große Razzia, ca. 400 Juden – junge jüdische Männer – wurden über das niederländische Lager Schoorl und Buchenwald nach Mauthausen verschleppt.[1] Daraufhin kam es zu einem zweitägigen Generalstreik, der von den Besatzern blutig niedergeschlagen wurde. Die Liquidation der jüdischen Betriebe begann im Oktober 1940; im November wurden alle jüdischen Beamten aus dem öffentlichen Dienst entlassen. Am 10. Januar 1941 wurde das Gesetz für die Meldepflicht für Personen, die »ganz oder teilweise jüdischen Blutes sind«, erlassen. Auf Befehl des deutschen Beauftragten des Reichskommissars für die Stadt Amsterdam, Dr. Hans Böhmcker, mußte die Jüdische Gemeinde in Amsterdam am 13. Februar 1941 einen sogenannten »Judenrat« gründen. Dieser Rat diente den Besatzern als »Befehlsübermittlungsstelle«, damit die geplanten Deportationen möglichst reibungslos verliefen.

Nachdem das Flüchtlingskomitee im März 1941 auf Befehl von Sicherheitspolizei und SD im Jüdischen Rat aufgegangen war, arbeitete Mirjam Levie für diese Organisation. Zunächst hatte der Jüdische Rat ähnliche Aufgaben wie das Flüchtlingskomitee: Er unterstützte Tausende der im besetzten niederlän-

---

1 Da die Sterbeurkunden nach Amsterdam verschickt wurden, kam Mauthausen in den Ruf, eine Tötungsstätte niederländischer Juden zu sein. Es wurde daher »Mordhausen« genannt.

dischen Gebiet lebenden deutsch-jüdischen Immigranten. Schon bald aber wurde der Jüdische Rat zu einer Institution, die die Befehle der Besatzungsmacht vermitteln sowie die Verantwortung für alle Juden übernehmen mußte. Jüdische Kinder mußten Schulen besuchen, die dem Jüdischen Rat unterstanden. Juden war es verboten, auf anderem Weg als über den Jüdischen Rat Kontakte zum niederländischen oder deutschen Beamtenapparat aufzunehmen. Wer umziehen oder verreisen wollte, mußte sich zuerst an den Jüdischen Rat wenden. Somit wurden alle Juden vom Jüdischen Rat abhängig, der zuvor ein reines Organ zur Wahrung jüdischer Interessen gegenüber den Besatzern gewesen war. Mit dieser veränderten Funktion, die der Jüdische Rat ausübte, änderte sich seine Anerkennung innerhalb der jüdischen Gemeinschaft. Solange er etwas für die Menschen bewirken konnte, schätzte man seine Arbeit. Je stärker der Rat jedoch zur »Befehlsübermittlungsstelle« wurde, desto mehr hagelte es heftige, manchmal verbitterte Kritik. Das entging den Mitarbeitern des Rates natürlich nicht, wie auch die Tagebuchbriefe Mirjam Levies deutlich machen.

Die Geschichte des Rates wurde nach dem Juli 1942 zu einem eigenen Drama innerhalb der Tragödie der Deportation von mehr als hunderttausend Juden im Rahmen des sogenannten »Arbeitseinsatzes« im Osten. Die Mitarbeiter des Jüdischen Rates wurden zu einer jüdischen Elite, einer Gruppe Privilegierter, die als ‚Gesperrte' vorläufig vom »Arbeitseinsatz« befreit waren. Das erregte die Wut vieler Juden. Es war unvermeidlich, daß der Eindruck entstand, hier würde kein ehrliches, sondern ein durch und durch falsches Spiel gespielt, ja, als versuche eine relativ kleine und immer kleiner werdende Gruppe, auf Kosten von Zehntausenden anderen ihr nacktes Leben zu retten. Historische Untersuchungen des Quellenmaterials haben später ergeben, daß die meisten Beschuldigungen, die in jener Zeit gegen den Jüdischen Rat erhoben wurden, unbegründet waren.

Die Tagebuchbriefe Mirjam Levies ergänzen das historisch-wissenschaftliche Bild und sind ein sehr eindrucksvolles Zeugnis für die Gefühle, die sie in ihrer privilegierten und damit auch isolierten Stellung als Mitarbeiterin des Jüdischen Rates empfand. Wie keine andere beschreibt sie den unverhohlenen Widerwillen, den der pedantische Vorsitzende Cohen bei vielen Amsterdamer Juden weckte, und das völlige Chaos, das Ende Mai 1943 in den Diensträumen des Jüdischen Rates entstand, als die Hälfte der vorläufigen Freistellungen vom »Arbeitseinsatz« aufgehoben werden mußten. Auch der Letzte hatte spätestens zu diesem Zeitpunkt begriffen, daß dies der Anfang vom Ende war. Im Herbst 1943 wurde der Jüdische Rat aufgelöst. Wer nicht untertauchte, wurde nach Auschwitz oder Theresienstadt und Bergen-Belsen deportiert.

Während des Zweiten Weltkrieges wurden 75% der niederländischen Juden ermordet. Insgesamt wurden 102 000 Juden deportiert, von diesen überlebten 5 000. Ungefähr 20 000 Juden überlebten in den Niederlanden in Verstecken. Einer kleinen Gruppe von 222 Juden aus dem Konzentrationslager Bergen-Belsen gelang es, im Juni 1944 im Austausch gegen Deutsche freizukommen. Bei den zwischen Deutschland und Großbritannien ausgehandelten Austauschen – von denen zwischen 1941 und 1945 insgesamt fünf stattfanden – ging es darum, Deutsche, die z.B. in Palästina (oder anderen Ländern im British Empire und Südamerika) lebten, gegen (u.a. niederländische) Juden auszutauschen. Für die jüdischen Austauschhäftlinge wurde in Bergen-Belsen ein Sonderlager eingerichtet. Ende 1943 und zu Beginn des Jahres 1944 wurden rund 4 000 Juden aus dem Lager Westerbork nach Bergen-Belsen verlegt. Mirjam Levie war unter ihnen und gehörte zu den Austauschhäftlingen.

Nachdem Mirjam ihrem Mann, den sie sechseinhalb Jahre nicht gesehen hatte, in Palästina in die Arme gefallen war und ihn sechs Wochen später geheiratet hatte, sprach sie manchmal mit ihm über die Vergangenheit. Nicht oft, denn er stand dem Erzählten innerlich »sehr fern«. Später, als auch aus anderen Ländern gleichlautende Berichte kamen, lenkte er ein wenig ein, blieb aber bei seiner distanzierten Haltung.

Mirjam Bolle und ihr Mann besaßen damals buchstäblich nichts. Bei ihrer Ankunft trug Mirjam lediglich einen Rucksack mit ein paar Lumpen auf dem Rücken. Erst wohnten sie in einem Kibbuz, aber Leo wollte sein Studium beenden. Daher zogen sie 1947 nach Jerusalem, wo er eine Stelle als Lehrer bekam; doch das Gehalt wurde erst nach einigen Monaten gezahlt, und der Ausbruch des Befreiungskrieges 1948 verhinderte das Studium. Mirjam schlug sich mit Schreibarbeiten durch, die sie zu Hause erledigen konnte, aber das reichte natürlich kaum. »Wir waren jung. Und wenn ich überlege, wie wir nach Jerusalem gekommen sind, dann war das doch eigentlich sehr unverantwortlich. Ohne Geld, ohne Beziehungen, nichts.«

Das niederländische Konsulat in Jerusalem brachte die Rettung aus der finanziellen Misere. Es brauchte eine Sekretärin. Eine Niederländerin, die diese Arbeit eigentlich übernehmen sollte, hatte die Stelle wegen des Krieges mit den Arabern nicht angetreten. »Und ich konnte nicht arbeiten, weil ich ein einjähriges Kind hatte, das ich doch nicht alleinlassen konnte. Damals haben sie mich gebeten: ‚Bitte machen Sie es und versuchen Sie, das Kind irgendwo unterzubringen.' Ich brauchte das Geld unbedingt und fand eine gute Lösung für unseren kleinen Jungen, also habe ich dort angefangen.« Mirjam Bolle-Levie arbeitete von April 1948 bis Mai 1981 beim niederländischen Konsulat, das danach zur Botschaft wurde. Ihr Mann wurde Direktor der angesehenen modern-orthodoxen Mittelschule Ma'aleh, auf die damals viele intellektuelle jüdische Immigranten ihre Kinder schickten.

Leo (sein hebräischer Name war Menachem) und Mirjam Bolle bekamen drei Kinder, erst einen Sohn, Chananja, und danach zwei Mädchen, Rinna (»für mich ist sie ein Schatz«) und

Ilana. Ihr Sohn wurde als Pilot während des Sechstagekrieges 1967 abgeschossen. Drei Jahre später fuhr ihre jüngste Tochter mit vier anderen jungen Israelis in einem Jeep auf eine von Syrern gelegte Landmine. Sie war »gerade mobilisiert« und auf den Golanhöhen an der Grenze zu Syrien stationiert worden.

Mirjam Bolle, nun eine Frau von über 85 Jahren, denkt oft an ihren Mann, der im Januar 1992 gestorben ist. An die Besatzungszeit der Niederlande denkt sie »praktisch nicht mehr. Aber was mit den Kindern geschehen ist, läßt einen nie wieder los.«

Amsterdam

27. Januar 1943

Lieber Leo,
auch wenn ich jetzt im Büro sitze und jeden Moment gestört werden kann, so will ich trotzdem mit dieser ›Geschichte‹ beginnen. Schließlich soll es ja ein nüchterner Überblick werden. Ich habe natürlich inzwischen die Hälfte wieder vergessen, weil so schrecklich viel passiert ist, daß ich mir unmöglich jede Einzelheit merken kann, aber Freddy hat alle Daten genau aufgeschrieben, und ich hoffe, daß ich Dir nach dem Krieg anhand dieser Notizen noch mehr erzählen kann als das, was mir jetzt gerade einfällt. Es ist zwar ein bißchen unpersönlich, Dir mit der Maschine zu schreiben, aber ich muß mich irgendwann doch daran gewöhnen, denn später will ich meine Briefe ja auch auf meiner eigenen tragbaren Schreibmaschine verfassen.

Ich muß mit dem Sonntag vor dem Krieg beginnen,[1] als Dein Vater krank wurde. Damit fing das ganze Elend eigentlich an. Es war zu der Zeit, als jeden Augenblick mein Zertifikat[2] eintreffen konnte, und an jenem Sonntagabend saß ich im Schlafzimmer meiner Eltern, um Dir zu schreiben. Gegen neun Uhr läutete es. Es waren Freddy und Juul, die erzählten, Deinem Vater sei irgendwo in Amsterdam-Süd auf der Straße unwohl geworden und er sei gestürzt. Zufällig ging ein Bekannter hinter ihm auf der Straße und sorgte dafür, daß er ins NIZ[3] gebracht und Max benachrichtigt wurde. Freddy und Juul waren auf dem Tennisplatz gewesen, und die Nachricht von Max hatte sie erst erreicht, als sie wieder zu Hause gewesen waren. Sie hatten ein Auto und holten mich ab, um gemeinsam zu Max zu fahren, denn sie wußten auch noch nicht mehr. Du kannst

---

1 Am 10. Mai 1940 marschierten deutsche Truppen in die Niederlande, Belgien und Luxemburg ein.
2 Visum und Erlaubnis für dauerhaften Aufenthalt in Palästina.
3 Niederländisch-israelitisches Krankenhaus.

Dir meinen Schrecken sicher vorstellen. Liebster, Du weißt, daß der Tod Deiner Mutter noch nicht so lange zurücklag und Dein Vater noch immer sehr niedergeschlagen war. Wir dachten an alles mögliche gleichzeitig, aber in erster Linie natürlich an einen Herzinfarkt oder Schlaganfall. Bei Max erfuhren wir, daß noch niemand wußte, was genau passiert war. Der Zustand war kritisch, aber nicht lebensgefährlich. Vater war noch nicht bei Bewußtsein, und der Arzt wollte Max sofort benachrichtigen, wenn er wach würde. Max sagte mir, ich solle Dir sofort schreiben, am besten per Expreß. Ich hielt das für unnötig und meinte, ich könne immer noch telegraphieren, und wenn das Schlimmste einträte, würde Dich ein Eilbrief sowieso zu spät erreichen. Wir vereinbarten, daß ich Dir sofort auf dem normalen Postweg schreiben würde. Auf dem Rückweg im Auto konnte ich nur an eines denken: Jetzt kommt mein Zertifikat, und ich muß weg, und Vater stirbt. Hatte mein Leo im Leben denn noch nicht genug zu tragen? Ich konnte damals noch nicht ahnen, daß angesichts dessen, was noch passieren sollte, all das weniger als unwichtig erscheinen würde.

Am nächsten Morgen rief ich Max an. Ich hatte Dir noch am selben Abend geschrieben und den Brief dann doch per Expreß geschickt, obgleich man mir auf dem Postamt erklärt hatte, in Kriegszeiten mache das sowieso keinen Unterschied. Wir wußten immer noch nicht genau, wie es um Vater stand, er hatte zwar das Bewußtsein wiedererlangt, konnte sich aber an nichts erinnern. Den Ärzten zufolge bestand keine Lebensgefahr, doch wie es weitergehen würde, wußten auch sie nicht. In den folgenden Tagen veränderte sich sein Zustand nur geringfügig. Am Mittwoch hörten wir, Vater habe sich bei dem Sturz eine schwere Gehirnerschütterung und einige leichte Abschürfungen zugezogen, aber über die Ursache vermochten die Ärzte noch immer nichts zu sagen.

Am Donnerstag besuchte ich Selma Gazan im Krankenhaus. Sie ist jetzt diplomierte Krankenschwester. Es war herrliches Wetter, so daß wir unsere Jacken offen tragen konnten. Vor dem Krankenhaus stand ein Wagen vom Roten Kreuz. Es war so gegen sechs. Selma sagte: »Bestimmt gibt es wieder Spannungen, denn dann stehen immer Rote-Kreuz-Wagen vor dem Krankenhaus.« Ich erinnerte mich daran, daß einige Tage zuvor im Radio gemeldet worden war, in New York sei Jonkheer Loudon zum allgemeinen Schatzmeister ernannt worden. Dadurch könne er in Kriegszeiten auch dann Gelder auszahlen, wenn hier etwas geschehen sollte. Ich fand die Nachricht unheimlich, aber trotzdem war ich nicht beunruhigt, als ich den Wagen vom Roten Kreuz dort stehen sah, obschon ich immer davon überzeugt gewesen war, daß Holland nicht unbehelligt bleiben würde. Aber es hatte schon so oft Spannungen gegeben, und ich dachte: Vielleicht dauert es ja noch eine Weile. Damals war ich noch so naiv zu glauben, ich könne niemals von Dir abgeschnitten werden.

In derselben Nacht brach der Krieg aus. Ich selbst hörte nichts, aber Vater hatte die ganze Nacht vor dem Radio gesessen und alles genau verfolgt. Er weckte mich morgens wie immer um acht Uhr und sagte: »Die Hölle ist ausgebrochen. Es ist Krieg.« Ich blieb noch im Bett liegen und dachte nur: aus und vorbei. Ich werde Leo nie wiedersehen. Aber die Tatsache selbst, daß Krieg herrschte, war noch nicht wirklich zu mir durchgedrungen, mir war noch nicht klar, was das eigentlich hieß. Der Schlag war zu heftig. Ich stand auf und schrieb Dir blitzschnell einen Abschiedsbrief. Ein paar Tage nach der Kapitulation[1] bekam ich ihn zurück und habe ihn sofort zerrissen, weil ich ihn so unerträglich sentimental fand.

---

1 Das niederländische Heer kapitulierte am 14. Mai 1940.

Vater kam mit Klebeband nach Hause, um die Fenster so zu sichern, daß keine Scherben herumfliegen konnten. Wir machten uns alle an die Arbeit. Damals hatten wir noch Dina, eine Perle von einem Dienstmädchen, die half natürlich mit. Es war eine Wahnsinnsplackerei, aber mittags waren wir fertig. Es sah schrecklich aus, und alles war gleichermaßen düster. Danach ging ich in die Kalverstraat, um ein Lederetui zu kaufen, in dem man Geld und Papiere auf der Brust tragen konnte. Es war wunderbares Wetter, die Kastanienbäume standen in voller Blüte, von Flugzeugen war weit und breit nichts zu sehen, und man konnte sich im Traum nicht vorstellen, daß wirklich Krieg war. Aber aus den Geschäften tönten Radios, die Telefonleitungen waren unterbrochen, wir hatten den »flammenden Protest« der Königin gehört und konnten nichts anderes denken als: Es ist Krieg. Jede Minute kann so eine Flugmaschine herandonnern, eine Bombe abwerfen und die Stadt in Schutt und Asche legen. Ich hatte damals noch keine Ahnung, wie ein Krieg in Wirklichkeit geführt wird. Ich hatte mir vorgestellt: Tausend Flugzeuge werfen Bomben ab, die Stadt stürzt ein, und man selbst wird verschüttet oder von einer Bombe getroffen. Ich wußte damals noch nicht, daß das nicht passiert und es eine andere Form der Kriegführung gibt, die für die Nerven mindestens genauso schlimm ist.

In der Kalverstraat waren alle Verkäuferinnen damit beschäftigt, die Fenster abzukleben. Die Stadt war wie ausgestorben. Ich ging noch zu meinem Büro – Du weißt, daß ich damals schon gekündigt hatte – und alle sahen mich mitleidig an. Arbeit gab es natürlich keine. Abends saßen wir in einem verdunkelten Zimmer. Zum ersten Mal. Mittlerweile sind wir so daran gewöhnt, daß wir es uns gar nicht mehr anders vorstellen können, aber damals war es trostlos. Der Luftschutz rief sogar an, es sei immer noch Licht zu sehen, und obwohl wir uns das nicht erklären konnten, schalteten wir das Licht aus und gingen zu Bett.

Morgens um fünf Uhr: Luftalarm. Du weißt nicht, was das heißt. Es ist, als wimmerte die Stadt. Wir standen auf und stellten uns mit einem Köfferchen in der Hand in den Flur. Ich kann nicht beschreiben, wie ich in diesen Tagen gewesen bin. Ich war vollkommen durcheinander, und obwohl später viel schlimmere Dinge passiert sind, bin ich doch nie so fassungslos gewesen wie in dieser ersten Zeit. Samstagmorgen stand ich zufällig vor dem Fenster im Schlafzimmer. Ein Flugzeug näherte sich, und ich sah, wie eine Bombe fiel. Es war eine verirrte Bombe, die ein deutsches Flugzeug hatte abwerfen müssen, weil es getroffen worden war. Die Bombe schlug auf dem Blauwburgwal ein, und die Trümmer flogen umher. Das Heulen dieser Bombe war unbeschreiblich. Danach war ich völlig aufgelöst. Ich konnte nicht mehr essen, war leichenblaß und zitterte den ganzen Tag. Innerhalb weniger Tage war ich so abgemagert, daß mir mein Gürtel einfach so von den Hüften rutschte. Mittags ging ich zu Freddy und Juul. Max und Freddy waren zum ersten Mal bei Deinem Vater gewesen. Glaubst Du mir, lieber Leo, daß ich mich fast nicht auf die Straße traute? Ständig gab es Luftalarm, und ich hatte Todesangst, in einen Schutzkeller zu müssen – denn das ist Vorschrift bei Luftalarm –, und das schien mir das Schlimmste, was es geben konnte. Dann saß man wie eine Ratte in der Falle. Max und Freddy waren nicht unzufrieden mit Vaters Zustand. Er war nun ganz bei Bewußtsein, sah zwar durch den Sturz noch ein bißchen angeschlagen aus, aber das war vollkommen unbedeutend. Juul und ich sollten ihn am Sonntag besuchen.

Bei Freddy lief auch am Sabbat das Radio – der Oberrabbiner hatte das so angeordnet – und man hörte immer nur: »Posten Wijk bei Duurstede« (oder irgendein anderer Ort natürlich), »zwanzig deutsche Flugzeuge gesichtet, von Südost nach West fliegend usw. usw.« Man spürte die Flugzeuge regelrecht auf sich zukommen. Ich ging wieder nach Hause. Jetzt gab es andauernd Fliegeralarm. Und dann begann eine Spritze der Feuerwehr, die zum Schutz des gegenüberliegenden Laboratoriums vor unserem Haus stand, so laut zu sirren, daß einen der Lärm fast wahnsinnig machte. Im Radio wurde von Säuberungen der NSB[1] gesprochen, ach, ich werde Dir nie wirklich beschreiben können, wie diese Tage waren.

Samstagmittag ging ich zum Hauptpostamt, weil ich gehört hatte, es sei noch möglich, ein Telegramm nach Eretz[2] zu schicken, und ich Dir natürlich mitteilen wollte, daß sich der Zustand Deines Vaters deutlich gebessert hatte. Damals konnte ich nicht wissen, daß mein Brief nie bei Dir eingetroffen war. In der Damstraat hielten sie mich zurück. Auf dem Dam wurde geschossen, im Warenhaus Bijenkorf befanden sich NSB-Männer, die aus den Fenstern feuerten. Ich durfte durch, aber auf eigenes Risiko. Ich habe Dir ja erzählt, wie durcheinander ich war. Ich ging weiter, weil ich nur daran denken konnte, in welch großer Unruhe Du auf Nachricht warten würdest. Auf dem Dam herrschte ein unbeschreiblicher Zustand. Beim ersten Schuß war ich zurück. Ich hätte das Postamt übrigens auch gar nicht erreichen können, denn der gesamte Dam war abgeriegelt. Aber gesehen hatte ich genug. Als ich nach Hause kam, war ich völlig erledigt. Mein Herz pochte unablässig. Nachts lag ich im Bett und hörte in der Ferne die Schüsse. Und immer noch rückte der Feind heran. Mir war von Anfang an klar, wie hoffnungslos der Widerstand war. Auch ohne den entsetzlichen Verrat der NSB hätten wir verloren. Vielleicht hätte es dann nur ein paar Tage länger gedauert.

Dienstag kam unser Nachbar Herr de Groot zu uns. Aus den Nachrichten wußten wir zu diesem Zeitpunkt bereits, daß alles

---

1 *Nationaal-Socialistische Beweging* – die faschistische Partei in den Niederlanden unter Führung von Anton Adriaan Mussert, gegründet 1931.
2 Eretz Israel (hebräisch: Land Israel) meint Palästina.

verloren war. Erst die Prinzessin weg mit den Kindern, später die Regierung, die Königin usw. An diesem Morgen bekam ich einen Weinkrampf, woraufhin natürlich alle anfingen zu weinen. Ich sah ständig die Soldaten vor mir, die zerfetzt wurden, und wofür ... Es war doch sowieso alles verloren. Irgendwie waren übrigens alle fertig mit den Nerven. Es schien, als wären die Menschen in diesen wenigen Tagen geschrumpft und dünner geworden.

Ich habe vergessen, Dir zu erzählen, daß wir am Sonntag bei Deinem Vater gewesen sind. Sein Gesicht war geschwollen, aber sonst ging es ihm gut. Nur den Ernst der Lage begriff er nicht, obwohl er doch den Luftalarm hörte und auch wußte, daß Krieg war. Aber er wiederholte immer nur, er wolle nach Hause, ohne zu wissen, daß jedes Auto für das Rote Kreuz oder die Armee beschlagnahmt worden war.

An jenem Dienstagmorgen also kam Herr de Groot zu uns und berichtete von einer Fluchtmöglichkeit. In IJmuiden lägen Fischerboote, die zwar heftig bombardiert würden, aber es sei wenigstens eine Chance. Das Drama, das folgte, sobald Herr de Groot zur Tür hinaus war, kann ich kaum beschreiben. Ich war völlig außer mir und flehte Vater und Mutter an, es zu versuchen. Die wollten, daß wir, Bobby und ich, gingen, aber als ich mir die Sorgen vorstellte und allen Kummer, den sie unseretwegen und wir ihretwegen haben würden, drehte ich ganz durch. Sie willigten schließlich ein, mitzukommen, und auch Lea sollte uns begleiten. Onkel Meijer und Onkel Moos waren bei uns, und Großmutter jammerte, man würde sie im Stich lassen. Es war ein unbeschreibliches Geheule. Die Familie de Groot fuhr weg, aber wir paßten nicht mehr ins Auto. Also fuhren wir nicht. Um sechs Uhr wurde die Kapitulation bekanntgegeben. Wir standen vor der Tür und unterhielten uns. Es ist eigenartig, daß alle Menschen freundlich zueinander sind und viel mehr miteinander reden als früher. Auf der Straße sprach jeder mit jedem. Ein Auto näherte sich, und Familie de Groot stieg aus. Es war ihnen nicht gelungen, auf ein Boot zu kommen. In IJmuiden waren Tausende und Abertausende Autos. Sie standen am Straßenrand, jeder konnte damit wegfahren. Die Engländer bombardierten den Hafen.

Abends war Tante Phine bei uns, und Herr Luitink holte sie ab, weil er nicht wollte, daß sie allein auf die Straße ging. Ich erzähle das, weil Herr Luitink gleich nach dem Waffenstillstand der NSB beigetreten ist und uns seither keines Blickes mehr würdigt. Das hätten wir an jenem Abend, als er ausdrücklich gekommen war, um Tante Phine abzuholen, wirklich nicht vermutet. Ich war damals ganz gefaßt, denn zumindest brauchte ich jetzt keine Angst mehr vor Luftangriffen und Verlusten der Armee zu haben. Und wir gingen mit dem Gedanken zu Bett, wenigstens eine Nacht mal ruhig schlafen zu können.

Lieber Schatz, ich weiß, daß ich das alles durcheinander und nicht gut beschrieben habe. Aber es gelingt mir einfach nicht, den Zustand wiederzugeben, in dem wir waren. Wenn ich wieder glücklich bei Dir bin und wir darüber reden können, kann ich Dir vielleicht erzählen, wie ich immer und immer wieder an Dich gedacht habe. Ich höre nun auf. Es ist eine lange Geschichte geworden. Der Rest folgt später.

Amsterdam, den 31. Januar 1943

Eigentlich habe ich überhaupt keine Lust zum Schreiben, denn ich bin todmüde. Aber ich muß doch endlich mit meinem Überblick loslegen, sonst wird das nie etwas. Ich habe allerdings fast alles wieder vergessen – im Moment, in dem es geschieht, wirkt es ungeheuerlich und man hat das Gefühl, es nie wieder vergessen zu können, aber in Wirklichkeit passiert so unglaublich viel, daß ein Ereignis das nächste verdrängt. Im nachhinein betrachtet ist alles, was vor Dezember 1941 geschehen ist, völlig unwichtig. Da hat das eigentliche Elend begonnen.

Anfangs gaben sich die niederländischen Juden der Hoffnung hin, Hitler würde sie nicht als Juden betrachten, sondern als Holländer. Weshalb sie das glaubten, wußten sie selbst nicht. Ich brauche Dir nicht zu sagen, liebster Leo, daß ich diese Hoffnung nie hegte. Seyß-Inquart[1] hatte zwar in seiner ersten Rede versprochen, »die Tradition dieses Landes zu respektieren«, aber wir wußten nur zu gut, was von all diesen Versprechen der Deutschen zu halten war. Es begann mit dem Café- und Kinoverbot für Juden. An sich natürlich nicht wichtig, obwohl wir sagten: »Wir gehen zwar nicht täglich ins Café, aber es ist schon sehr erbärmlich, wenn man in der Stadt eine Tasse Kaffee trinken möchte und es ist verboten.« Wir wußten zu diesem Zeitpunkt wirklich noch nicht, was ›erbärmlich‹ ist. Die Haltung der Niederländer war fabelhaft. An den meisten Cafés hingen Schilder: JUDEN DARF KEIN ZUTRITT GEWÄHRT WERDEN oder: AUF ANWEISUNG DER BEHÖRDEN IST ES UNS VERBOTEN, JUDEN ZUTRITT ZU GEWÄHREN. Aber das änderte sich schnell, als alle ein behördliches Schild erhielten, das sie aufhängen mußten. Darauf stand: FÜR JUDEN VERBOTEN.

Im November 1940 folgte die Entlassung aller jüdischen Beamten aus dem öffentlichen Dienst. Ein Sturm der Entrüstung

---

1 Arthur Seyß-Inquart, der im März 1938 als Bundeskanzler die nationalsozialistische Regierung Österreichs gebildet hatte, die das Gesetz zum »Anschluß« Österreichs ans Deutsche Reich beschloß, wurde im Mai 1940 von Hitler zum Reichskommissar in den besetzten Niederlanden ernannt. Im Oktober 1946 wurde er als einer der Hauptschuldigen des NS-Regimes vom Internationalen Gerichtshof in Nürnberg zum Tod verurteilt und hingerichtet.

erhob sich im Land. Komitees wurden gegründet, die dafür sorgen sollten, daß Juden ihren vollen Lohn behielten. Es war nämlich so, daß eine Art Arbeitslosengeld festgesetzt wurde, erst in Höhe von 90 % des Lohns, später weniger. Es gab nur noch dieses eine Thema. In unserer Umgebung war Tante Phine das erste Opfer, da sie durch diese Maßnahme als Leiterin des Montessori-Kindergartens entlassen wurde.

Ende Januar 1941 marschierte die NSB durch das Judenviertel. Es war im voraus bekannt, daß sie mit Messern usw. bewaffnet sein würden und eine Art privates NSB-Pogrom im Sinn hatten. Die Juden ließen sich allerdings nicht abschlachten, sondern verteidigten sich. Dabei wurde der NSB-Mann Koot getötet, was natürlich große Aufregung verursachte. Professor Cohen wurde zu den deutschen Behörden zitiert – ein andermal werde ich über die internen Verhältnisse innerhalb der jüdischen Bevölkerung sprechen – und mußte eine Erklärung unterschreiben, in der Juden aufgefordert wurden, ihre Waffen abzuliefern. Er tat es, und damit gab er zu, daß Juden Waffen in ihrem Besitz hatten. Dabei betraf es nur die Juden im Viertel Jodenbreestraat, J.D. Meijerplein usw. Zwischendurch ein kleiner Witz. Man nannte das Judenviertel ›Kootviertel‹.[1] Einige Beile wurden abgegeben, aber sie waren kaum der Rede wert. Es folgte eine Warnung von Seiten der deutschen Behörden, es seien drastische Maßnahmen zu erwarten, sollten die Juden ihre Waffen nicht abliefern.

An einem Sabbat im Februar ging ich zum Haus Deines Vaters an der Nieuwe Keizersgracht 62 und sah auf der Brücke der Weesperstraat einen Deutschen in grüner Uniform, die ›*Grüne Polizei*‹[2]. Ich achtete nicht besonders darauf, ging aber schnell

---

1 »Kootwijk« (wijk = Viertel) hieß ein niederländischer Radiosender.

2 Mirjam Bolle gebraucht in ihren Aufzeichnungen zum Teil deutsche Bezeichnungen und Redewendungen und gibt einige Dialoge auf deutsch wieder. Diese Stellen sind in der vorliegenden Übersetzung kursiv gesetzt.

weiter. Kurz darauf kamen Max und Eva und erzählten, der Grüne halte Juden an, packe sie am Kragen und lasse sie zum J.D. Meijerplein[1] abführen. Wir stellten uns ans Fenster und sahen ein Schauspiel, das ich nie vergessen werde. Inzwischen waren weitere Grüne dazugestoßen. Alle Männer wurden gefragt: »Sind Sie Jude?« Und wenn sie die Frage bejahten, wurden sie ergriffen und weitergetreten, im wahrsten Sinne des Wortes. Von der Nieuwe Keizersgracht, auf der Straßenseite gegenüber dem Krankenhaus, näherten sich zwei junge Männer mit ihren Mädchen. Als sie die Ecke Weesperstraat erreicht hatten, wurden sie festgehalten, mußten ihre *stamkaarten*[2] vorzeigen, die Mädchen wurden weggeschickt und die beiden Jungen bekamen solche Ohrfeigen, daß ihre Hüte davonflogen. Und alle mußten zum J.D. Meijerplein.

Du wirst verstehen, wie uns zumute war. Während wir zusahen, mußte ich die ganze Zeit daran denken, wie Du auf dieser Brücke stundenlang mit Freunden über den Zionismus debattiert hattest und über die Pflicht zur Alijah[3], als Pionier nach Palästina zu gehen, und daß wir uns nie hätten vorstellen können, daß sich auf dieser Brücke so schreckliche Dinge abspielen würden. Ich glaube, an diesem Nachmittag wurden ungefähr 250 junge Männer aufgegriffen, aber sicher bin ich mir nicht. Am nächsten Tag wurde bekanntgegeben, es seien nicht genügend Waffen abgeliefert worden und die jungen Männer würden deswegen nun ins Konzentrationslager Mauthausen[4] gebracht.

---

1 Platz in Amsterdam, an dem sich die Neue Synagoge und die Große Synagoge befanden. Im September 1943 wurden die Synagogen auf Befehl der deutschen Besatzer geschlossen. Sie dienten dann als Sammelstelle für verhaftete Juden.

2 Lebensmittelkarten. Nach der Verordnung 6/41 vom Januar 1941 waren alle Juden meldepflichtig. Aufgrund dieser Verordnung wurden dann im Spätsommer des Jahres *persoonsbwijzen* ausgestellt, die mit einem »J« gekennzeichnet waren. Etwa im September 1941 besaßen alle Juden solch einen Ausweis.

3 Wörtlich: »Aufstieg«, Einwanderung nach Eretz Israel.

4 Das Konzentrationslager Mauthausen wurde nach dem »Anschluß« Österreichs 1938 errichtet. Bis 1945 wurden dort etwa 120 000 Gefangene ermordet oder starben durch Zwangsarbeit in den nahegelegenen Steinbrüchen.

Die niederländische Bevölkerung war entsetzt über dieses Verbrechen und zeigte das ganz offen. An diesem Montag kam es zum Generalstreik. Es fuhren weder Straßenbahnen noch Züge, kein Geschäft war geöffnet, die Stadt war wie ausgestorben. In aller Öffentlichkeit wurden Reden gehalten. Obgleich ich davon überzeugt war, daß alles zwecklos sein würde, bewunderte ich die Haltung der Niederländer doch sehr. Sie war einfach großartig und ist ein Kulturbeweis, den kein anderes Volk erbracht hat. Aber die Tumulte wurden auseinandergetrieben. Mit Polizisten bemannte Autos der Deutschen fuhren durch die Stadt, aus den Fenstern ragten Gewehrläufe. Wer nicht aus dem Weg ging, wurde beschossen. Dennoch dauerte der Streik zwei Tage. Anschließend wurde der Professor wieder zu den Deutschen bestellt und mußte übers Radio bekanntgeben, es würden keine weiteren Strafmaßnahmen eingeleitet, wenn alle wieder an die Arbeit gingen. Und so geschah es.

Dann kamen die Todesmitteilungen. Einer nach dem anderen erhielt die Nachricht, sein Angehöriger sei in Mauthausen gestorben – an den unwahrscheinlichsten Krankheiten. Viele waren jedoch optimistisch und konnten es nicht glauben. Phantastische Geschichten machten die Runde, von deutschen Soldaten, die bei den Familien der in Mauthausen Verstorbenen vorbeigekommen seien und die Nachricht überbracht hätten, diese seien gar nicht tot. Mittlerweile glaubt niemand mehr, daß diese Jungen nicht zu Tode gefoltert wurden. Was genau geschehen ist, werden wir vielleicht nie erfahren.

Im Januar wurde die »Verordnung Nr. 6/1941 des Reichskommissars für die besetzten niederländischen Gebiete über die Meldepflicht von Personen, die ganz oder teilweise jüdischen Blutes sind« erlassen. Es war uns nicht bewußt – und auch sonst fast niemandem –, daß wir es den Deutschen damit sehr leicht gemacht haben.

Im Juni folgte eine zweite Razzia, den Anlaß weiß ich nicht mehr. Wieder trafen nach sehr kurzer Zeit reihenweise Todesnachrichten ein.

Inzwischen wurden immer mehr antijüdische Maßnahmen ergriffen, aber ich erinnere mich wirklich nicht mehr im einzelnen. Es gab kein koscheres Fleisch mehr usw. Aber das alles ist im Augenblick so unwichtig, daß ich es vollkommen vergessen habe. Ich vergaß auch noch zu erzählen, daß die Universitäten im Gegensatz zu anderen Ländern, wo der Antisemitismus an den Universitäten begann, hier einen vorbildlichen Prosemitismus an den Tag gelegt haben. Sie haben nämlich gleich bei der ersten Verordnung, als alle jüdischen Professoren entlassen wurden, gestreikt. Dafür wurden sie bestraft, die Universität Leiden wurde z. B. geschlossen.

Im Dezember 1941 erhielten Juden zum ersten Mal eine Aufforderung, sich für die Arbeitslager in den Niederlanden zu melden. Auch hiermit ist eine Geschichte verbunden, aber die erzähle ich Dir in einem Brief über die Geschichte des Jüdischen Rates.[1] Betroffen waren arbeitslose Männer unter vierzig Jahren. Aus diesem Grund stürzten sich natürlich alle auf freie Arbeitsstellen. Die unglaublichsten Posten wurden geschaffen, mit der Folge, daß nur die Männer wegmußten, die nicht über gute Beziehungen verfügten. Es gab eine Menge Lager, unter anderem in Drenthe. Das Essen war unzureichend und die Arbeit schwer, die Familie erhielt praktisch keinen Lohn. Aber es waren niederländische Lager, die der *Heidemaatschappij*[2] un-

---

1 Wie Mirjam Bolle in ihrem Brief vom 3. Februar 1943 erläutert, entsprach der niederländische Name *Joodse Raad*, der von dem Vorsitzenden Professor Cohen »pietätvoll« eingeführt wurde, nicht genau dem deutschen Wort »Judenrat«. In der vorliegenden Übersetzung wird diese niederländische Bezeichnung daher mit »Jüdischer Rat« (statt »Judenrat«) (rück-)übersetzt.

2 Die Heidegesellschaft, 1888 eigentlich als ideelle Organisation gegründet, wollte z. B. durch Anlegen von Wäldern, Bodenkultivierung, Entwicklung der Süßwasserfischerei usw. Lebens- und Arbeitsbedingungen der Menschen verbessern.

terstanden. Die Behandlung war offensichtlich anständig, und die umwohnenden Bauern halfen den Juden sehr. Die Altersgrenze wurde hochgesetzt, und gleichzeitig machte es keinen Unterschied mehr, ob man Arbeit hatte oder nicht. Nur wenn man beim Jüdischen Rat arbeitete, konnte man noch freigestellt werden. Die Untersuchung wurde zunächst noch von jüdischen Ärzten durchgeführt.

Jetzt begann die Jagd auf Atteste. Jeder hatte irgendeine Krankheit. Natürlich wurden viele für arbeitsunfähig erklärt. Als so ziemlich jeder eine Aufforderung erhalten hatte – Vater hatte Massel und bekam anfangs keine –, gab es eine erneute Untersuchung durch NSB-Ärzte. Bei der ersten Untersuchung wurden Onkel Moos, Meijer und Nathan für arbeitsunfähig erklärt, bei der zweiten Onkel Nathan für arbeitsfähig. Aber dann bekam auch Vater eine Aufforderung. Ich bin daraufhin zu Meijer de Vries[1] gegangen und habe mich dabei wie eine Hure gefühlt, Komödie gespielt, mich auf seinen Schoß gesetzt usw. und damit erreicht, daß er mir schriftlich bescheinigte, Vater sei für den Jüdischen Rat tätig. Nun stimmte das teilweise auch – Du kennst meinen Vater; als noch keine Vorteile damit verbunden waren, hatte Vater Herrn Blüth, einem Mitglied des Jüdischen Rates, schon Material für die Lager besorgt – aber er war dennoch nicht im Dienst des JR[2], und viele hätten Tausende für einen solchen Wisch geboten. Aber wir hatten unbeschreibliches Glück. Vater wurde wegen Karbunkeln ausgemustert – er hatte zufällig gerade eine auf seinem Arm – etwas, worauf wir absolut nicht zu hoffen gewagt hatten. Wenn Du wüßtest, wen man alles für arbeitsfähig erklärte, Blinde, Männer mit einem Bein, kurzum, wirklich unglaublich. Du kannst Dir vorstellen, wie froh wir waren, und Vater brauchte seine Bescheinigung gar

1 Mitglied des Jüdischen Rates in Amsterdam.
2 Jüdischer Rat.

nicht abzugeben. Ein paar Wochen später saßen wir allerdings wieder in der Klemme, denn da mußten die Arbeitsunfähigen allesamt zu einer erneuten Untersuchung, außer denjenigen, die ihre Bescheinigung, daß sie beim JR arbeiteten, abgegeben hatten (was Vater ja nicht getan hatte). Doch wieder hatten wir großes Glück. Vater bekam keine Aufforderung, und inzwischen hat sich die Situation – freilich zum Schlechteren – gewandelt.

Du siehst, in welcher Spannung wir lebten. Ich nenne hier gar nicht die Tatsache, daß ein Jude nicht mehr als 1000 Gulden in seinem Besitz haben durfte und den Rest bei der Bank Lippmann Rosenthal[1] deponieren mußte. Oder daß Juden Gold, Silber und Edelsteine bei der Bank Lippmann Rosenthal abgeben mußten. Ich vergaß auch zu erwähnen, daß alle Niederländer – also nicht nur die Juden – Metalle wie Kupfer usw. abliefern mußten. Es ist wirklich ein Witz und unbeschreiblich, wozu das führte. Alle vergruben Metall oder warfen es lieber ins Wasser, als es den Deutschen zu geben. Einen Teil händigte man aus, weil nun einmal Metall abgeliefert werden mußte. Manche lieferten Metall für anderthalb Cent ab; man bekam nämlich den ›Wert‹ zurück. Ich bekam 0,375 Gulden ausbezahlt, und die Beamten im Büro meinten: »Pfui, junge Dame, Sie haben viel zu viel abgegeben.« Aber das ist alles so entsetzlich unbedeutend und fällt mir jetzt nur rein zufällig ein.

Im Mai wurde der Judenstern[2] angeordnet. Unvorstellbar, daß Juden im 20. Jahrhundert mit einem angenähten gelben Lappen herumlaufen müssen. Anfangs fand ich es nur lästig. Auf jedem

---

1 »Lippmann Rosenthal« war der Name einer liquidierten jüdischen Bank, die von Seyß-Inquart übernommen wurde und als »Raubbank« fungierte, bei der die Juden Geld, Schmuck, Gold und Silber abliefern mußten.

2 Der »Judenstern« oder »gelbe Stern«, der an die mittelalterliche Stigmatisierung der Juden mit dem »gelben Fleck« anknüpfte, mußte in Deutschland ab dem 1. September 1941 »sichtbar auf der linken Seite des Kleidungsstückes« getragen werden.

Kleidungsstück ein Stern, der ein hübsches Kleid oder einen Mantel verschandelt.

Die Provinz wurde evakuiert, das hieß, daß die jüdische Bevölkerung aus bestimmten Orten nach Amsterdam und die deutschen Juden nach Westerbork[1] umziehen mußten. Die erste Räumung im Januar 1942 habe ich miterlebt. Ich ging damals nach Zaandam, das gerade an der Reihe war. Die Anteilnahme der Bevölkerung war enorm. Die Leute sollten nämlich ihre Möbel zurücklassen und in Amsterdam bei anderen Juden einquartiert werden. Niederländer schleppten die wertvollen Stücke aus den Häusern der Juden und versprachen, sie aufzubewahren. Noch warme Öfen und Herde wurden aus den Häusern geholt und statt ihrer alte Schrottdinger installiert. Als sie aufbrachen, gab es einen wahren Beifallssturm. Die Straßen waren schwarz vor Menschen, und kein NSBler wagte sich heraus. Und so war es nicht nur in Zaandam, sondern überall. Auch bei uns wurden Juden einquartiert, nämlich das Ehepaar Boasson aus Middelburg. Es waren sehr nette Leute, und wir hatten um diese Einquartierung gebeten, weil wir wußten, daß wir mit unserem großen Haus sowieso Leute aufnehmen mußten, und wir wollten sie uns doch lieber selbst aussuchen. Wir haben es nie bereut.

Ich vergaß die »Pflichtanmeldung für deutsche Juden zur Auswanderung«. Alle deutschen Juden mußten sich zur sogenannten Auswanderung anmelden, wobei sie all ihre Besitztümer angeben mußten. Nach dem Ausfüllen der, ich glaube, 28 For-

---

1 Das »Zentrale Flüchtlingslager Westerbork« in der Nähe der Ortschaft Hooghalen wurde kurz vor Ausbruch des Zweiten Weltkrieges von der niederländischen Regierung eingerichtet, um die zahlreichen jüdischen Flüchtlinge aus Deutschland, die bis zur Schließung der Grenzen im Dezember 1938 (einen Monat nach der »Reichskristallnacht«) ins Land kamen und zunächst in mehreren kleinen Lagern aufgefangen wurden, zentral unterzubringen. Während der Besetzung der Niederlande durch Deutschland wurde das Lager weiter genutzt.

mularblätter, in denen alles gefragt wurde, was ein Mensch unmöglich noch wissen konnte, zum Beispiel, wo und wann er alles, was er besaß, gekauft und wieviel es gekostet habe, folgte die Inventarisierung des Hausrats. Zu Anfang waren alle sehr besorgt darüber. Später zeigte sich, daß dies völlig belanglos war.

Im Juni 1942 folgten die weitreichenden Judengesetze: Außer zwischen 15 und 17 Uhr durfte man nicht mehr in Geschäfte, nicht mehr in Parks und Grünanlagen, nicht mehr ins Theater – ich glaube, das war schon vorher verboten –, nicht mehr in Straßenbahnen oder Züge – in den Zug durfte man auch schon vorher nicht mehr –, nach acht Uhr nicht mehr auf die Straße, zu viel, um alles aufzuzählen. Außerdem durfte ein Jude nicht mehr als 250 Gulden besitzen, was bedeutete, daß man beispielsweise Vater von seinem Lohn nur 250 Gulden ausbezahlte und der Rest an Lippmann ging. Und das galt nicht etwa pro Person, sondern pro Familie, so daß unser Familieneinkommen nicht mehr als 250 Gulden betragen durfte. Dir wird klar sein, wie dabei *geschwindelt* wurde, und das war gut so, denn wie sich später herausstellte, zahlte die Firma Lippmann den Juden ihr rechtmäßiges Eigentum nicht aus, sondern beglich nur Steuern und ein paar andere Dinge. Jetzt sagt man: Ich bekomme mein Geld nicht von der Firma Lippmann, sondern von der Firma Schwarz. Wer keine Sondererlaubnis bekam, mußte sein Fahrrad abgeben. Außerdem fand ungefähr zur selben Zeit eine Razzia auf alle Fahrräder statt. Eines Sonntagabends stürmten Polizisten alle Fahrradaufbewahrungen und nahmen die Fahrräder mit. Du weißt, was das in den Niederlanden bedeutet. Viele waren jedoch zuvor gewarnt worden, so daß sie ihre Fahrräder rechtzeitig aus den Garagen holen konnten (ich auch). Später wurde bekanntgegeben, die Armee benötige Fahrräder und deshalb seien diese requiriert worden. Es kam tatsächlich nicht wieder vor, und wie sich zeigte, waren noch eine Menge Fahrräder übriggeblieben.

Ende Juni folgte der Gnadenstoß. Es war ein Sabbat – zufällig wurde an diesem Tag bei Max und Eva eine Inventarliste erstellt, weil Siegje, ein deutscher Junge, den Max und Eva adoptiert haben, bei ihnen wohnte, als der Jüdische Rat zusammengerufen wurde. Max kam kreidebleich aus der Sitzung und berichtete, Juden, Männer und Frauen zwischen 16 und 40 Jahren, würden nach *Großdeutschland* zum Arbeitsdienst gebracht werden, wahrscheinlich nach Oberschlesien. Ich meinte, wir würden bestimmt in Fabriken arbeiten müssen, da diese am häufigsten bombardiert würden. Die Juden sollten ihre Familien mitnehmen dürfen. Ich dachte nur eins: Leo. An jenem Abend waren wir wie erschlagen. Dein Vater war gerade wieder verheiratet oder sollte gerade heiraten, und wir waren alle an der Nieuwe Keizersgracht. Einige Wochen später – es war wiederum an einem Sabbat – sollte ich zum Jüdischen Rat an der Nieuwe Keizersgracht 58 kommen, um bei der Arbeit zu helfen. Das mußte am Sabbat passieren. Die ersten Aufforderungen – es betraf diesmal nur Ausländer – wurden verschickt. Was das hieß, ist nicht zu beschreiben. Die Aufforderungen waren für den 15. Juli. Man durfte praktisch nichts mitnehmen. Ursprünglich war zugesichert worden, man erhielte in Westerbork eine Vorausbildung und würde dann nach Deutschland gebracht.[1] Die ärztliche Untersuchung sollte in Westerbork erfolgen. Die ›Arbeiter‹ sollten Briefe schreiben dürfen. Aber niemand traute der Sache. Die Briefzusteller, welche die eingeschriebenen Aufforderungen verteilten, wurden verprügelt und nach ein paar Tagen unter Polizeischutz gestellt.

1 Am 1. Juli 1942 wurde aus dem »Zentralen Flüchtlingslager« Westerbork ein »Polizeiliches Durchgangslager« unter deutscher Verwaltung. Aus diesem Lager wurden von 1942 bis 1944 mehr als 102 000 Juden in die Konzentrations- und Vernichtungslager in Osteuropa deportiert. Nur etwa 5000 überlebten. Als das Lager am 12. April 1945 von kanadischen Truppen befreit wurde, befanden sich noch ca. 900 jüdische Häftlinge im Lager.

Erneut gab es einen wilden Ansturm auf den Jüdischen Rat, da dessen Mitarbeiter vorläufig freigestellt waren. Jeder kämpfte um sein Leben, und wieder entgingen jene Leute den Aufforderungen, die Beziehungen hatten. Aber es kam zu heftigen Spannungen. Die Kommunisten rührten sich und spornten die Juden an, sich nicht in den Sklavendienst zu begeben. Man wußte nicht, ob es Sklaverei war oder Abschlachtung. An dem Dienstag, als der erste Transport gehen sollte, am 15. Juli 1942, gab es Unruhen in der Stadt. Wieder wurde eine Razzia durchgeführt, bei der Juden aufgegriffen wurden. Falls nicht genügend Leute für den Abtransport nach Westerbork erscheinen würden, sollten sie nach Mauthausen gebracht werden. Es waren nicht genügend, doch die Deutschen begnügten sich offensichtlich damit, und Wunder über Wunder wurden diese Geiseln wieder freigelassen. Ich begreife bis heute noch nicht, wie das möglich war.

Lieber Schatz, ich bin todmüde. Mein Bericht ist noch nicht zu Ende, ich muß noch einige Dinge erwähnen. Aber ich schließe jetzt trotzdem und erzähle ein anderes Mal weiter. Und dann bekommst Du einen Überblick über die Geschichte des Jüdischen Rates. Ich glaube, daß ich dann soweit alles nachgetragen habe. Und ich hoffe – sehnlichst ist ein zu schwaches Wort –, daß der Krieg bis dahin vorbeisein wird. Laß mich hiermit enden, das ist der schönste Satz, mit dem ich schließen kann. Es ist jetzt schon halb elf, ich gehe ins Bett und träume von Dir. Gute Nacht, Liebling.

1. Februar 1943

Ich werde Dir auch noch erzählen, was am Abend der Razzia geschah, als wir natürlich noch nicht wissen konnten, daß die Geiseln wieder freigelassen würden. Die Stimmung war furchtbar. Die Deutschen benahmen sich wie wilde Tiere, und Sluzker (der jüdische Verbindungsmann zwischen den Deutschen und dem JR) war *ratlos*. Ich vergaß noch zu erzählen, daß man auch aus dem Gebäude des JR in der Nieuwe Keizersgracht Menschen mitgenommen hatte, von denen die meisten allerdings nach einigen Stunden wieder auf freiem Fuß waren. Auch bei Deinem Vater zu Hause wurden die beiden Frauen, Fräulein Roos und Daisy, beide unter vierzig, aufgegriffen, ebenso Michel Kleerekoper.

Du kennst Eddy Barendz[1]. Am Sonntag vor dem 15. Juli rief mich Max Barendz an – damals hatten wir alle noch Telefon – und bat mich, zu ihm zu kommen. Eddy hatte nämlich auch eine Aufforderung erhalten und sollte am Dienstag mit auf Transport. Natürlich waren sie ratlos, um so mehr, weil er ausnahmsweise von einem deutschen Arzt untersucht worden war und ohne daß der ihn wirklich angesehen hatte für arbeitsfähig erklärt worden war, wie alle anderen auch. Wenn Du hörst, wie Tante Suze dort behandelt wurde, stehen Dir die Haare zu Berge. Sie fragten, ob ich etwas tun könne. Eigentlich waren sie schon ein wenig ruhiger, bevor ich kam, denn Frau van Tijn hatte ihnen auf der Expositur[2] gesagt, da lasse sich bestimmt etwas machen. Ich rief Sluzker an, der gar keine positive Antwort gab und mir riet, mich mit Frau van Tijn in Verbindung zu setzen. Eddy sollte nämlich eine Stelle in einem Altenheim[3] bekommen, so könne man dafür sorgen, daß die Aufforderung zurückgezogen werde. Frau van Tijn meinte nur, es werde sich bestimmt alles regeln lassen, versprechen konnte sie nichts.

---

1 Eddy Barendz war mongoloid, ein hübscher, kräftiger Junge, lieb, aber auch sehr aggressiv. [Anm. Mirjam Bolle]

2 Die Abteilung des Jüdischen Rates, die den Kontakt mit der Zentralstelle für Jüdische Auswanderung unterhielt. Im folgenden auch Expo.

3 Pension für Ältere, in der vor allem Evakuierte untergebracht wurden.

Am Dienstag um sechs Uhr wußten sie immer noch nicht, ob er nun weg mußte oder nicht. Ich bin am Abend noch zur Expo gefahren, obwohl es in der Stadt sehr unruhig war. Wie es da zuging, werde ich wohl nie erzählen können. Bei allen lagen die Nerven blank, beim Personal und den Menschen, die weg sollten und fragten, ob man noch etwas für sie tun könne. Und Eddy mußte gehen. Ich traute mich kaum, sie anzurufen, aber es mußte sein. Ich verstehe immer noch nicht, woher ich den Mut dazu nahm. Nach etwa einer Stunde bekam ich einen Anruf von Eddy. Er war völlig verwirrt und brüllte wilde Drohungen durchs Telefon. Ich hörte das Schluchzen seiner Eltern, es war kaum auszuhalten. Am schlimmsten war, daß Tante Suze immer noch hoffte, in Westerbork werde man ihn wieder zurückschicken. Sie hat ihm nicht einmal ordentliches Gepäck mitgegeben. Hinzu kommt, daß sich die Menschen um halb zwei in der Nacht am Bahnhof einfinden mußten. Stell Dir vor, ein Junge wie Eddy, der nachts im Dunkeln allein durch die Stadt geht. Und stell Dir die Jugendlichen von siebzehn, achtzehn Jahren vor, die mitten in der Nacht ihr Zuhause verlassen und mit einem Rucksack zum Bahnhof müssen.

Der erste Transport erfolgte in Viehwaggons, verschlossen und ohne Toilette. Dagegen wurde protestiert, und die nächsten Transporte fanden in Personenzügen statt. Dennoch meldeten sich die Menschen nicht. Sie tauchten unter oder wurden durch eine Stelle beim Jüdischen Rat freigestellt.

Bobby hat Gott sei Dank noch keine Aufforderung erhalten. Anfangs war es nämlich so, daß Eltern oder Geschwister, die bei Mitarbeitern des Jüdischen Rates wohnten, verschont blieben. Marc hatte über mich in unserem Büro eine Stelle als Laufjunge bekommen. Dadurch war er freigestellt und über ihn auch Lea, obwohl sie beide eine Aufforderung erhalten hatten. Tante Phine war inzwischen Lehrerin für jüdische Kinder; ich vergaß zu erzählen, daß jüdische Kinder keine öffentlichen Schulen mehr besuchen durften. Onkel Nathan war einmal in der Provinz, wo diese Verordnung natürlich weitaus größere Probleme mit sich brachte, und fragte einen jüdischen Jungen, der nicht zur Schule gehen konnte und für den noch keine Regelung gefunden worden war: »Und was sagen die anderen Jungen dazu?« Der Junge antwortete: »Sie wären auch gern Juden.« Auch in der Provinz meldeten sich nur wenige zu den Transporten, was zur großen Razzia im August 1942 führte, bei der man Hunderte von Amsterdamer Juden aus ihren Häusern holte oder auf der Straße auflas.

Zur Zeit der ersten Transporte wurden die Menschen zwei Tage lang in der früheren *Hollandsche Schouwburg*, später *Joodse Schouwburg*[1] genannt, ›verwahrt‹. Ich habe damals dort gearbeitet, habe Rucksäcke gepackt und mit dem Fahrrad Botendienste erledigt. Es gab zum Beispiel den Fall eines Mannes, der die deutschen Instanzen gebeten hatte, erst mit einem der nächsten Transporte aufbrechen zu dürfen, weil sie nicht rechtzeitig fertig geworden seien. Der Mann war sofort verhaftet und zur Schouwburg gebracht worden, daher wusste seine Frau nicht, wo er war. Ich mußte dann zur Frau und ihr sagen, daß sich ihr Mann in der Schouwburg befinde und sie ihre Sachen packen solle, um auch dorthin zu kommen, mit zwei kleinen Kindern, eins zehn, das andere fünf Jahre alt. Im Haus herrschte ein unbeschreibliches Chaos – es war im Tugelaweg und der Mann war ja schließlich zu den Deutschen gegangen, weil sie nicht fertig geworden waren – und ein paar christliche Nachbarinnen halfen und machten mit ihrem Gejammer alles nur noch schlimmer. Die Frau selbst war wie betäubt, packte unter anderem

---

1 Das 1892 erbaute Holländische Schauspielhaus, während und nach der deutschen Besatzung Jüdisches Schauspielhaus genannt, diente in den Jahren 1942/43 als Deportationszentrum, das über 1 000 Menschen fassen konnte. Seit 1962 befindet sich dort eine Gedenkstätte.

einen ganzen Stapel Kinderbücher ein, obwohl sie sowieso schon nicht wußte, wo sie das notwendigste Gepäck verstauen sollte, kurzum, es war aussichtslos. Ich habe natürlich so viel wie möglich geholfen, aber das ist sehr schwierig in einem Haus, in dem alles auf dem Boden verstreut ist und man absolut nicht weiß, wo was liegt.

Ich bin dann wieder zur Schouwburg zurückgegangen, aber später sah ich die Frau mit den beiden Kindern aus der Straßenbahn steigen: Leute, die eine Aufforderung erhalten hatten, durften nämlich die Straßenbahn benutzen. Es war spät am Abend, die Kinder und die Frau schleppten sich vorwärts, das Ganze war ein einziges Bild der Trostlosigkeit.

Bei der Razzia im August bekam ich tagsüber einen Anruf: Ich solle zu Hause bleiben und nicht ins Büro gehen; abends dann wurde ich wieder angerufen und mußte zur Arbeit in die Schouwburg kommen, um Gesuche für die Mitarbeiter des Jüdischen Rates aufzusetzen, die aufgegriffen worden waren, oder für Leute, die für die Wehrmacht arbeiteten, in Mischehen verheiratet waren usw. Wir arbeiteten die ganze Nacht durch. Früh am Abend war aus der Fünten[1] gekommen. Er war speziell für die Judenverordnungen zuständig, und die Mitarbeiter des Jüdischen Rates mußten sich in einer Reihe aufstellen. Er überprüfte Fall für Fall, aber völlig willkürlich. Einer zum Beispiel zeigte eine Legitimation des JR vor. »*Wie lange bist du beim Judenrat tätig?*« Der Mann war völlig durcheinander und konnte nicht antworten. »*In Ordnung, der Mann kann gehen.*« Bei

---

1 SS-Hauptsturmführer Ferdinand Hugo aus der Fünten war als Leiter der 1941 eingerichteten Zentralstelle für Jüdische Auswanderung, dem Organisationszentrum der Deportationen, verantwortlich für Registrierung, Verhaftung und Deportation der niederländischen Juden. Eine Todesstrafe, die nach dem Krieg in den Niederlanden gegen ihn ausgesprochen wurde, wurde 1951 in eine lebenslängliche, 1988 in eine zeitlich begrenzte Haftstrafe umgewandelt. 1989 wurde er entlassen und starb wenige Monate später in Deutschland.

einer Frau fragte er das Gleiche. »*Vier Jahre*«, antwortete sie. »*Muß untersucht werden, wird nicht entlassen.*« Für diejenigen, die noch nicht entlassen waren – und das waren Hunderte –, mußten also Gesuche geschrieben werden. Es war allerdings ein gutes Gefühl, als wir am nächsten Tag hörten, daß fast alle Gesuche, die ich getippt hatte, bewilligt worden waren.

Aber es wurde immer schlimmer. Im August bekamen Onkel Jo, Jet und Meta eine Aufforderung, und in Rotterdam war alles so schnell gegangen, daß ich ihnen nicht zu einer Stelle hatte verhelfen können. Sie schrieben noch einmal aus Westerbork, sie waren sehr tapfer. Danach haben wir nie wieder etwas von ihnen gehört.

Vaters Geburtstag haben wir noch ›gefeiert‹, das heißt, die Boassons, die nur bei uns schliefen und nicht mit uns aßen, waren an diesem Tag zum Essen da. Am 2. September hatte Großmutter Geburtstag. Die Boassons waren da und Dina – jüdischen Besuch konnten wir abends nicht mehr empfangen, weil Juden nach acht Uhr abends im Haus bleiben mußten. Ich hatte seit dem Abend, als ich für die ersten Aufforderungen an der Nieuwe Keizersgracht arbeiten mußte, eine Bescheinigung, die mir gestattete, zwischen acht und zwölf auf der Straße zu sein. Sie wurde immer verlängert. Wir saßen am Tisch im Vorderzimmer, wo wir seit einem Jahr wohnen, es war elf Uhr, und wir waren gerade beim Gebäck angelangt, als es Sturm klingelte. Bobby machte auf, und wir hörten: »Polizei.« Ich erschrak so heftig, daß ich in den ersten Momenten weder denken noch fühlen oder mich bewegen konnte. Es waren zwei Polizisten mit Aufforderungen für das Ehepaar Boasson. Die Polizisten waren erst sehr steif, tauten aber später ein wenig auf. Die Boassons durften Gepäck mitnehmen, aber zum Packen bekamen sie nicht mehr als zehn Minuten. Ich war mittlerweile wieder etwas gefaßter, rief in der Expositur an und fragte, was los sei, denn auf diese Weise waren die Aufrufe noch nie ergangen – ohne daß einem die Möglichkeit blieb, die Aufforderung zu ignorieren. Am Telefon erfuhr ich, daß es sich nicht um eine Razzia oder Strafaktion handele, sondern daß viele Evakuierte abgeholt würden. Es war schrecklich.

Wir machten ihnen ein paar Brote und halfen beim Packen, Winterkleidung und so. Zum Glück hatten sie auch schon einen Koffer bereitstehen.

Ich hatte den Fall natürlich der Expositur durchgegeben mit der Mitteilung, Herr Boasson sei beim JR tätig, und ich dachte, die Sache würde sich doch noch regeln lassen. Aber am nächsten Tag hörte ich von Dr. Sluzker, es sei nichts mehr zu machen gewesen. Sie waren zu spät gekommen. Aus der Fünten hatte ab zehn Uhr keine Freistellungen mehr erteilt. Wir schickten Gepäck und Lebensmittel nach Westerbork, alles Mögliche wurde in Bewegung gesetzt, um zu versuchen, sie dort zu halten. Sie hatten unter anderem eine Bescheinigung, daß sie einer protestantischen Kirche angehörten, ein Pfarrer aus Middelburg, mit dem sie eng befreundet waren, reiste nach Westerbork, sogar der Generalsekretär des niederländischen Innenministeriums, K. J. Frederiks, auch ein ehemaliger Middelburger, kümmerte sich darum, aber nichts half. Nach zwei Tagen wurden sie weitertransportiert. Auch aus Westerbork haben wir nichts von ihnen gehört.

Aber das war erst der Anfang. Jeden Abend wurden ungefähr fünfhundert Menschen von der Schwarzen Polizei[1] abgeholt. Am 14. September klingelte es abends um halb zwölf bei uns. Wir lagen schon im Bett und dachten natürlich: Jetzt holen sie uns. Um mich selbst hatte ich nicht so viel Angst, weil ich eine gute Stellung beim JR habe. Aber um die anderen sorgte ich

1 Mit Karabinern bewaffnete NSB-Polizei in schwarzer Uniform.

mich schrecklich. Es war aber Herr Pinkhof, der geholt wurde und uns bat, für ihn zu telefonieren. Es gab nämlich fast niemanden mehr mit Telefon, wir hatten noch eins, auch durch meine Stellung. Wir riefen an, aber auch sie wurden nach Westerbork geschickt. Dank Bram Asschers Eingreifen sind sie allerdings zurückgekommen; sie waren so ungefähr die einzige Familie, die zurückkam.

Am Abend des 15. September, also einen Abend später, klingelte es gegen zwölf Uhr. Nun war es wirklich die Polizei mit einer Liste, auf der unsere Namen standen. Ich hatte die Tür aufgemacht, nachdem ich Bobby gesagt hatte, sie solle sich verstecken, und ihr Bettlaken glattgezogen hatte. Wir sollten uns anziehen und mitgehen. Ich fragte, ob Großmutter zu Hause bleiben dürfe. Das wurde gestattet. Da sagte ich, dann müsse auch Mutter zu Hause bleiben, weil sonst niemand die Großmutter versorgen könne. Erst waren sie nicht einverstanden, aber später dann doch, als Vater und ich – Bobby hatte sich ja versteckt – innerhalb von fünf Minuten fertig waren. Wir wollten so schnell wie möglich gehen, denn je später man auf dem Adama van Scheltemaplein[1] ankam – dort wurde man hingebracht –, um so geringer waren die Chancen, wieder freizukommen. Und ich war ›überglücklich‹, daß wir nur zu zweit gehen mußten, denn je weniger Menschen freizubekommen waren, desto einfacher war es. Und ich hätte wirklich nicht gewußt, wie ich Mutter, die wie gelähmt war, hätte mitnehmen sollen.

Ich mußte mich in Anwesenheit der beiden Polizisten anziehen. Inzwischen war noch ein Höherer dazugekommen, der das ganze Haus durchsuchte und unter anderem mit einer Lampe

---

1 Platz in Amsterdam; dort befand sich die von den deutschen Besatzern eingerichtete Zentralstelle für Jüdische Auswanderung.

auf Bobby leuchtete, sie aber nicht entdeckte. Ich vergaß noch zu erzählen, daß die Polizisten fragten: »Aus wie vielen Personen besteht die Familie?« Ich sagte: »Fünf: Großmutter und Eltern und zwei Töchter. Meine Schwester hat eine Ausgangserlaubnis für den Abend und ist bei der Arbeit.« Zum Glück hatte ich Bobby nicht verschwiegen – absichtlich nicht, weil ihr Bett ja in unserem Zimmer stand und sie bei einer Überprüfung festgestellt hätten, daß es zwei Schränke gab usw., denn einer der Polizisten sagte: »Das Fräulein sagt die Wahrheit. Ich bin schon einmal hier gewesen, und da war die Familie vollzählig.« Ich hatte ihn nicht erkannt, aber es war einer der Polizisten, die das Ehepaar Boasson abgeholt hatten. Sie benahmen sich ziemlich anständig, aber dennoch steckte einer von ihnen eine Flasche Wein in seine Tasche, schaute in alle Schränke und fragte, ob wir gehamstert hätten. Ich antwortete: »Dafür haben wir kein Geld.« Und als er die Flasche Wein in seine Tasche steckte, sagte ich: »Die ist für religiöse Zwecke.« Und er stellte sie tatsächlich zurück.

Als ich wußte, daß nur Vater und ich mitgehen mußten, rief ich in der Expo an, aber dort war ständig besetzt. Dann versuchte ich es bei meinem Chef und gab es durch. Du siehst also, was für ein Glück es war, daß wir noch Telefon hatten. Später sollte sich zeigen, daß dieses Glück noch größer war, als wir damals wußten. Der Polizist, der uns zum »Houtmarkt« brachte – so heißt der J. D. Meijerplein zur Zeit –, war sehr freundlich und nachgiebig. Er meinte: »Sie kommen bestimmt wieder frei, und dann schauen wir mal vorbei«, und er bedauerte es, daß ich bereits verlobt war, wie er an meinem Ring gesehen hatte. Kurzum, ich gefiel ihm!

Beim Auto – wir wurden in einem Überfallwagen transportiert – wurden wir übergeben. Und dann begann die Hölle. Der Zustand im Wagen war unbeschreiblich. Die Insassen waren vollkommen aufgelöst, lagen auf dem Boden und wimmerten oder schrien. Wir mußten noch andere abholen und hörten, wie Türen eingetreten wurden. Alte und Kranke im Schlafanzug und einer Jacke darüber wurden im wahrsten Sinne des Wortes aus den Häusern geschleift und wie Lumpen in den Wagen geworfen. Es gab nämlich ein sehr hohes Trittbrett und die alten Leutchen konnten nicht ohne Hilfe einsteigen. Dann hoben die Polizisten sie hoch und warfen sie in den Transporter. Und das alles im Stockfinstern. Die Brücke zwischen Weesperstraat und J. D. Meijerplein war hochgezogen und mußte hinuntergelassen werden, wenn das Auto passieren wollte. Und immer wieder fuhren wir hin und her, bis der Wagen endlich voll war.

Mittlerweile war es halb zwei, und ich war ganz verzweifelt, weil ich nicht mehr zu hoffen wagte, daß man jetzt, wo wir so spät dran waren, noch etwas für uns würde tun können. Aber als wir auf dem Adama van Scheltemaplein ankamen, atmete ich auf. Das Schlimmste war vorbei, denn man hatte unseren Fall bereits behandelt, obwohl wir persönlich noch gar nicht dagewesen waren. Wir waren freigestellt! Beim Aussteigen sagte ich zu Vater: »Halt mich gut fest, sonst verlieren wir uns.« Es war wie im Film oder in einem schlechten Traum. Im Dunkeln liefen wir über einen Innenhof. An beiden Seiten waren Soldaten mit Gewehren postiert. Rechts hinter den Soldaten stand der ›Transport‹, d. h. die Leute, die nach Westerbork abtransportiert wurden, abfahrtbereit. Als ich aus dem Auto stieg, hörte ich Sluzker sagen: »Ist Mirjam Levie dabei?« Da wußte ich, daß alles in Ordnung war. Wir kamen nicht in den Saal, wo die anderen hingebracht wurden, sondern konnten gleich zu den Freigestellten. Eine halbe Stunde standen wir dort. Natürlich waren wir sehr froh, aber als wir sahen, daß sich die anderen, die mit uns im Auto gewesen waren, zum ›Transport‹ stellen mußten, war das schon sehr schrecklich. Max war auch dort und sehr viele Bekannte, die alle zu uns kamen und kurz mit uns sprachen. Ich werde nie erzählen können, wie ich mich fühlte. Nach der halben Stunde Stehen marschierten wir in Kolonne zu einer Schule in der Jan van Eijckstraat, wo wir übernachten sollten, weil wir natürlich erst nach sechs Uhr morgens auf die Straße durften. Aber Herr Blüth, der gegenüber der Schule wohnt, holte uns ab. In Blüths Küche haben wir ein wenig geweint und später – es war halb drei – mit dem Ehepaar Blüth und Sluzker, der auch dort schlief, im Wohnzimmer gesessen. Max hatte Mutter schon angerufen, und um halb drei telefonierten wir noch einmal mit ihr, so daß auch sie nicht länger als wir im Ungewissen war. Um halb vier legte ich mich schlafen. Vater blieb auf und ging um sechs Uhr nach Hause. Ich schlief bis zehn, begab mich dann auf den Heimweg und anschließend ins Büro. Aber ich fühlte mich doch sehr müde und benommen an diesem Tag.

In derselben Nacht um halb eins klingelt es wieder. Ich gehe zur Haustür, weil ich am schnellsten aus dem Bett bin, Bobby versteckt sich wieder. Es sind dieselben Polizisten, die sich danach erkundigen, ob wir freigekommen sind. Um halb eins nachts. Wie findest Du das? Die haben doch überhaupt kein Feingefühl! Und das waren noch die ›Guten‹. Dazu mußt Du wissen, daß ich am Abend zuvor, als wir zum J. D. Meijerplein gegangen waren und sie gesagt hatten, sie würden sich erkundigen, gemeint hatte: »Dann bekommen Sie auch ein Glas Wein.« Deswegen waren sie gekommen, das spürte ich sofort. Und wenn wir nicht frei gewesen wären, hätten sie unsere Sachen gestohlen. Ich hatte zum Beispiel am Abend davor eine schöne Dynamotaschenlampe. Einer der Polizisten nahm sie mir ab und gab mir seine dafür, was immerhin noch anständig war.

Kurzum, sie kamen zu dritt und machten mir ein bißchen den Hof. Sie fanden, ich hätte eine gute Figur zum Reiten. Das hatte mir gerade noch gefehlt. Ich schäme mich, Dir erzählen zu müssen, daß ich ihnen wirklich ein Glas Wein eingeschenkt habe.

Ich wollte, daß sie uns wohlgesinnt blieben, denn sie erzählten, sie hätten immer Dienst in unserem Viertel. Und wahrhaftig, einige Tage später klingelte es um zehn Uhr. Eine Aufforderung für Großmutter zum *Arbeitseinsatz* in Deutschland. Sie meinten allerdings schon unten an der Tür, sie würden Großmutter nicht mitnehmen. Sie kämen lediglich zu einem gemütlichen Plausch. Und dann sprachen sie über englische Radiosender. Wir sagten natürlich nicht viel. Ich habe Dir noch nicht erzählt, daß am 9. September, dem Geburtstag Deines Vaters, alle abgeholt worden waren, dann aber auch wieder freigekommen waren. Sie haben aber nicht so eine jämmerliche Autofahrt mitmachen müssen wie wir. Auch Dein Onkel und die Tanten von der Nieuwe Keizersgracht 56 wurden einmal abgeholt, zusammen mit Tante Leen. Hijman und Rika wurden deportiert.

Nach dem 1. Oktober hörte dieses Abholen auf. Damit war das ganze Elend aber längst nicht zu Ende. Ich werde Dir in einem nächsten Brief von dem Drama berichten, das danach passierte. Es ist wieder halb elf. Zum Glück ist es heute abend ruhig. Ich gehe früh schlafen, denn morgens komme ich nicht gut aus dem Bett. Schlaf schön, Liebster. Horchst Du auch schon an der Matratze?

Amsterdam, den 2. Februar 1943

Heute hatten wir einen gewaltigen Schlag zu verkraften. Gestern ist ein deutscher Unteroffizier in Haarlem erschossen worden und zur Strafe wurden hundert Geiseln genommen, darunter vier Juden. Einer der vier war Philip Frank. Heute hörten wir die schreckliche Nachricht, daß drei der vier Juden und sieben Nichtjuden erschossen worden sind. Die Familienmitglieder der Juden hat man nach Westerbork verschleppt. Es ist entsetzlich. Wenn jemand nach Polen deportiert wird, ist das natürlich furchtbar, aber nicht unwiderruflich. Aber dies ist unwiderruflich. Für Franks Frau ist es wirklich kaum zu verkraften. Was hat sie nicht alles durchstehen müssen. Erst die Eltern, dann die Schwester, der Bruder, Jo Dunner mit seiner Familie, und jetzt ihr Mann erschossen und sie selbst nach Westerbork deportiert. Es ist nicht zu glauben, daß ein einzelner Mensch so viel ertragen kann. Und das Schlimme ist, daß dies keine typisch deutsche Maßnahme zu sein scheint. Wenn in England ein Offizier erschossen wird, werden auch Geiseln genommen, heißt es. Aber das Leben desjenigen, den es trifft, ist zerstört.

Es heißt, Frank sei nicht erschossen worden, sondern erhängt.

Ich werde jetzt mit meinem Bericht fortfahren. Ende September wurden Tante Griet, Onkel Meijer und Onkel Moos abgeholt und nach Westerbork gebracht. Wir konnten nichts dagegen tun.

Ich muß Dir auch noch von unserer Inventarisierung erzählen, denn das war wirklich eine Farce. Gegen Ende September gingen Vater und ich um halb zwei zufällig gemeinsam die Treppe hinunter. Wir waren auf dem Weg, jeder zu seinem Büro. Es klingelte, und drei Männer kamen uns entgegen, die sagten, sie seien von der *Hausraterfassungsstelle*. Sie kämen anläßlich des Abtransports der Familie Boasson. Wir gingen natürlich wieder zurück. Sie setzten sich im Wohnzimmer an den Tisch. Ein älterer Mann stellte Fragen und machte sich Notizen, und die anderen schauten sich richtig dreist im Zimmer um. Sie hatten Gesichter zum Reinschlagen, und man konnte sehen, daß sie die Sachen für sich selbst taxierten. Der Mann, der die Fragen stellte, war ganz annehmbar. Wir erzählten ihm, die Familie Boasson habe keine Möbel und die Kleidung hätten wir nachgeschickt. Der Mann wollte Geburtsdaten usw. wissen, und die nannten wir ihm. Als er damit fertig war, sagte er: »Jetzt sind

Sie an der Reihe.« »Warum?« fragte ich. »Wir haben mit dieser Sache nichts zu schaffen, und wenn man uns holt, können Sie bei uns inventarisieren, vorher nicht.« Er sagte, ihm sei aufgetragen worden, wenn der Untermieter abgeholt werde, auch gleich beim Hauptmieter Inventur zu machen. Ich antwortete, meiner Ansicht nach werde bei Mitgliedern des Jüdischen Rates überhaupt nicht inventarisiert, aber er sagte, das sei zwar früher so gewesen, nun aber nicht mehr. »Aber Sie können Widerspruch einlegen, dann gehen wir wieder weg«, meinte er. »Dann legen wir Widerspruch ein«, sagten Vater und ich gleichzeitig.

Kurz und gut, er notierte, daß wir beim JR arbeiteten und Widerspruch einlegten, und dann gingen sie zu dritt weg. Als sie bereits an der Treppe waren, wollten sie noch das Zimmer der Boassons sehen. Der Anführer betrachtete den Schrank und sagte dann: »Nur ein bißchen *Steingut*. Und was heißt *linnengoed* noch mal auf deutsch?« Ich antwortete mit eiserner Miene: »*Wäsche.*« Das war wohlgemerkt die *Hausraterfassung*. Endlich gingen sie, und der Hauptmann sagte noch: »Also, mein Herr, wir sehen uns dann möglicherweise wieder, vielleicht aber auch nicht.« Vater antwortete: »Wenn ich ehrlich sein darf, muß ich sagen, es wäre mir nicht angenehm, Sie unter diesen Umständen wiederzusehen.« Er antwortete: »Das verstehe ich. Wir kommen auch nicht als Freunde hierher.« Die beiden anderen lachten ein bißchen. Ich sagte dann: »Nein, dann werden Sie anders empfangen.« Daraufhin gingen sie wirklich, und wir haben sie bis heute nicht wiedergesehen. Das war tatsächlich eine schöne Geschichte, und ich freue mich immer noch darüber, wie wir unseren ›Widerspruch‹ eingelegt haben. Aber es gab andere, schlimmere Dinge. Zu Sukkoth[1] machte

1 Das siebentägige Laubhüttenfest, ein jüdisches Erntedankfest, wird Anfang Oktober gefeiert. Das Fest erinnert an den Auszug der Juden aus Ägypten und die Behausungen während der Wüstenwanderung.

das Gerücht die Runde, bestimmte Mitarbeiter des Jüdischen Rates würden mittels eines Stempels in ihrem Personalausweis ›gesperrt‹, wodurch sie nicht mehr abtransportiert werden könnten. Am ersten Tag von Sukkoth war ich bei meinem Chef zu Besuch und hörte, daß er zu Asscher und Cohen zitiert wurde. An diesem Abend mußte ich arbeiten, und am nächsten Morgen bekam ich, als ich Eitjes Büro betrat – sie hatten die ganze Nacht durchgearbeitet – eine Aufforderung, zur *Zentralstelle*[1] zu kommen, um mich sperren zu lassen. Und Eitje fügte hinzu, auch meine Eltern und Bobby würden gesperrt. Bobby war inzwischen von einem Informationsbüro zu Herrn E. E. van der Horst, dem neuen Schriftführer der jüdischen Gemeinde, versetzt worden und arbeitete dort als Sekretärin. Ich war über- und überglücklich. Ich bekam auch etliche Aufforderungen für Kollegen in die Hände, fuhr aber kurz bei Vater im Büro vorbei, um es ihm zu erzählen. An diesem Tag waren wir unheimlich froh. Zumindest die Wintermonate über würden wir sicher sein, dachten wir. Wir wußten damals noch nicht, daß diese Sicherheit keine große Bedeutung hatte.

Eitje war Mitglied der Sperrkommission. Was das bedeutet, kann man kaum erzählen. Jede Abteilung des JR mußte eine Liste ihrer Mitarbeiter einreichen, eingeteilt in 50 % A, 25 % B und 25 % C. A würde sicher gesperrt werden, B vielleicht und C wahrscheinlich nicht. Die Leiter hatten damit die grauenvolle Aufgabe, einen Teil ihres Personals zum Tode zu verurteilen. Außerdem kamen Tausende andere und baten um eine Sperre aufgrund früherer Verdienste usw. Jeder kämpfte um sein Leben.

Aber es sollte noch schlimmer kommen. Am 2. Oktober, dem Freitag vor den letzten Tagen von Sukkoth, gab der Professor bekannt, an diesem Abend werde eine große Aktion stattfinden.

---

1 Zentralstelle für Jüdische Auswanderung.

Den restlichen Oktober über sollte es ansonsten ruhig bleiben. An diesem Freitagabend wurden alle Arbeitslager geräumt und die Familien, die in Amsterdam oder außerhalb der Stadt wohnten, abtransportiert. Tausende wurden nach Westerbork gebracht, unter anderem der Kibbuz in Elden[1]. Aber wir wußten an diesem Tag natürlich noch nicht, was genau geschehen würde. Daher wurde beschlossen, alle Aufforderungen der Kategorie A – also Personen, die sicher gesperrt würden – noch an diesem Tag zu versenden, damit sie zumindest ein Papier in der Hand hätten. Tausende von Briefen wurden rausgeschickt, und in all der Aufregung kam es hierbei natürlich auch zu vielen Ungerechtigkeiten. An diesem Tag wurden die Aufrufe bis zum 22. Oktober verschickt. Ich werde diesen Tag nicht leicht vergessen. Wir wurden bestürmt. Ich habe den November 1938 miterlebt: die *Kristallnacht*[2] und den Sturm auf das Komitee für Jüdische Flüchtlinge, aber dies war unbeschreiblich viel schlimmer. Ich hatte überhaupt keine Stimme mehr, kam abends um halb acht nach Hause und taumelte nur noch ins Bett.

Aber um halb zwölf ging das Telefon. Rosien Leuvenberg rief mich an, sie bräuchten meine Hilfe, und sie holte mich sogar ab. Ich war total benommen, als ich im Stockdunkeln auf mein Rad stieg, aber später wurde es besser. Dennoch war ich sehr froh, als es sechs Uhr war und wir nach Hause gehen konnten. Mittags sollte ich wieder im Büro sein. Es war wirklich ein einziges Elend. Jeder flehte um eine Sperre, es brachte einen wirklich zur Verzweiflung. Diese Geschichte hat wochenlang gedauert. Ich könnte ganze Bücher damit füllen, aber eigentlich ist es nicht zu beschreiben. Ich hoffe, Liebster, Dir hiervon bald persönlich erzählen zu können.

---

1 Zentrum von Palästinapionieren, die bei Bauern in der Umgebung Landwirtschaft und Viehzucht lernten.
2 Die »Reichskristallnacht« in der Nacht vom 9. auf den 10. November 1938.

Diese Sperre-Geschichte ist ein sehr schwieriges Kapitel. Die Deutschen haben uns einen Knochen hingeworfen und mit viel Vergnügen zugesehen, wie die Juden um ihn gekämpft haben. Ich glaube immer noch, daß Max geholt wurde, weil ihn jemand angezeigt hat, dem er den Sperrstempel verweigert hatte. Es war Mitte Oktober. An diesem Nachmittag hatten Max und ich zufällig noch zusammen gearbeitet. Wir schufteten in dieser Zeit nämlich Tag und Nacht. Er ging weg, und eine Stunde später hörten wir, daß Eva und die Kinder verhaftet und zur Schouwburg gebracht worden waren und daß sich Max mit Sluzker auf dem Weg dorthin befand. Und kurz darauf erfuhren wir, daß auch Max verhaftet worden war. Natürlich allgemeine Niedergeschlagenheit. Es dauerte einige Tage, bevor wir sicher wußten, daß nichts zu machen war.

Ein paar Tage später wurden Oberrabbiner Sarlouis und seine Familie verhaftet, ebenso der Schwiegervater und die Schwägerin seines Sohnes, die Familie Huysman. Natürlich war die Aufregung groß. Freddy hatte Besprechungen hier und Besprechungen dort, aber wir wußten, daß doch alles zwecklos sein würde. Und dem war auch so. Weswegen man Max und den Rabbiner deportiert hatte, war nicht bekannt. Ich glaube, in dem Moment wußte es der Professor wirklich nicht. Er hat es wohl erst später erfahren, aber nie erzählt.

Die Gaben, die für Max und Eva abgegeben wurden, waren überwältigend. Freddy, Juul und ich packten seine Sachen. Wir durften uns nicht von ihnen verabschieden. Dein Vater hat sich auf dem hinteren Balkon bei Deinem Onkel Moos Mendels in der Middenlaan von ihnen verabschiedet, was natürlich schrecklich war. Aus Westerbork bekamen wir einen wunderbaren Brief von Max und Eva. Sie waren außerordentlich tapfer. Aber wenn ich im Augenblick an die Kinder denke, weiß ich mir einfach keinen Rat. Dein Vater konnte den Schlag fast nicht verkraften.

Max war sein Stolz, und dieser Absturz kam sehr plötzlich und war sehr tief. Natürlich bemühen wir uns alle, ihm darüber hinwegzuhelfen, aber für so etwas Schreckliches lassen sich einfach keine tröstenden Worte finden. Einige Wochen nach ihrer Deportation bekamen wir heimlich einen Brief von Max, der zwar ein wenig Hoffnung machte, in dem aber unter anderem auch stand, man habe ihm seine Decken weggenommen. Und wenn man dann hört, daß die Temperaturen in jenen Gebieten im Augenblick bei 25 Grad unter null liegen, weiß man, was allein das schon bedeutet. Bis jetzt haben wir sonst nichts von ihnen gehört. Max schrieb, was wir im übrigen schon von Anfang an wußten, nämlich daß er von Eva und den Kindern getrennt worden sei.

Am Ende der Sperrverteilung waren 17000 Personen in den Niederlanden über den Jüdischen Rat gesperrt.

Den gesamten Oktober über war es ruhig gewesen, aber Anfang November hatte die Misere aufs neue begonnen. An den ersten Abenden wurden auch Gesperrte geholt, doch das wurde bald schon revidiert. Für die Betroffenen war und blieb es dennoch schlimm.

Ende November läutete es erneut bei uns, nachts um halb eins. Und tatsächlich, es war wieder Polizei, diesmal mit Aufforderungen für Vater und Mutter. Da sie gesperrt waren, konnten sie zu Hause bleiben, doch die Kerle haben uns bis zum letzten Moment zittern lassen, ob sie die beiden mitnehmen würden oder nicht.

Im November waren die Juden an der Reihe, die bei der Wehrmacht arbeiteten.[1] Viele wurden von ihrem Arbeitsplatz ge-

---

1 Es gab einen sogenannten Wehrmachtsstempel für Juden, die in Fabriken arbeiteten, die im Auftrag der Wehrmacht produzierten (Uniformen, Stiefel etc.). Dieser Stempel galt als relativ sichere Garantie dafür, nicht deportiert zu werden.

holt, die Familien aus den Häusern geschleppt und alle zusammen abtransportiert. Dein Onkel Isidoor konnte gerade noch entkommen. Und wir alle hatten gedacht, die Leute bei der Wehrmacht seien am sichersten. Mitte Dezember ließ man uns wegen der Weihnachtsferien wieder für einige Zeit unbehelligt. Aber Anfang Dezember hatte es um halb eins an unserer Tür geklingelt. Ich dachte, ich hätte nur geträumt, stand aber dennoch auf und ging hinunter. Ich fragte die Nachtschwester, die bei uns war, um Großmutter zu versorgen: »Hat es geläutet?« Sie hatte uns gerade rufen wollen. Ich ließ schnell die Apfelschalen in den Ofen werfen – Juden dürfen kein Obst haben – und ging hinunter, um die Tür zu öffnen. Es wäre sinnlos gewesen, es nicht zu tun, denn sonst wäre sie eingetreten worden. Auf der Treppe hörte ich deutsche Stimmen. Ich dachte: Wir sind verloren, eine Verhaftung. Für diesen Abend waren keine Transporte angekündigt, und außerdem war es stets die holländische Schwarze Polizei, welche die Leute aus ihren Häusern holte. Als ich öffnete, sah ich die Umrisse dreier Gestalten. Eine fragte: *»Sind Sie Jüdin?«* Da wußte ich, daß es keine Verhaftung sein konnte, denn dann hätten sie meinen Namen genannt. Ich antwortete: *»Jawohl.« »Personalausweis.«*

Ich rannte hoch ins Schlafzimmer, wo meine Tasche stand, und war wieder auf Höhe des Wohnzimmers, als einer der Kerle mir entgegenkam. Ich lotste ihn ins Wohnzimmer, denn ich wollte nicht, daß er die anderen in den Schlafzimmern zu Gesicht bekam. Je weniger diese Halunken sehen, desto besser. Als der Kerl meinen Personalausweis kontrollierte, fragte er, was ich mache. Ich sagte es ihm. Er wollte wissen, ob noch mehr Personen im Haus seien. Ich antwortete wahrheitsgemäß, denn das schien mir das klügste. Die Krankenschwester hatte ich ins Hinterzimmer geschickt, weil die Polizisten beim vorigen Mal ausfällig geworden waren und sie als Judensklavin beschimpft hatten. Er schaute noch nach Großmutter und ging dann wahrhaftig wieder. Beim Hinuntergehen meinte er: »*Sie sind sehr tapfer gewesen. Schlafen Sie nun schön weiter.*« Ich hätte beinahe die Fassung verloren. Wenn schon solche Kerle Mitleid haben, muß es sehr schlecht um uns bestellt sein. Und Mitleid kann man in einem solchen Moment nicht ertragen, das raubt einem alle Kraft.

Ich bin noch ein paar Stunden wachgeblieben. Das Mal zuvor nämlich, als sie mit Aufforderungen für Vater und Mutter gekommen waren, hatten wir, als sie wieder gegangen waren, ein Glas Wein getrunken, um unsere Nerven zu beruhigen, denn nach so einem Besuch zittern einem die Knie, das kann ich Dir sagen. Und dann waren wir wieder zu Bett gegangen. Eine Stunde später läutete es erneut. Ich ging hinunter. Es waren zwei andere Polizisten, wieder mit Aufforderungen. Ich sagte: »Ihre Kollegen sind gerade vor einer Stunde gegangen.« »Verd...«, sagte der eine, »das versteh' ich nicht.« »Möchten Sie die Sperrnummern notieren?« fragte ich. »Nein, die sehen wir bei Abgabe«, sagten sie und verschwanden wieder. Du wirst also verstehen, daß ich auch diesmal Angst vor einem zweiten Besuch hatte. Um drei Uhr ging ich ins Bett und sagte zur schlafenden Bobby: »Bob, es war wieder Polizei da.« »Polizei«, murmelte sie, richtete sich kurz auf, drehte sich um und schlief weiter. Am nächsten Morgen sagte sie: »Ach, als du wieder ins Bett kamst, wußte ich, daß sie weggegangen waren, und da dachte ich: Morgen werde ich schon alles erfahren.« Was soll man zu solch einer Seelenruhe sagen? Am nächsten Morgen erzählte ich es Vater und Mutter, die zu Tode erschraken. Im Büro hörte ich, daß es sich um eine Privataktion des Wachpersonals der Schouwburg gehandelt hatte, das wohl der Ansicht gewesen war, der Transport sei nicht groß genug. Sie haben viele Juden aus ihren Häusern an der Muidergracht geschleppt und ziemlich gewütet. Wir hatten also wieder Glück. Frau de Groot meinte sogar, sie seien betrunken gewesen, was ich allerdings nicht bemerkt hatte.

Von Mitte Dezember bis Anfang Januar ließ man uns in Ruhe, und das bedeutete viel für uns, denn so konnten sich die Nerven wieder etwas beruhigen. Aber Anfang Januar begann das Elend von neuem. Sie kamen auch zu Tante Dina und Onkel Nathan, gingen aber wieder, weil beide ein Krankenattest hatten. Nach ein paar Tagen zeigte sich jedoch, daß damit wenig gewonnen war. Seit etwa zwei Wochen nämlich werden die Kranken tagsüber von Grüner und Schwarzer Polizei sowie in Begleitung von jüdischen Krankenträgern abgeholt. Das ist so schrecklich, daß ich dafür keine Worte finden kann. Menschliche Wracks werden auf Tragen aus ihren Häusern geholt und zum Wagen geschleppt. Manchmal werden sie einfach aus den Fenstern gehievt. Dann bringt man sie zur Borneokade[1] und deportiert sie abends nach Westerbork und von dort weiter, wenn sie nur irgendwie transportfähig sind. Und auch die Familie muß mit. Wie Du Dir denken kannst, hat auch Tante Dina große Angst davor, abgeholt zu werden. Nun durfte ja Großmutter ebenfalls mit einem Attest zu Hause bleiben, so daß man jetzt vielleicht auch sie und Mutter holen wird. Ich versuchte sofort, sie in einem Krankenhaus unterzubringen. Vielleicht ist auch das nicht sicher, da man ja nicht weiß, ob sie die Krankenhäuser nicht auch räumen, aber jedenfalls ist dann die Chance kleiner, daß sie auch Mutter mitnehmen. Am nächsten Tag konnte sie durch einen glücklichen Zufall im Krankenhaus aufgenommen werden. Aber wir sind immer noch sehr besorgt um Mutter.

Dieses Abholen findet dreimal pro Woche tagsüber statt. Es zerreißt einem das Herz, wenn man sieht, wie die gebrechlichen Alten morgens in aller Frühe auf die Straße gehen, um bloß nicht zu Hause zu sein, wenn diese Ganoven sie holen kommen.

---

1 Die Borneokade ist eine Gleisanlage im Osten von Amsterdam. Von dort fuhren die Deportationszüge ab.

Es hilft nur wenig, denn dann passiert es ein andermal. Aber jeder Tag Aufschub ist ein Tag mehr. Früher war Tante Dina dreimal die Woche mit ihrer ganzen Familie bei uns. Letzten Sonntag aber hörte ich von offizieller Seite, daß hauptsächlich die Atteste vom September an der Reihe seien. Sie können also jeden Moment zu uns kommen, denn Großmutter hat ein Attest vom September. Mittlerweile besuchen uns auch Onkel Nathan und Tante Dina nicht mehr und irren an diesen drei Tagen auch hauptsächlich durch die Straßen. Es ist abscheulich. Ich habe mit Vordemberge, Sluzkers Sekretärin, gesprochen. Sollte Mutter abgeholt werden, kommt sie mit hundertprozentiger Sicherheit wieder frei. Jetzt bleibt sie allein zu Hause, denn es ist besser, wenn möglichst wenige Personen im Haus sind, die man dann mitnehmen würde. Sie hat natürlich große Angst, auch wenn sie gute Chancen hat, sehr gute sogar, zu Hause bleiben zu dürfen, jetzt, wo Großmutter im Krankenhaus ist. Außerdem wäre es sinnlos, wenn niemand zu Hause bliebe, denn dann würden sie abends wiederkommen und gleich die ganze Familie mitnehmen. Ich bin nun möglichst viel zu Hause, weil für mich noch immer die geringste Gefahr besteht und ich am besten mit den Leuten reden kann. Wir hoffen so sehr, daß alles gutgeht.

Im Moment ist es wirklich, als wäre die Hölle ausgebrochen. Bis Ende letzter Woche kamen sie auch abends und holten die Menschen. Und wieder die Leute von der Wehrmacht, wo doch alle geglaubt hatten, sie würden am längsten in Holland bleiben, weil die Deutschen ein Interesse daran hatten. Sie werden nicht nach Westerbork, sondern nach Vught[1] geschickt. Über Vught

---

1 Vught ist eine kleine Stadt in der Nähe von 's-Hertogenbosch, der Hauptstadt der Provinz Brabant. Das Konzentrationslager Herzogenbusch (bzw. niederländisch: Vught) wurde im Januar 1943 errichtet. Es stand unter direkter Aufsicht des SS-Wirtschafts- und Verwaltungsamtes. Insgesamt wurden dort etwa 31 000 Häftlinge interniert, unter ihnen 15 000 Juden. Bis zur Befreiung durch kanadische Truppen im September 1944 kamen im KZ Herzogenbusch mindestens 749 Menschen ums Leben.

werde ich Dir im Zusammenhang mit dem Jüdischen Rat berichten. Bis jetzt ist es in dieser Woche abends ruhig geblieben. Heute ist Dienstag.

Liebster, mein Bericht ist ziemlich trocken. Ich hoffe, daß ich Dir alles, was Du nicht verstehst, persönlich erklären kann. Vieles habe ich gar nicht erzählt, z.B. die Sache mit Tante Ré, die ein Kapitel für sich ist, oder daß Jo Dunner und seine ganze Familie abgeholt wurden, oder wie ich mich für Philip Keizer eingesetzt habe, als er eine Aufforderung erhielt, unseren ehemaligen Nachbarsjungen, mit dem ich aufgewachsen bin. Auch die Evakuierung deutscher Juden aus dem Küstengebiet im September 1940 habe ich nicht erwähnt. Damals war das für uns ein ungeheurer Schlag, heute erscheint es so unbedeutend. Oder meine zahlreichen, erfolglosen Versuche auszuwandern, das Elend, das wir im letzten, unbeschreiblich kalten Winter erlebt haben, die Verhaftung von Izak de Vries und seiner Familie mit dem fünf Wochen alten Kind, weil er die ›Unverschämtheit‹ besessen hatte, sich zu beschweren, als sein Brief an die *Wirtschaftsprüfstelle*[1] unbeantwortet geblieben war, und geschrieben hatte: »*Wir erwarten Ihre Stellungnahme*«, kurzum, vieles, was mir später vielleicht wieder einfallen wird. Die Überlegungen innerhalb der Familie, wie wir ihren Klauen entgehen können, oder die Aufforderung des regionalen Arbeitsbüros diese Woche, die besagt, daß drei Personen aus Vaters Büro zum Arbeitseinsatz nach Deutschland müssen, mit einem Wort, zu viel, um es Dir zu schreiben. Aber das alles ist angesichts des einen völlig belanglos, nämlich hierbleiben zu können und das Ende des Krieges zu erleben.

---

1 Institution für die sogenannte »Arisierung«, d. h. die Übernahme von jüdischem Besitz.

Im Moment stimmen uns die Nachrichten etwas zuversichtlicher. Wollen wir hoffen, daß sich dieser Optimismus als begründet erweist und der Krieg innerhalb weniger Wochen vorbeisein wird. Ich habe das Gefühl, daß wir – auch wenn wir deportiert werden – den Krieg überleben, weil wir nun wieder den größten Teil des Winters hinter uns haben. Aber wir wünschen uns so sehr, hierbleiben zu dürfen. Vater und Mutter würden sonst alles verlieren und auseinandergerissen werden, und vor allem Mutter, die aufgrund der ständigen nervlichen Anspannung so sehr abgemagert ist, daß man sie kaum mehr erkennt, und die vielleicht nicht alles durchstehen könnte, was sie dann erleben müßte. Und ich, auch wenn ich nur kurz in Polen bliebe, wäre dann Teil des politischen Problems, das diese Deportierten nach dem Krieg darstellen werden, und deshalb würde es vielleicht noch länger dauern, bevor ich bei Dir sein könnte. Jeden Tag, den wir hier sind, bin ich glücklich, daß ich wieder in einem schönen, sauberen Bett geschlafen habe. Außer diesem einen Wunsch, hierbleiben zu dürfen, ist alles andere unwichtig. Hoffen wir, daß bald alles vorbei ist und endlich eine schöne Zeit für die Welt im allgemeinen und für Dich und mich im besonderen anbrechen wird. Ich kann Dir nicht sagen, mein Liebster, wie sehr ich jeden Tag an Dich denke, wie sehr ich Dich bewundere. Ich war schon mal in einen anderen verliebt, als ich merkte, daß er in mich verliebt war. Aber ich habe immer gewußt: Das ist nur Larifari, Zeitvertreib, der einzige, den ich liebe, ist mein Schatz, der beste Mann der Welt.

Beim nächsten Mal werde ich Dir noch vom Jüdischen Rat erzählen, und dann werden meine Berichte wohl kürzer, da ich dann jeden Tag oder jede Woche nur noch zu ergänzen brauche. Mögen sie schnell abgeschlossen sein, weil dann der Krieg Vergangenheit sein wird.

PS. Letzte Woche ist das Apeldoornsche Bosch, das jüdische Krankenhaus für Geisteskranke, geräumt worden. Vierzig Güterwaggons mit Patienten sind nach Deutschland gefahren, vierzig Personen vom Pflegepersonal mußten mit. Der Rest der Belegschaft wurde nach Westerbork geschickt und wird vielleicht dort bleiben dürfen. Viele vom Personal sind untergetaucht.

Amsterdam, den 3. Februar 1943

Lieber Leo,
heute morgen waren wir wieder in heller Aufregung. Du weißt, daß wir große Angst davor hatten, sie würden Großmutter holen und Mutter dann gleich mitnehmen. Heute morgen um halb neun hörten wir Frau de Groot rufen. Bobby war angezogen, ich noch nicht, weil ich zufällig etwas später bei Eitje sein mußte. Unser Büro war wieder einmal umgezogen. Bob kam wieder herauf und erzählte, ein Grüner sei bei de Groot gewesen, habe nach Großmutter gefragt und dabei ihren Mädchennamen de Vries benutzt. Frau de Groot habe geantwortet, dieser Name sage ihr nichts. Ich bedauerte sehr, daß sie nicht zu uns gekommen waren, denn dann hätten wir es zumindest hinter uns gehabt, und ich hätte mit ihnen reden können und nicht Mutter, die immer so nervös ist. Ich sagte zu Mutter: »Ich laufe ihnen nach und zeige ihnen die Bestätigung vom NIZ, daß sie dort aufgenommen wurde.« Ich band mir ein Kopftuch um, da ich noch nicht frisiert war, und wollte gerade in Pantoffeln und Mantel hinunter, als es läutete. Bobby meinte noch: »Das ist der Müllmann«, aber mir war sofort klar, daß es sich um die Grüne Polizei handelte. Ich war ›froh‹, denn zumindest hatte nun die Ungewißheit ein Ende. Du wirst das vielleicht für verrückt halten, aber in diesem Augenblick war ich wirklich erleichtert. Diese Ungewißheit ist um vieles schlimmer, und jetzt war ich wenigstens zu Hause und Mutter nicht allein.

Mutter blieb im Schlafzimmer. Ich führte den Grünen ins Wohnzimmer und gab Bobby zu verstehen, sie solle nach oben gehen. Kurz und gut, ich will Dir nicht die ganze Geschichte erzählen, es ging eigentlich recht einfach, obwohl der Kerl kein Holländisch lesen konnte und ich ihm das Attest übersetzen mußte. Er heftete die Übersetzung an die Aufforderung – er hatte den Aufruf vom September mit dem Attest dabei, das die Schwarze Polizei seinerzeit mitgebracht hatte – (Ich mußte ihm sogar noch eine Büroklammer geben) und ging wieder. Danach bin ich mit dem Rad zu Eitje gefahren, habe von dort aus Vater angerufen, um ihm zu sagen, daß alles überstanden sei, und bin dann wieder nach Hause gefahren. Die Grünen hatten nämlich die Muidergracht und die Kerklaan gesperrt, weil sie dort die Häuser räumten, und deshalb traute ich dem Ganzen nicht. Ich bin dann ein paar Stunden zu Hause geblieben, bis es vorbei war. Wenn ich es so beschreibe, klingt es ziemlich nüchtern, aber mein Liebster, Du ahnst ja gar nicht, was ein solcher Besuch bedeutet und wie erledigt man danach ist. Wenn ich mir vorstelle, sie würden Mutter in diesen Wagen schleppen zu all diesen wimmernden und ächzenden Kranken, und was sie dort in der Borneokade dann ertragen müßte, auch wenn man sie nicht schlagen oder treten würde, dann kann ich nicht dankbar genug sein, daß uns dies wieder erspart geblieben ist. Du weißt nicht, wie sehr unser Leben aus dem Lot ist. Wenn es läutet, erschrecken wir. Wenn auf der Straße etwas passiert, ein Auto knallt, zucken wir zusammen. Wir haben die deutschen Juden bedauert, wenn sie bei jedem Geräusch erschraken, aber jetzt geht es uns längst genauso.

Ich werde nun mit dem Bericht über den Jüdischen Rat beginnen. Heute habe ich nämlich viel Zeit, weil unser Büro umgezogen ist und ich noch keinen Platz habe, wo ich hingehen kann. Also bleibe ich einfach zu Hause und erledige später noch einige Dinge für das Büro.

Als wir im Mai 1940 besetzt wurden, sind Professor Cohen und Asscher[1] zu den Deutschen gegangen und haben ihnen mitgeteilt, sie seien die Vertreter des niederländischen Judentums. Andere sagen – und das halte ich für viel wahrscheinlicher –, die Deutschen hätten sie zu sich bestellt und ihnen befohlen, ihre Verordnungen an die jüdische Bevölkerung weiterzuleiten. Ich weiß nicht, was stimmt: Vielleicht werden wir es nach dem Krieg erfahren. Ich hoffe, daß Letzteres richtig ist, denn das würde den Professor in den Augen vieler rehabilitieren. Asscher spielt hier nur eine unbedeutende Rolle. Der eigentliche Judendiktator ist Professor Cohen.

Nach dem Mai 1940 erwies es sich als notwendig, ein Organ zu haben, das die Juden in den Niederlanden vertrat, einen sogenannten Dachverband, dem alle Vereinigungen usw. untergeordnet waren. Dieser Dachverband wurde die sogenannte Koordinationskommission, deren Vorsitzender der ehemalige Präsident des Obersten Gerichts, L. E. Visser aus Den Haag, wurde. Ich habe das ganze aus nächster Nähe erlebt. Diese Koordinationskommission existierte nur kurz. Im Februar 1941 ernannten die Deutschen auf eigene Faust einen Judenrat (vom Professor pietätvoll mit *Joodse Raad*, Jüdischer Rat, übersetzt, weil Judenrat so ordinär klingt), in dem die höchsten Honoratioren vertreten waren, so z. B. der Oberrabbiner, der Schriftführer (ehemalige Schriftführer natürlich) der Gemeinde Amsterdam (in Mischehe lebend), Mendes da Costa, der Vor-

---

1 Professor David Cohen, Vorsitzender des 1933 gegründeten Komitees für Jüdische Flüchtlinge, und Abraham Asscher, Vorsitzender des Komitees für besondere jüdische Interessen und Vorsitzender der niederländisch-israelitischen Gemeinde. Von der Gründung des *Joodse Raad* auf Druck von Reichskommissar Seyß-Inquart im Februar 1941 bis zu seiner Auflösung im September 1943 Vorsitzende des Jüdischen Rates. Ihre Rolle und ihre Entscheidungen in dieser Funktion waren und sind bis heute umstritten. Nach dem Krieg leitete die niederländische Justiz gegen beide wegen ihrer Tätigkeit für den Jüdischen Rat ein Strafverfahren ein. Der jüdische Ehrenrat der Niederlande schloß sie auf Lebenszeit von jeglicher Tätigkeit für jüdische Einrichtungen aus.

sitzende der Portugiesischen Gemeinde, de Hoop (ehemaliger Direktor des Niederländischen Filmtheaterbundes), usw. Darunter Leute, die sich früher nie um das Judentum geschert hatten. Der Professor und Bram Asscher, Vorsitzender der Jüdischen Gemeinde Amsterdam, wurden beide Vorsitzende, van der Laan Schriftführer. Dieser Jüdische Rat bekam seine Anordnungen von den Deutschen und leitete sie an die jüdische Bevölkerung weiter. Ich arbeitete damals im Büro an der Lijnbaansgracht, wo sich das Komitee für Besondere Jüdische Interessen befand, das praktisch im Komitee für Jüdische Flüchtlinge aufgegangen war, und bekam viel von den internen Angelegenheiten mit, weil ich manchmal auch für den Professor arbeitete und weil Eitje, dessen Privatsekretärin ich noch immer bin und bis nach dem Krieg zu bleiben hoffe, und Frau van Tijn, für die ich ebenfalls Arbeiten erledigt habe, Mitglieder dieses Komitees waren.

Am 20. März 1941 fuhr ich zum Büro, durfte aber nicht hinein. Die Deutschen waren da. Nachdem ich Namen und Stellung genannt hatte, ließ man mich ausnahmsweise doch eintreten. Nur die Chefs und die Sekretärin des Professors waren da – und die Deutschen. Nach einigen Stunden mußten wir das Haus verlassen, und es wurde versiegelt. Im selben Gebäude an der Lijnbaansgracht befand sich auch das Büro des Arbeitsdorfes Wieringen der Stiftung Jüdische Arbeit.[1] Dessen Räume wurden ebenfalls versiegelt. Wir wurden vorübergehend im Gebäude der Diamantenfabrik Asscher an der Tolstraat untergebracht. Am selben Tag noch wurde das Arbeitsdorf Wieringen beschlagnahmt, geräumt und nach Amsterdam verlegt. Nach ein paar Tagen durften wir in das Gebäude an der Lijnbaansgracht zurück. Das Komitee für Besondere Jüdische Interessen und das

---

1 Werkstatt, in der aus Deutschland geflohene Jungen ein Handwerk erlernten, um sich besser auf die Emigration vorzubereiten.

Komitee für Jüdische Flüchtlinge hießen nun: Jüdischer Rat für Amsterdam, Abt. Hilfeleistung und Sozialarbeit. Aber an der tatsächlichen Situation hatte sich wenig geändert. Wir mußten eine Erklärung unterschreiben, daß wir keine Unterlagen vernichten würden. Das wurde allerdings nie überprüft.

Im April 1941 bekamen wir Besuch von zwei Herren aus Prag, Richard Friedmann und Jacob Edelstein. Das waren die Prager ›Asscher und Cohen‹. Sie kamen in Begleitung und im Auftrag der Deutschen, um ›uns‹ nach dem Vorbild Prags zu organisieren. Ich habe mit diesen Männern, die jung und außergewöhnlich nett und einfach waren, sehr oft gesprochen, bin mit ihnen spazierengegangen, habe ihnen die Stadt gezeigt, war mit ihnen im Theater (nur für Juden) – all das war damals noch möglich. Das Niveau der Konzerte z. B. war außergewöhnlich hoch, und das jüdische Symphonieorchester war um Klassen besser als das Concertgebouworchester (in dem keine Juden mehr spielen durften, die waren jetzt beim jüdischen Orchester). Leider durfte dieses jüdische Orchester nur Musik jüdischer Komponisten spielen. Zu diesem Zeitpunkt waren die Maßnahmen gegen die Juden in Prag bereits viel weiter fortgeschritten als bei uns. In Folge dieses Besuchs wurde die Expositur eingerichtet. Deren Leiter wurde Dr. Edwin Sluzker, ein österreichischer Jude, der 1938/ 1939 nach den Pogromen nach Holland gekommen war und der, nachdem er während der Kriegstage aus einem Flüchtlingslagerfliehen konnte, bei uns gelandet war. Ich kannte diesen Mann gut, und im Moment habe ich es ihm zu verdanken, daß ich hier bin, weil er an jenem Abend, als man uns abholte, unseren Fall behandelte.

Daraufhin wurde für die deutschen Juden eine obligatorische Anmeldung zur Auswanderung eingeführt. Hierzu mußten sie alles angeben, was sie besaßen, Geld, Kleider, Möbel, alles bis zur kleinsten Haarnadel sozusagen. Jeder dachte, die deutschen Juden würden daraufhin nach Polen geschickt, wie es auch in Deutschland geschehen war, denn alle Maßnahmen, die in Holland gegen die Juden ergriffen wurden, betrafen zunächst nur die deutschen und erst später die holländischen Juden. Wie sich jetzt zeigt, war diese Anmeldung gänzlich unbedeutend. Vielleicht wollte man ursprünglich wirklich nur die deutschen Juden deportieren, doch das wurde durch den Beschluß vom Juni 1942[1], nach dem alle Juden aus ganz West-Europa deportiert werden sollten, gegenstandslos. Der Titel – Emigrationsanmeldung – war eine Farce, denn niemand durfte die Niederlande verlassen. Einige steinreiche Juden konnten sich gegen eine horrende Summe nach Spanien absetzen, und einige Zeit später ist es noch einer anderen kleinen Gruppe gelungen, aber von einer allgemeinen *Ausreisegenehmigung* und damit der Möglichkeit zu emigrieren konnte keine Rede sein. Wir hatten auch noch Besuch von einem gewissen Herrn Throne vom Joint[2] wegen einer Niederlassung auf Dominica, aber auch aus diesem Projekt ist nie etwas geworden.

Im August wurde Max, der viel mit dem Jüdischen Rat zu tun hatte, dem alle Vereinigungen und Stiftungen untergeordnet waren, zum allgemeinen Schriftführer des Jüdischen Rates ernannt. Van der Laan war nämlich oft krank. Er blieb Schriftführer, aber das hatte wenig zu sagen. Viele haben es Max übelgenommen, weil der Jüdische Rat schon damals als Handlanger der Deutschen galt, da er sich z. B. nicht gegen die Registrierung gewehrt und nach dem Tod der Männer in Mauthausen nicht erklärt hatte: »Macht eure Drecksarbeit doch selbst. Wir machen den Laden zu, mal sehen, was dann passiert.« Das hätte

---

1 Gemeint ist vermutlich die Berliner Wannseekonferenz vom 20. Januar 1942.
2 American Jewish Joint Distribution Comitee: amerikanisch-jüdische Organisation zur Unterstützung von Juden in der ganzen Welt.

sicherlich von mehr Stolz gezeugt, aber auch ich war der Meinung, der Jüdische Rat könne durch Sabotage die Maßnahmen lindern oder verzögern. Und so war es auch. Im Dezember 1940 z. B. beabsichtigten die Deutschen, Juden ohne Familie in deutschen Arbeitslagern unter deutscher Leitung arbeiten zu lassen. Erst im Dezember 1941 kam es tatsächlich zu diesem Arbeitseinsatz, und zwar in Lagern in den Niederlanden, unter niederländischer Leitung und nicht unter der NSB. Diese ist übrigens sehr unangenehm, und sie kann uns, wenn sie will, in Schwierigkeiten bringen, aber bei den Deutschen hat sie nur wenig zu sagen. Bei der NSB scheint großes Chaos zu herrschen, es gibt viele ›Verräter‹, und Mussert ist eine Flasche, ein unbedeutender, selbstherrlicher Idiot.

Im August bekamen wir nochmals Besuch aus Prag, diesmal nur von Friedmann. In diesem Monat wurde die spätere Zentrale Kulturkommission eingerichtet, in der alle Strömungen, von den liberalen bis hin zu den streng orthodoxen Juden, vertreten waren. Sie wollte versuchen, den Juden eine moralische Stütze zu sein. Diese Kommission hat gute Arbeit geleistet. Als man Freddy im Dezember 1941 entließ, wurde er zu ihrem Leiter ernannt. Vorsitzender wurde Jo Dunner und nach dessen Deportation der Jurist Loonstein, der nun am Amstelveenseweg[1] interniert ist. Daneben ist Leo Seeligmann stellvertretender Vorsitzender. Diese Kommission organisierte Lehrgänge zu ganz unterschiedlichen Themen. Letzten Sommer habe ich bei Carolien Eitje und Jacques Presser einen mehrmonatigen Abendkurs im Gebäude der jüdischen Schule (damals durften Juden nach acht Uhr noch auf die Straße) über Juden im Mittelalter besucht, ein ausgezeichnetes Seminar, das mir guttat. Auch jetzt nehme ich noch an Kursen teil. Gerade ist einer zu Ende gegangen, nämlich in Psychologie: *»Individuum und jüdische Ge-*

---

1 Gefängnis in Amsterdam.

meinschaft«. Diese Woche beginnt einer über die Marranen[1]. Man kann zwischen verschiedenen Vorträgen wählen. Auch in manchen Büros des JR wurden verschiedene Ringvorlesungen angeboten, alle auf sehr hohem Niveau.

Im Dezember 1941 folgte der Arbeitseinsatz in den Lagern. Der Schock war furchtbar und die Kritik am JR heftig, weil er die Verordnung ausführte. Denn wieder mußte der JR die Drecksarbeit machen, d. h. administrativ usw. Noch immer war ich allerdings der Überzeugung, es sei vernünftig, nicht alles hinzuschmeißen, obwohl nur wenige meiner Meinung waren. Auch im JR selbst – ich meine nicht bei den paar Leuten, die von den Deutschen eingesetzt worden waren, sondern bei denjenigen, die mit dem Tagesgeschäft vertraut waren und in Wirklichkeit die Arbeit machten – wurden Stimmen laut, die dafür waren, das Ganze hinzuwerfen. Der Professor bezeichnete das als »den heroischen Standpunkt«. Es ging um brechen oder sich beugen und später dann vielleicht doch brechen, wenn der Krieg nicht bald zu Ende sein würde. Tatsache ist, daß sich der Professor eigentlich von niemandem etwas sagen läßt. Er hört die Leute an und macht dann doch, was er will. Im Moment hegen daher auch viele einen großen Haß gegen ihn. Freddy meinte vor einigen Tagen: »Ich verstehe nicht, wie dieser Kerl nachts noch ruhig schlafen kann, bei all dem Blut, das an seinen Händen klebt«, aber damals sagte ich (mittlerweile bin ich auch auf der Seite derer, die finden, der JR solle aufhören. Dann passiert halt, was passieren muß, obwohl ich auch den Standpunkt vom Professor verstehen kann): »Man kann es dem Professor nicht verübeln. Er glaubt, das Richtige zu tun, und deshalb kann er ruhig schlafen.« Denn es ist natürlich Unsinn, ihn einen Verräter zu nennen, er handelt nach seiner festen Überzeugung. Nur läßt er

1 Spanische und portugiesische Juden, die sich im 15. Jahrhundert zwangsweise taufen ließen, aber insgeheim an den jüdischen Bräuchen festhielten.

sich eben von niemandem etwas sagen. Sollten die Deutschen ihn tatsächlich vorgeladen und zum verantwortlichen Leiter gemacht haben, hat er recht, wenn er sagt: »Ich bin verantwortlich, ich mache, was ich für richtig halte.« Kurz und gut, es ist schrecklich, daß dieser wahnsinnige Haß auch innerhalb der jüdischen Gemeinschaft besteht. Denn es geht immer um Menschen, die schwer getroffen wurden, weil man ihre Verwandten deportiert hat – mit der Hilfe von Verrätern, wie sie meinen.

Im Juli folgte die Deportation, und damit erhielt das Lager Westerbork eine neue Funktion. Ursprünglich war es ein Sammellager für deutsche Juden gewesen, die nach den Pogromen in die Niederlande geflüchtet waren und die man zunächst in unterschiedlichen Lagern und später zentral in einem einzigen Lager untergebracht hatte, nämlich in Westerbork. Sie waren also einige Jahre in einem Lager interniert gewesen, von der Welt abgeschieden und unter holländischer Bewachung – dem Justizministerium –, und die holländischen Juden hatten sich bitter wenig um sie geschert. Diese Menschen hegten einen tiefen Groll gegen die holländischen Juden, die sie ihrem Schicksal überlassen hatten – zumindest moralisch, denn finanziell hatten sie Unsummen für sie zahlen müssen. Dieses Lager wurde nun zum *Durchgangslager* nach Deutschland. Hier kommen nun die Transporte aus Amsterdam an und werden nach einigen Tagen weitergeschickt.

Das Lager Westerbork wurde in deutsche Hände übergeben. Es stand unter Aufsicht der SS mit einem deutschen Kommandanten und unter Bewachung durch niederländische Militärpolizei und SS. Im Lager wurde eine Abteilung des Jüdischen Rates eingerichtet. Sie hatte in etwa dieselbe Aufgabe wie die Expositur in Amsterdam, nämlich: zu retten versuchen, was zu retten war. Und nun war es naheliegend, daß der deutsche Kommandant lieber mit deutschen als mit holländischen Juden zu tun hatte, weil sie besser mit ihm umzugehen wußten. Außerdem waren in Westerbork ursprünglich nur deutsche Juden gewesen. Aus unterschiedlichen Amsterdamer Büros wurden zwar Mitarbeiter nach Westerbork geschickt, aber auch das waren zum Großteil Deutsche. Das hatte zur Folge, daß die deutschen Juden in Westerbork in gewisser Hinsicht das Sagen hatten: jene deutschen Juden, deren Verbitterung über die Holländer so groß gewesen war. Dadurch wurde wiederum für die deutschen Juden weitaus mehr getan als für die anderen, denn einerseits hatte der Deutsch-Jüdische Rat mehr Bekannte und Freunde unter den deutschen Juden – was sehr wichtig war –, und andererseits ging ihm das Schicksal der eigenen Leute näher als das der Holländer. Natürlich nahm dadurch der Haß auf die deutschen Juden, die uns trotz allem viel zu verdanken hatten, weiter zu. Im Moment sind sich deutsche und holländische Juden spinnefeind.

Das Problem des JR und seiner Gegner und Befürworter sowie der Konflikt zwischen holländischen und deutschen Juden sind die beiden großen und bitteren Probleme, die zu der ganzen Misere, die wir von außen zu erleiden haben, noch hinzukommen. Ich fürchte, das wird nach dem Krieg schlimme Folgen haben, weil sich die Holländer dann sicherlich an den deutschen Juden rächen werden. Der Haß gegen den JR nimmt unsägliche Formen an, wie sich z. B. an der Verhaftung von Max zeigt. Schließlich geht es hier doch um Leben und Tod.

Im Juli mußte vor jedem Büro des JR berittene Polizei plaziert werden, um die Menschen in Schach zu halten, die um eine Stelle und damit um ihr Leben kämpften. Im Oktober ereignete sich dasselbe rund um eine Sperre. Die Dramen, die sich da abspielten, erzähle ich Dir lieber mündlich. Der ratlose Blick in den Augen der Menschen, die Verbissenheit, mit der sie ihr Ziel auf Kosten von allem und jedem zu erreichen versuchen und dabei alle Skrupel und alles Mitgefühl für andere über Bord werfen, kann ich nicht zu Papier bringen.

Ende letzten Januar wurden die *Wehrmacht-Gesperrten* geholt und nicht nach Westerbork, sondern nach Vught gebracht. Dort war nämlich auch ein Lager errichtet worden, das ursprünglich für Juden gedacht war, aber später entschloß man sich dazu, die Evakuierten aus den Küstengebieten in Vught unterzubringen. Das geschah ganz unerwartet und ohne Wissen der Vorsitzenden des Jüdischen Rates. Dem Professor wurde später mitgeteilt, es werde zu einem *Arbeitslager* unter Führung der *Waffen-SS* – wieder andere als die normale SS – umfunktioniert. Dort gab es keinen Jüdischen Rat, und der Kommandant ernannte vier Juden – wiederum Deutsche –, die seine Anordnungen ausführen sollten. Der Zustand des Lagers scheint nicht übel zu sein, es gibt Heizung und ordentliches Essen. Der Kommandant ist annehmbar. Man darf Päckchen und sogar Geld schicken, bis zu 15 Gulden. Nun ist es so, daß die Gesunden nach Vught, die Kranken mit ihren Familien nach Westerbork und von dort nach Deutschland geschafft werden. Ansonsten wissen wir noch nichts Genaueres.

Ich habe vergessen zu erzählen, daß die Verantwortung für die Organisation und das Schreiben der Aufforderungen zum Arbeitseinsatz vom Juli 1942 in den Händen des Jüdischen Rates lag. An jenem Sabbat hätte ich diese Arbeit auch ausführen müssen, aber ich konnte es nicht, und so habe ich mich geweigert. Ich weiß schon, daß es im Grunde keinen Unterschied macht, ob man nun Aufforderungen tippt oder die Kartothek für die Freigestellten schreibt, aber ich konnte diese Aufrufe einfach nicht schreiben. Nach dem letzten September hat man dem JR die Sache abgenommen. Es ist doch auch schrecklich, daß wir das machen mußten, ebenso wie die Sperren, denn die deutschen Ganoven wussten nur zu gut, welchen Haß sie damit unter den Juden auslösen würden.

Und nun gibt es wieder ein neues Leid. Vierzig Leute mußten von Westerbork nach Amsterdam kommen, um dabei behilflich zu sein, Alte und Kranke aus den Häusern zu schleppen. Das sind die sogenannten *Krankenträger*. Du wirst verstehen, wie das aussieht. Alle Nichtjuden sagen: »Ich würde mich lieber totschießen lassen, als das zu tun«, und sie haben recht. Obwohl ich auch verstehen kann, daß Menschen mit dem Schreckensbild des Konzentrationslagers vor Augen zu allem bereit sind, was man von ihnen verlangt.

Ich glaube, daß ich jetzt wohl alles erzählt habe. Wir befinden uns in einer Situation, die schlimmer ist, als man es sich vorstellen kann. Wenn man sich einmal überlegt, wie all die Leute, die früher ein gutes, bürgerliches Leben führten, heute dran sind. Wenn man an den verwöhnten Onkel Meijer und an Tante Griet denkt, an Onkel Moos, der ein Kapitel für sich ist, das ich Dir später erzählen werde. Oder an Philip Frank, damals, als wir auf seinem Hochzeitsempfang waren, und an seinen Kurs, den er in Beverwijk[1] gab, und der gestern erschossen wurde, vielleicht sogar erhängt. Wenn man z. B. an die Frau denkt, die aus dem Fenster gesprungen ist, als man sie holen wollte, und die stundenlang auf dem Boden lag, weil niemand sie aufzuheben wagte. Es ist unvorstellbar, daß unser Leben so aus der Bahn geraten ist. Wir haben den Krieg verloren, auch wenn aus diesem Elend durchaus noch etwas übrigbleiben kann. Wollen wir hoffen, daß wenigstens einzelne gerettet werden und für uns irgendwann noch eine schöne Zeit anbricht.

Liebster, ich schließe wieder einmal. Ich sage mir immer wieder: Vielleicht ist alles bald vorbei und wir haben das unbeschreibliche Glück, so wie wir hier sind, den Krieg überlebt zu haben.

---

1 Zentrum für religiöse Palästinapioniere, die bei Bauern in der Umgebung Landwirtschaft und Viehzucht erlernten.

Für heute umarme ich Dich wieder und gebe Dir unzählige Küsse. Mach's gut.

Im letzten Brief vergaß ich zu erwähnen, daß man dem Personal vom JR in Westerbork den Urlaub gestrichen hat. Der Grund: Dem Kommandanten war zu Ohren gekommen, man habe schlecht über ihn geredet. Nun bekommen sie vier Wochen lang keinen Urlaub und dürfen daher nicht nach Amsterdam.

Amsterdam, den 12. Februar 1943

Lieber Leo,
ich glaube, es ist am besten, wenn ich jede Woche einen Überblick über die Ereignisse gebe. Ich mache mir jeden Tag ein paar kurze Notizen, dann kann ich es mir besser merken. Ich bin immer wieder aufs neue erstaunt, wieviel passiert, wirklich jeden Tag ereignen sich neue Katastrophen. Gestern abend war es wieder so schrecklich. Der Transport ist abgefahren, und die Autos rasten hin und her, es war wirklich abscheulich. Ich fand alles so schlimm, bedauerte mich selber sehr und weinte ein wenig. Das war einfach, denn alle anderen waren zu Bett gegangen. Ich bleibe immer sehr lange auf, meistens bis halb eins, weil ich fürchte, ich könnte das Läuten überhören. Auch heute ist hier wieder Tischa Be'Aw-Stimmung[1], und das ist wirklich nicht verwunderlich. Aber ich werde Dir alles der Reihe nach erzählen.

Ich glaube, ich habe Dir in einem der letzten Briefe berichtet, daß der Chef der Freiwilligenlegion erschossen wurde. Zur

---

1 Tischa Be'Aw: Trauer- und Fastentag zum Gedenken an die Zerstörung Jerusalems und des Tempels durch die Römer im Jahr 70 n. u. Z.

Strafe durften die Leute in Nord- und Südholland – Nichtjuden wohlgemerkt – nicht auf die Straße. Am Montag wurde eine große Razzia auf arische Männer zwischen 18 und 35 Jahren durchgeführt. Als ich morgens mein Fahrrad aus dem Haus holte, um zum Büro zu fahren, sah ich einen WA-Mann[1] mit einem Grünen vor der Tür. Ich erschrak natürlich wieder wie verrückt, aber sie überquerten die Straße und gingen ins Laboratorium. Als ich ins Büro kam, hörte ich, daß man in der Nacht Tausende junger Männer aus ihren Betten geholt und nach Vught gebracht hatte, manche von ihnen noch im Schlafanzug. Augenzeugen meinten, sie seien wie Juden behandelt worden. Du kannst Dir keine Vorstellung davon machen, wie schrecklich es ist, die WA mit der Grünen oder Schwarzen Polizei durch die Stadt ziehen zu sehen. Wir finden es schlimm, daß der OD *(Ordnungsdienst)* die Juden holt, aber das hier ist noch eine Spur schlimmer, weil sich die WA-Männer freiwillig dazu melden. Zu allem Elend auch noch diese Charakterlosigkeit.

Am Montagmorgen waren wir wieder in heller Aufregung. Neben uns bei van Geuns ist ein Altersheim. Man hat es damals als solches angemeldet, weil diese Art von Altersheimen zu Beginn der Deportationen relativ sicher waren, auch für das Personal. Lea wurde u. a. deswegen gesperrt. Aber jetzt sind diese Altersheime am gefährdetsten. Sie werden tagsüber geräumt. Natürlich verlassen alle das Haus, aber am Montag wurde angeordnet, van Geuns müsse am Mittwoch mit allen Bewohnern zu Hause bleiben. Dann werde man sie holen. Du verstehst, was es heißt, ruhig abwarten zu müssen, bis sie einen abholen. Die Damen van Rijn wohnen dort mit ihren Eltern, die aus Den Haag evakuiert worden sind. Gegen acht kamen sie zu uns, um mich zu bitten, gemeinsam zu überlegen, was zu tun sei, aber ich konnte ihnen natürlich auch keinen Rat geben. Am nächsten

---

1 WA: Wehr-Abteilung, Kampftruppe der *Nationaal-Socialistischen Beweging* (NSB).

Tag hielten sie mit mehreren Instanzen Rücksprache und beschlossen, das Haus am Mittwoch abzuschließen und nicht dort zu bleiben. Am Mittwochmorgen kam Tante Dina schon um acht Uhr zu uns – sie kommt nämlich dreimal pro Woche sehr früh, wenn die Kranken geholt werden – und erzählte, sie sei Marie van Rijn und ihrer Schwester begegnet, mit schwerem Gepäck, das sie im Waisenhaus deponieren wollten. Sie ist nämlich Lehrerin im Mädchenwaisenhaus. Und jetzt das Beste: Sie sind am Mittwoch gar nicht gekommen.

Infolge der Razzia auf die arischen Männer kam es am Dienstag zu heftigen Kämpfen in Haarlem. Viele wurden gefesselt abgeführt. Gestern haben sie auch Mädchen aus Schulen, u. a. aus dem Gymnasium, geholt.

Als ich zum Büro fuhr, sah ich in der Rapenburgerstraat, Ecke Muiderstraat einen großen Menschenauflauf. Ich dachte, sie seien in der Rapenburgerstraat wieder mit den Kranken zugange, aber als ich ins Büro kam – unsere neue Adresse ist Waterlooplein/Nieuwe Amstelstraat, in der Nähe der Blauwbrug – sah ich, daß sie das Jungenwaisenhaus an der Amstel räumten. Wie ich hörte, waren jetzt alle Waisenhäuser, auch die evakuierten aus Utrecht und Den Haag, an der Reihe. An diesem Tag wurden alle Waisenhäuser geräumt und die Kinder samt Personal nach Westerbork deportiert. Wenn man sich vorstellt, was das heißt, wird einem ganz elend zumute. Aus der Borneokade konnten noch einige entkommen, anscheinend aus dem Zug, was recht einfach gewesen sein soll, weil er den ganzen Tag auf den Gleisen stand und die Registrierung dort erfolgte. Auch Leute vom Betreuungspersonal konnten noch fliehen. Frau Vromen, die auch unter ihnen war, wollte nicht, daß man sich für ihre Freilassung einsetzte, und ist demnach freiwillig mit den Kindern gegangen. Enorm, was? Ich habe noch mit ihrem Mann gesprochen, den ich auch sehr nett finde, und er sagte, das hätten sie so vereinbart. Sie war davon ausgegangen, daß man sie eines Tages sowieso holen käme, und dann würde sie auch von ihrem Mann getrennt werden. Jetzt bestand zumindest noch die Chance, bei den Kindern bleiben zu können, und diese Chance wollte sie lieber nutzen, als darauf zu hoffen, vielleicht doch noch hierbleiben zu dürfen. Ich finde ein solches Verhalten beeindruckend. Ich kenne niemanden, der das bislang getan hat.

Am Dienstagabend wurden wieder Dein Vater und Els geholt, weil sie auf einer Wehrmachtsliste standen. Els war nämlich früher bei Kattenburg[1] gewesen und stand auf einer Kattenburg-Liste. Das ganze ist eine miese Geschichte, denn ihr Stempel wurde durchgestrichen. Vielleicht läßt es sich wieder regeln, aber es wird schwierig werden. (Später hörte ich, es habe heute geklappt.) Ich fand es nicht nett, daß sie mir nichts von der Sache mit dem Stempel gesagt hatten. Ich habe es von Freddy und Eitje sowie von Ro Leuvenberg gehört. Sie sind beide ziemlich nervös und tun so geheimnisvoll, was ich für äußerst unklug halte. Eitje z.B. wußte nichts von der Wehrmachtsgeschichte. Ich habe es ihm natürlich erzählt, denn er meinte, es stehe vermutlich mit Max in Verbindung, und er wolle in dieser Richtung später noch Schritte unternehmen.

Und dann herrscht hier noch der übliche Terror. Immer mehr Leute werden erschossen. Letzte Woche wurde Goedewaagen, einer der ältesten NSB-Männer, abgesetzt. Er war Leiter des Ministeriums für Volksaufklärung – Volksverklärung genannt – und wurde ›in Ehren‹ entlassen. An seiner Stelle wurde ein gewisser Herr Reydon ernannt, der u.a. zwei Jahre wegen Aktienbetrugs gesessen hatte. Der wurde nun dieser Tage samt seiner Frau erschossen. Er hat sich nicht lange an seiner neuen

---

1 Hollandia-Kattenburg, ein jüdischer Textilbetrieb, der nach 1940 für die Wehrmacht arbeitete.

Stelle erfreuen dürfen. Bisher ist es nur ein Gerücht, aber es hält sich so hartnäckig, daß es bestimmt wahr ist. Des weiteren ist das örtliche Arbeitsamt in Amsterdam abgebrannt, wo die Aufforderungen für den Arbeitsdienst in Deutschland geschrieben werden, d. h. nur der zweite und dritte Stock, wo sich das Archiv befand. Das ist natürlich das Werk einer ganzen Organisation, und ich vermute, daß die Kommunisten dahinterstecken. Wir befürchten, daß es schlimme Folgen haben wird, denn das können die Deutschen nicht auf sich sitzen lassen.

Hin und wieder erlebt man auch mal etwas Schönes. So war ich am Mittwoch auf dem Reichsarbeitsamt und habe mit dem leitenden Beamten gesprochen, einem ganz hohen und so koscher wie nur was. Dieses Amt wurde vor kurzem von Den Haag nach Amsterdam evakuiert. Der Mann meinte, er habe in Amsterdam natürlich keine Beziehungen und fragte, auf welcher politischen Seite der Hauptkommissar der Fremdenpolizei, H. R. Stoett, stehe. Da ich wußte, daß man ihm vertrauen konnte, meinte ich, er sei in Ordnung. »Auch in bezug auf Juden?« fragte er. Ich meinte: »Zweihundertprozentig, wenn das möglich ist.« Es ist doch gut zu wissen, daß wenigstens auf diesem Amt die Gesinnung noch stimmt. Dann erzählte ein Reisender in Vaters Büro, in der Kalverstraat habe ein Passant »Rote Front« gerufen. Einfach so, am hellichten Tag. Das ist allerdings so ziemlich das einzige Schöne, was von dieser Woche zu erzählen ist.

Gestern abend wurden die gesperrten Diamantenarbeiter geholt, und heute scheint es weiterzugehen. Gestern ein Transport und heute noch einer. Kranke werden offensichtlich nicht geholt, es sieht also ganz danach aus, daß sie auch die Diamantenarbeiter tagsüber holen werden. Die Liste ist nicht so lang, ich glaube sechs- bis siebenhundert Personen, Frauen und Kinder mitgerechnet. Immer wieder gibt es etwas Neues, und obwohl man sich darauf einstellt, ist es jedesmal wieder ein schwerer Schlag.

Ich schließe für heute, ich habe nicht die Kraft, Dir einen lieben Brief zu schreiben. Ich rassele die Ereignisse herunter. Die politischen Nachrichten sind zwar günstig, aber jetzt, da es sich dem Ende zuneigt, werden wir doch noch verlieren. Denn ich glaube nicht, daß wir es schaffen. Immer wieder versuche ich, es einfach hinzunehmen und nicht ständig daran zu denken, was passieren könnte, aber es gelingt mir nicht. Ich hoffe, daß ich Dir nächste Woche einen fröhlicheren Brief schreiben kann, daß die politischen Nachrichten so gut sind, daß wir erneut ein wenig Hoffnung schöpfen können. Gestern abend las ich ein Buch mit Briefen aus Palästina. Wenn ich an das Gefühl von Freiheit denke, fange ich sofort an zu weinen. Ich glaube, wenn wir dieses Elend überleben, werde ich lange Zeit in Tränen baden. Wäre es doch nur schon soweit. Liebster, viele Umarmungen. Heute schreibe ich Dir wieder einen Rote-Kreuz-Brief. Ich finde es gräßlich, daß ich Dir darin immer wieder dasselbe erzählen muß. Es wird wirklich eintönig. Aber Du hast jedenfalls wieder ein Lebenszeichen von mir. Das ist doch auch etwas, selbst wenn es Dich erst Monate später erreicht. Ich verstehe so gut, wie unruhig Du sein mußt. Ganz zufällig habe ich diese Woche mit jemandem genau darüber gesprochen, und wir waren uns einig, daß man sich unsere Situation niemals vorstellen kann, wenn man sie nicht selbst miterlebt hat. Man müßte wirklich ein ganz besonderer Schriftsteller sein, wollte man die Ereignisse so beschreiben, daß man die Atmosphäre spürt, in der alles geschieht. Denn das Aufzählen der Tatsachen vermag nicht auszudrücken, in welcher Geistes- und Gemütsverfassung wir sind.

Lieber Schatz, mir geht es wirklich etwas besser. Ich fühle mich, als ob ich mit Dir geplaudert hätte. Vielleicht haben wir Glück. Ich bin auch besonders niedergeschlagen, weil Churchill gesagt haben soll, innerhalb von neun Monaten werde etwas passieren. Wir rechnen nämlich mit vier Wochen. Ich weiß natürlich, daß man solchen Aussagen keinen Glauben schenken darf. Was passiert und wann, sagt er doch nicht. Aber es versetzt einem doch einen Schlag, weil man nichts mehr ertragen kann. Jedes pessimistische Wort zieht einen tiefer hinab. Ich höre nun wirklich auf. Tschüß, Liebster.

Amsterdam, den 23. Februar 1943. Nachts um halb eins.

Das ist kein Leben mehr, das ist die Hölle auf Erden. Meine Hände zittern so, daß ich kaum schreiben kann. Es wird zu schlimm. Das kann niemand mehr ertragen. Heute abend geht wieder ein Transport. Ich hatte eigentlich vor, nicht so spät ins Bett zu gehen. Tante Dina schläft im Moment bei uns. Ich schrieb Dir schon, daß sie tagsüber bei uns ist, weil sie krankheitshalber zu Hause gelassen wurde und nun Angst hat, geholt zu werden, wie es allen Kranken passiert. Am Samstagmorgen bekam sie zu Hause einen Hexenschuß, und zwar so schlimm, daß sie auch im Bett keinen Finger rühren konnte. Das war schrecklich, weil sie am Montag dann nicht zu uns hätte kommen können, denn Juden dürfen keine Taxis benutzen. Wir beschlossen, bis Sonntag zu warten, aber es ging ihr nicht besser. Sie wurde dann mit einem privaten Krankentransport zu uns gebracht, also auf einer Pritsche in einem Krankenwagen. Es sah so schlimm aus, wie sie da hereingetragen wurde, aber wir mußten doch auch etwas lachen, weil sie zum Glück sonst überhaupt nichts hat, nur eben steif ist. Als bei ihnen zu Hause der Krankenwagen vor der Tür stand, waren sofort Nachbarinnen zur Stelle, die sich erkundigten, was passiert sei. Lea sagte: »Meiner Tante ist schlecht geworden, und sie darf nicht bei uns bleiben, also müssen wir sie so wegbringen lassen. Und jetzt entschuldigt mich, denn Mutter ist auch nicht zu Hause.« So eine Komödie muß man spielen, denn natürlich darf man nicht zu viel erzählen, weil an sich gutgemeinte Worte den Falschen zu Ohren kommen könnten. Tante Dina ist nun bei uns untergebracht, und es geht ihr schon wieder erheblich besser. Sie liegt in Großmutters Bett im Durchgangszimmer. Des weiteren ist Herr Vromen seit Freitag bei uns. Er schläft im Hinterzimmer, unserem ehemaligen Wohnzimmer.

Dazu mußt Du wissen, daß sie in den letzten Tagen auch abends Kranke holen und zur Schouwburg bringen, wenn sie tagsüber an den Häusern waren und niemanden angetroffen haben, aber auch sonst, wenn sie eine Aufforderung haben. Sie können jetzt also auch abends zu Onkel Nathan kommen, und dann ist Tante Dina nicht da. Er wird dann erklären, seine Frau sei verrückt geworden und weggelaufen, aber man weiß nicht, ob sie nicht doch die Wahrheit aus ihm herauspressen und er ihnen die Adresse gibt. Und dann kommen sie natürlich hierher, um sie zu holen. In der letzten Zeit kommt die WA, die als Hilfspolizei auftritt. Die sind schrecklich und treten gleich die Tür ein, wenn man nicht sofort öffnet, was natürlich passieren kann, weil sie oft mitten in der Nacht auftauchen. Gestern z.B. haben sie einen Revolver auf meinen Friseur angelegt, als der nicht schnell genug antwortete.

Um halb zwölf läutete es. Dieser wahnsinnige Schrecken! Und dennoch wußte ich sofort, was ich zu tun hatte. Ich war auf, die anderen im Bett. Ich sagte zu Tante Dina: »Bleib du ruhig liegen, ich werde alles versuchen«, schloß die Zwischentüren und zog die Vorhänge zu. Alles in Windeseile, aber das Herz schlug mir bis zum Hals. Dann rief ich von der Treppe: »Wer ist da?« Und hörte eine Frauenstimme, die rief: »Anständige Leute.« Ich rannte die Treppen hinunter und fragte mich, wer das in Gottes Namen sein konnte. Niemand darf nach acht auf die Straße, deswegen war es mir völlig schleierhaft. Draußen standen eine Frau und ein Kind, außer Atem und schluchzend. Ich sagte: »Schnell die Tür zu«, und ließ sie ein. Sie waren heute abend geholt worden und hätten zur Schouwburg gebracht werden sollen, doch sie waren hinter dem Auto geblieben, und als der Wagen losgefahren war, irrten sie im Dunkeln – es ist hier stockdunkel – durch die Straßen, bis sie mit ihrer Taschenlampe ein jüdisches Namensschild entdeckten. Die Frau erzählte das alles nur stockend. »Ich schlafe auch gern auf der Treppe, aber schick uns nicht weg.« Und das Kind sagte: »Ich muß ganz dringend.« Es war so schaurig, so elend, die Frau mit dem kleinen Kind, gerade mal acht, neun Jahre alt. Ich ließ sie nach oben, brachte das Kind zur Toilette und gab der Frau Wasser. Sie konnte nicht aufhören zu weinen. Ich versuchte, sie zu beruhigen, und sagte, sie brauche keine Angst zu haben, wir würden sie schon nicht wegschicken.

Dann hörten wir die ganze Geschichte. Der Mann war schon zehn Monate weg, in Deutschland. Die Frau hatte sich, als man sie holen wollte, von der Treppe gestürzt und war dann zu Hause gelassen worden. Der WA-Mann, der sie heute abend geholt hatte, war sehr nett gewesen, hatte sie aber mitnehmen müssen. Sie hatte ihn daraufhin gebeten, etwas für sie aus der Küche zu holen, hatte die Aufforderung in die Tasche gesteckt und war mitgegangen. In der Schouwburg werden sie ihre Flucht nicht bemerken, weil ihnen jetzt natürlich keine Aufforderungen vorliegen. Ich habe sie sofort vernichtet. Ich glaube nicht, daß sie nach Listen vorgehen, jedenfalls gibt es so viele Listen, daß sie es nicht so schnell bemerken werden. Sie schlafen nun im Zimmer unseres früheren Dienstmädchens Dina auf dem Dachboden.

Du kannst Dir bestimmt vorstellen, wie sehr wir gezittert haben und wie groß der Schrecken für Tante Dina gewesen war. Sie dachte natürlich, man habe Onkel Nathan gezwungen, unsere Adresse preiszugeben. Vielleicht bringen wir uns damit alle in Gefahr, aber es ist unwahrscheinlich, daß sie die Frau suchen werden, jetzt, wo die Aufforderungen weg sind. Ich konnte sie einfach nicht vor die Türe setzen, auch wenn es vielleicht unklug ist. Ich weiß, mein Schatz, daß Du mein Handeln billigen würdest. Dafür kenne ich Dich zu gut.

Aber jetzt wage ich nicht, ins Bett zu gehen. Bei jedem Schritt – hin und wieder sind vor unserem Haus harte Stiefelschritte zu hören – erstarre ich vor Schreck. Du kannst Dir nicht vorstellen, wie das ist, diese sich nähernden Schritte und die wahnsinnige Angst, daß sie bei uns Halt machen und läuten. Kurz nach Ausbruch des Krieges bin ich eines schönen, sonnigen Junitages an einer der Grachten entlanggeradelt. Trotz des Unglücks, das ich damals schon empfand, wobei ich natürlich nicht ahnen konnte, wie schlimm es werden würde, war ich in Hochstimmung und dachte: Sie kriegen mich nicht klein, ganz gleich, was sie auch tun. Aber das ist zu schlimm, das bringt einen um. Man lebt dahin, als wäre nichts geschehen, man arbeitet, was einen auf andere Gedanken bringt, aber dennoch hat man das Gefühl, am Ende seiner Kräfte zu sein und es nicht mehr länger ertragen zu können. Man schwebt zwischen Furcht und Hoffnung, die immer wieder aufsteigt, auch wenn man denkt, man habe sich gerade an das Schlimmste gewöhnt. Wenn man mit Optimisten zusammen ist, denkt man: Alles wird wieder gut, wir schaffen das schon, aber wenn man bei Pessimisten ist, denkt man: Es ist aus und vorbei. In den letzten Tagen bin ich ziemlich mutlos, weil ich nicht mehr glaube, daß wir es noch schaffen, es sei denn, die Engländer greifen rechtzeitig ein. Und jetzt, wo es in Tunis schlecht läuft, wird es kaum dazu kommen. Und trotz aller rationalen Erwägungen keimt immer wieder Hoffnung auf, wider besseres Wissen. Du weißt, wie tapfer ich bin, aber ich bin völlig fertig mit den Nerven. Ständig holen sie

Leute, alte Menschen werden im wahrsten Sinne des Wortes weggeschleppt. Sie haben eine einundachtzigjährige Frau mit ihrem Sohn zur Schouwburg gebracht. Die Frau mußte nach Westerbork, der Sohn wird heute wahrscheinlich nach Vught deportiert. Sie mußten sich in der Schouwburg voneinander verabschieden. Wenn man sich das vorstellt … Das ist keine Ausnahme, Hunderte sind es, manchmal sogar neunzig Jahre alt, aber ich erzähle Dir diesen Fall, weil die Töchter heute mittag bei mir waren und ich an den Abschied dachte.

Die Frau, die heute Abend zu uns floh, erzählte mir, vergangene Woche sei ihre Mutter geholt worden. Ein Bahnbeamter wollte sie rausschmuggeln und spielte ihr eine Notiz mit Anweisungen zu. Aber die Frau war völlig geistesabwesend und hat nichts begriffen, und so konnte ihr nicht geholfen werden. Und es geht immer weiter, jede Stunde, in der man wach ist. Ich habe ja schon starke Nerven, aber diese ständigen Schicksalsschläge zermürben mich. Die Spannung macht mich verrückt. Aber immer wieder kommt Hoffnung auf, und an sie muß ich mich klammern, sonst gehe ich zugrunde. Ich stelle mir vor, wie ich bei Dir sein werde. Und dann denke ich auch immer an all unsere schönen Dinge. In Zeiten größter Gefahr spielt Besitz keine Rolle. Aber sobald die Gefahr vorüber ist, denkt man wieder an alles, was man hat und so gern behalten möchte. Aber davon schreibe ich ein nächstes Mal. Es ist jetzt halb zwei, und in einer Stunde traue ich mich vielleicht, ins Bett zu gehen. Schlaf gut!

Amsterdam, den 26. Februar 1943

Ich werde Dir zuerst kurz von den Ereignissen der Woche berichten. Ich mache mir ja jeden Tag Notizen und erstelle dann am Ende der Woche einen Überblick. Aber es gibt noch allgemeine Themen, wie ›Besitz‹, worüber ich im letzten Brief schon kurz schrieb. Vielleicht kann ich heute noch mehr dazu schreiben, obwohl ich eigentlich mit jedem einzelnen Thema ganze Briefe füllen könnte.

Am letzten Dienstag ist in der Schouwburg etwas Schreckliches passiert. Die Kerle, die über Menschenleben zu entscheiden haben, sind nämlich manchmal sturzbetrunken, wie auch an diesem Dienstag. Sie gerieten in einen so heftigen Streit über die Freilassung von Leuten, daß sie handgreiflich wurden. Süskind, der die Fälle für den JR in der Schouwburg behandelt, hat sich eingemischt und sie getrennt. Nun ist es natürlich nicht schlimm, wenn sich die Kerle gegenseitig den Garaus machen wollen, aber dieser Streit hatte zur Folge, daß die vierzig Leute, die bereits freigelassen und in der näheren Umgebung untergebracht worden waren, wieder zur Schouwburg zurückmußten und deportiert wurden. Wenn man sich vorstellt, was das bedeutet! Man ist frei und kann die Schouwburg wieder verlassen und meint, mehr oder weniger ruhig in einem Privathaus in der Nähe schlafen zu können, und dann wird man aufs neue in die Hölle geschickt! Ich war doch selbst einmal in dieser Lage, und das Gefühl, das man hat, wenn man freikommt, ist unbeschreiblich. Und dann wieder zurückmüssen ...!

Letzten Sonntag wurde u. a. in allen katholischen und evangelischen Kirchen ein Protestschreiben gegen das grausame Abholen und Deportieren von Juden sowie die umfängliche Deportation von Ariern vorgelesen. Den Katholiken wird verboten, sich in irgendeiner Form daran zu beteiligen, auch nicht administrativ, es sei denn unter Zwang. Wenn sie dazu gezwungen werden, sollen sie die Arbeit so gut es geht sabotieren. Natürlich wurde Letzteres nicht wortwörtlich gesagt, aber doch deutlich genug. Das ist nicht der erste Versuch und natürlich vollkommen zwecklos, aber als Geste doch sehr mutig, denn dafür kann der Bischof von Utrecht verhaftet werden. Die Katholiken trauen sich doch sehr viel. Die Bischöfe von Utrecht und Roermond bekommen jeden Tag Anrufe von Vertretern der Minenarbeiter aus Limburg, die kontrollieren, ob sie noch da sind oder geholt wurden. Man hat den Deutschen erklärt, man würde die Arbeit in den Minen unverzüglich stillegen, falls sie die Bischöfe inhaftierten. Das ist doch phantastisch, nicht?

Die Deutschen tobten wegen des Protestbriefes und erklärten u.a., man habe früher mit der NSB (die damals schlechte Karten hatte) auch kein Mitleid gehabt. Es paßt ihnen nicht, daß die katholische Kirche bei der Hochzeit von NSB-Leuten Einsegnung und Sakramente verweigert, was vor allem in katholischen Gegenden wie Brabant und Limburg als sehr schlimm empfunden wird. Ich habe irgendwo eine Anzeige aufbewahrt, in der die Vermählung zwischen NSBlern angekündigt wird. Darin heißt es, die Ehe könne aufgrund der »starren Haltung der katholischen Kirche« nicht eingesegnet werden.

Seit Dienstagabend haben wir Ruhe. Die Schouwburg muß nämlich entlaust werden, und im Moment gibt es zum Glück keine Räumungen. Obwohl das natürlich viel bedeutet, läßt es einen nicht richtig aufatmen, da man erstens weiß, daß es nur für ein paar Tage sein wird – bis Sonntag – und zweitens auch sonst genug elende Dinge geschehen. Außerdem hat der OD vierzig Leute von Den Haag nach Amsterdam geschickt. Alle haben jetzt Angst ums NIZ und JI[1]. Alle laufen davon oder versuchen es zumindest. Sie sitzen nämlich in der Falle, bekommen keine Genehmigung zum Umzug oder zur Einquartierung, und außerdem handelt es sich ausschließlich um Alte und Gebrechliche, die nicht wissen, wohin sie sollen. Alle hatten es für heute erwartet, aber der OD wurde in die Provinz geschickt, anschei-

1 *Joodse Invalide* – Jüdische Invalideneinrichtung, Heim für Alte und chronisch Kranke.

nend nach Rotterdam. Wir werden wohl leider noch mehr davon hören.

Ich habe Dir nun die Fakten der Woche geschildert, aber ich will Dir noch ein Beispiel geben, das unsere Situation verdeutlicht. Eine Kollegin aus dem Büro ist die Tochter des Leiters des portugiesischen Jungenwaisenhauses. Die Waisenhäuser waren geräumt worden, aber in allen Häusern waren noch ein paar Kinder zurückgeblieben, die jetzt von der Polizei geholt wurden. Die Kollegin und ihre Eltern wohnen in demselben Haus wie die Waisenjungen, in der Middenlaan. Die Kinder waren aber in der Schule, woraufhin es hieß, die (Grüne) Polizei werde abends wiederkommen. Natürlich haben sich die Jungs, als sie das gehört haben, davongemacht. Abends saßen ihre Eltern in Todesängsten zu Hause, aber die Polizei kam nicht. Jetzt wußten sie nicht, was sie tun sollten, da ihnen in jeder Minute Gefahr drohte. Sie beantragten eine Erlaubnis zum Umzug oder zur Einquartierung, aber sie wurde abgelehnt, weil diese nur bewilligt werden darf, wenn man wirklich nicht mehr in sein Haus zurückkehren kann, z. B., weil es versiegelt ist. Das war bei ihnen ja nicht der Fall, und so mußten sie in ihrem Haus warten, bis man sie holen würde. Die Chance, daß man sie wieder freilassen würde, ist gleich null. Erstens hatten sich all ihre Waisenjungen davongemacht, wofür man sie bestrafen konnte, und zweitens waren sie ja gerade wegen des Waisenhauses gesperrt gewesen. Mit der Auflösung des Waisenhauses wurde auch ihre Sperre gegenstandslos.

Am Freitagabend besuchte mich meine Kollegin und erzählte, die Polizei sei bei ihnen gewesen. Niemand sei zu Hause gewesen, aber sie habe es von den Nachbarn gehört. Sie gab mir ihre persönlichen Daten und bat mich, den Fall zu verfolgen. Sie ging schnell wieder nach Hause, weil man nachts eben zu Hause sein muß und andere in Gefahr bringt, wenn man ohne Genehmigung bei einer anderen Adresse übernachtet. Sie sollten also um acht Uhr zu Hause sein und mußten davon ausgehen, noch am selben Abend geholt zu werden. Stell Dir vor, Du mußt nach Hause gehen und weißt, daß Du dort abgeholt wirst. Am nächsten Morgen war ich schon sehr früh auf, weil ich schauen wollte, was passiert war. Zum Glück war die Polizei nicht wiedergekommen, und bis heute ist noch nichts weiter geschehen, so daß man jetzt davon ausgehen kann, daß die Sache überstanden ist.

Jetzt noch ein etwas schönerer Vorfall. Unsere Nachbarin Frau de Groot hat letzte Woche heimlich Fisch gekauft. Juden können nämlich offiziell keinen Fisch bekommen, weil jüdische Fischhändler keine Genehmigung haben und man bei Ariern nicht einkaufen darf. Das gilt für Gemüse, Obst und Fisch. Aber vieles wird heimlich verkauft, sowohl von Juden als auch von Ariern, so daß alle Fisch haben; er ist zwar wahnsinnig teuer, aber Geld spielt im Moment keine Rolle. Auch darüber werde ich Dir noch ausführlicher schreiben. Sie ging also in ein Geschäft und kaufte Fisch. Als sie rauskam, stand ein Polizist vor der Tür. Sie erschrak natürlich zu Tode, denn sie dachte, jetzt sei sie dran. Der Polizist sah ihr Entsetzen und meinte rundheraus: »Sie haben bestimmt Fisch gekauft. Ach, geben Sie mir doch ein Stück Papier, wenn Sie welches haben, denn ich mußte den Fisch so in die Tasche legen.« Er hatte also auch heimlich welchen gekauft, denn es war kein offizielles Fischgeschäft. Und er zwinkerte ihr zu!

Dieser Brief ist nun doch länger geworden, als ich dachte, und jetzt habe ich keine Zeit mehr, Dir noch das eine oder andere zum besten zu geben oder andere Themen anzuschneiden. Vielleicht habe ich Sonntag Lust und Zeit dazu, denn wenn ich nicht guter Dinge bin, wird der Bericht langweilig. Vielleicht ist es auch nicht gut, alle Themen in einem einzigen Brief behandeln zu wollen. Vielleicht sollte ich sie nebenbei einfließen lassen, aber ich fürchte, dann etwas zu vergessen, deshalb mache ich es eben in einem gesonderten Brief. Ich werde bestimmt demnächst darauf zurückkommen.

Liebster Schatz, gestern ist bei Deinem Vater wieder ein Rote-Kreuz-Brief[1] eingetroffen. Herrlich, daß bei Dir alles so gut läuft.

Amsterdam, den 18. März 1943

Lieber Leo,
diesen Brief schreibe ich im Büro. Eigentlich habe ich noch viel zu tun, aber ich kann es mir so einteilen, daß ich eine Stunde ›schwänze‹. Ich weiß auch nicht, ob dieser Brief etwas wird, das hängt davon ab, ob ich gestört werde oder nicht. Vergangene Woche habe ich die letzten Briefe noch einmal durchgelesen und gesehen, daß ich bei manchen Geschichten ganz vergessen habe, Dir zu schreiben, wie sie ausgegangen sind. Das will ich jetzt kurz vorwegschicken.

Erstens wurde Fräulein Roos einen Tag später auch freigelassen. Es gab noch Aufregung, aber schließlich hat sich alles geregelt. Sie erzählte, sie sei mit Eva Eitje zusammengewesen. Das ist eine gräßliche Geschichte. Eva scheint nämlich ein Nervenbündel zu sein, und als sie in der Schouwburg war, hat sie sich mit verschränkten Armen vor irgendein hohes deutsches Tier gestellt und es fürchterlich beschimpft. Daraufhin ging es natürlich

---

1 Über das Internationale Komitee vom Roten Kreuz war es möglich, einmal in drei Monaten einen auf ein Formular geschriebenen Brief mit maximal 25 Worten zu versenden.

rund. Fräulein Roos erzählte u. a., das Personal des JR habe sich getrennt aufstellen müssen, dann seien alle Freistellungen von Fall zu Fall geprüft worden. Eva habe sich auch dazugestellt, da sie doch Krankenschwester und damit im Dienst des JR sei. Aber als der Kerl sie sah, wurde er wild und rief: »*Sie haben hier nichts zu suchen. Raus! Mit dem nächsten Transport kommen Sie weg.*« Sluzker hatte ihr noch geraten, nach Vught zu gehen, aber sie wollte nicht und sollte deshalb nach Westerbork geschickt werden. Laut Sluzker hätte man den Fall leicht in Ordnung bringen können, aber durch ihr Verhalten in der Schouwburg habe sie alles verdorben. Es ist so schrecklich für ihren Vater, der jetzt gar niemanden mehr hat. Hinzu kommt noch, daß man sie auf der Borneokade heimlich aus dem Zug geholt hat. Sie ist jetzt untergetaucht. Man weiß nicht, ob das vernünftig ist oder nicht. Untertauchen ist mittlerweile äußerst riskant. Auch darüber werde ich Dir noch ausführlicher berichten.

Die Sache mit Großmutter hat nicht funktioniert. Professor Roegholt ist Nachfolger von Professor Noordenbosch, den man wegen seiner deutschfeindlichen Gesinnung als Direktor des WG[1] entlassen hat. Das WG heißt übrigens nicht mehr Wilhelminagasthuis, sondern Westergasthuis. Es wurde Roegholt sehr übelgenommen, daß er sich zu Noordenboschs Nachfolger hat ernennen lassen, aber er ist kein Mitglied der NSB und versucht, das unter Beweis zu stellen, indem er sich u. a. sehr für die Juden einsetzt. Es war ziemlich ungewöhnlich, daß er uns zwischen zwei Operationen sofort einen Besuch abstattete. Er ist jedenfalls sehr freundlich, hat sogar noch mit dem Direktor des Gesundheitsamtes gesprochen, aber da ist nichts zu machen. Den Personalausweis haben wir auch noch nicht zurückbekommen und erwarten deshalb jeden Tag, daß etwas geschieht. Ich hoffe ja schon, daß sie irgendwann doch aufgenommen wird, aber ich

1 Universitätskrankenhaus.

habe große Angst, daß bis dahin noch etwas passiert. Eine Krankenschwester können wir auch nicht bekommen, da alle im NIZ arbeiten und dort nicht wegdürfen. Selma war bei uns, aber ihre Eltern wurden am Freitag geholt und abtransportiert, und jetzt geht es ihr so schlecht, daß sie nachts nicht weg möchte. Außerdem ist ihre kleine Schwester nicht gesperrt, und sie will abends zu Hause sein, damit sie da ist, falls etwas passiert.

Dann ist etwas Schreckliches geschehen. Am Freitagabend gab es hier heftige Luftangriffe. Alle sind froh, wenn sie die Engländer hören. Ich nicht, ich habe immer Angst, aber es gibt fast niemanden, der nicht froh ist. Nun wurde Elie Pakkedragers Sohn von einem Granatsplitter getroffen. Er war sofort tot. Schrecklich, nicht? Man freut sich, daß geschossen wird, aber diese Leute werden ihres Lebens nicht mehr froh.

Zwischendurch muß ich Dir ein paar Witze erzählen. Ein NSB-Mann hat einen Stall mit Kaninchen, die er mästet, um sie später zu verzehren. Als sie fett genug sind, ist der Stall eines Morgens leer, bis auf einen Zettel mit den Worten: planmäßig geräumt. Ich weiß nicht, ob man das auch in englischen Zeitungen lesen kann, aber bei uns steht immer, wenn sich die Deutschen aus einem Gebiet zurückziehen mußten: »planmäßig geräumt«. Und noch etwas, das wirklich passiert ist. Die Straßenbahnen sind hier ständig proppevoll. Es gibt viel zu wenige, und überall auf den Trittbrettern stehen und hängen Leute. Eine solchermaßen vollgeladene Straßenbahn fuhr also vom Muntplein ab. Auf den Trittbrettern standen ein paar waschechte Amsterdamer. Ein deutscher Offizier kam noch angerannt, und einer von den Amsterdamern packte ihn am Kragen und zog ihn in die Straßenbahn mit den Worten: »Nur zu, Herr General, denn wenn Sie runtersegeln, müssen wir wieder eine Stunde früher drinnen sein.« Gut, was? Die Gesinnung ist hier so deutschfeindlich, Du kannst es Dir nicht vorstellen!

Einer ist mit einer *Reichsdeutschen* verheiratet, aber dieses Ehepaar wohnt schon seit zwanzig Jahren in den Niederlanden, und die Frau ist selbst so antideutsch, wie es nur geht. Aber ihr Niederländisch ist ziemlich schlecht. Nun bekam sie vor einiger Zeit Gäste und ging zum Hauptbahnhof, um sie abzuholen. Man hat sie in alle Richtungen geschickt, und schließlich landete sie völlig aufgelöst auf der falschen Seite des Bahnhofs. Und wenn sie nervös ist, spricht sie natürlich noch schlechter als sonst. Dann ist sie wieder nach Hause gegangen, wo ihr Besuch schon seit einer halben Stunde auf sie wartete. Die Frau hat es mir selbst erzählt. Sie meinte auch, sie könne die feindselige Haltung in den Geschäften regelrecht spüren. Man kann natürlich nicht wissen, daß sie ebenfalls gegen die Deutschen ist. Alle sehen nur die Feindin in ihr.

Es ist so verrückt, daß ich Dir eigentlich nie etwas von der Stimmung vermitteln kann, in der wir leben. Tagsüber geht es noch, aber abends ist alles schrecklich. Von außen sieht es so aus, als wären wir ganz ruhig, aber da ist dieses ständige Herzklopfen – mal schlimmer, mal weniger schlimm –, und jeden Augenblick meint man die Türklingel zu hören. Und auch wenn man sich zu sagen versucht, man werde schon irgendeinen Weg finden, und falls nicht, werde man eben in Gottes Namen das Schicksal der anderen teilen – es nützt nichts. Heute nacht wurde ich zum ersten Mal mit Herzklopfen wach, weil ich geträumt hatte, es hätte geläutet. Das ist mir noch nie passiert. Andere erzählen, daß sie sehr oft davon träumen. Allmählich zermürbt einen die Situation, weil sie so hoffnungslos ist. Vor einiger Zeit hatten wir mehr Vertrauen, aber jetzt zeigt sich, daß die Engländer doch nichts machen, und dann sind wir verloren. Seit den letzten Tagen bin ich sehr mutlos. Dabei ist jeder positive Bericht ein kleiner Lichtblick. Es ist so ein Elend. Man wird hin- und hergerissen und kann nicht mehr objektiv sein. Manchmal versuche ich, mit mir selbst abzurechnen und mir alle Möglichkeiten vor Augen zu führen. Und wenn ich dann zum Schluß gekommen bin, daß es für uns keine Hoffnung mehr gibt, denke ich: Aber es kann doch sein, daß ich es wegen meiner guten Stellung beim JR noch ein halbes Jahr oder länger durchhalte. Es arbeiten doch auch noch Juden bei der *Reichsvereinigung*[1] in Deutschland. Aber wenn ich dann an Vater, Mutter und Bobby denke, könnte ich verzweifeln. Und dann denke ich auch: Aber wenn Hitler jetzt tot wäre oder es den Deutschen nun auch zum Hals heraushinge, oder wenn die Engländer jetzt doch etwas unternehmen würden usw. Und jeden Abend dieses Wegholen der Leute, das Rattern der Wagen, und am nächsten Morgen hört man: Der wurde geholt und dieser und jener. Es macht einen verrückt. Ich versuche mit aller Macht, die Nerven zu behalten, denn wenn man die Gelassenheit verliert, ist man verloren. Aber das ist wahnsinnig schwierig.

Und dazu kommt – und das ist das Schlimmste von allem – daß ich ständig daran zweifele, ob ich Dich jemals wiedersehen werde. Und das macht mich verrückt. Ich habe so große Sehnsucht nach Dir. Bislang habe ich immer wieder Trost gefunden, aber jetzt ist alles so hoffnungslos, und ich habe kein Vertrauen mehr, daß es jemals wieder gut werden wird. Und wenn ich daran denke, daß all unser Mut und unsere Tapferkeit vergeblich waren, kann ich es kaum aushalten. Dabei weiß ich, daß mir nichts anderes übrigbleibt. Liebster, wann werde ich wieder bei Dir sein und wann werden wir unsere Sorgen und Freuden teilen können? Lieber Schatz, ich merke, daß all meine Versuche, Dir einen Eindruck von der Stimmung hier zu geben, vergeblich sind. Ich kann es nicht, und ich glaube nicht, daß irgend jemand dazu in der Lage ist.

1 Reichsvereinigung der Juden in Deutschland – Vertretung der Juden in Deutschland.

Ich höre besser auf, denn ich werde unleidlich und kann doch nicht erzählen, was ich erzählen möchte. Wieder einmal schließe ich mit ganz vielen Küssen und Umarmungen.
Tschüß, mein Bolle.

Amsterdam, den 21. März 1943

Allerliebster,
gerade habe ich zum unzähligsten Male Deine Rote-Kreuz-Briefe und die anderen gelesen, damit ich etwas in Stimmung komme. Zu Hause liegt noch der Brief, den Du mir zu meinem ersten Geburtstag, nachdem Du weggegangen warst, geschrieben hast. Den wollte ich gestern noch mal lesen, aber es kam etwas dazwischen. Nun werde ich ihn gleich genießen.

Ich war heute morgen bei Zichron[1] und habe die Megillah[2] gehört. Danach bin ich ins Büro gegangen – es ist Sonntagmorgen –, und nun sitze ich hier und schreibe in aller Ruhe an Dich. Ich habe viel Zeit und kann so ausführlich mit Dir reden, wie ich nur möchte. Leider habe ich Dir wieder viele schlimme Dinge zu erzählen. Am Donnerstagmorgen war ich im Büro, als jemand von unserer Belegschaft zu mir kam und meinte, Onkel Nathan und Tante Dina seien samt den Kindern Mittwochnacht geholt worden. Er erzählte, sie hätten nicht aufgemacht. Die Polizei habe daraufhin bei den Nachbarn ein Beil verlangt, und als der Nachbar geantwortet habe, er habe keines, mußte er mithelfen, die Tür einzutreten. Anscheinend haben sie Onkel Na-

---

1 Zichron Ja'akov. Bekannter religiös-zionistischer Jugendverein, bei dem am Sabbat und an jüdischen Feiertagen Synagogendienste gehalten wurden. Während dieser Dienste wurde das Hebräisch gesprochen, wie es in Eretz Israel üblich war.
2 Die Schriftrolle des Buches Esther, die Geschichte von der Rettung der Juden im Persien von König Ahasveros durch das jüdische Mädchen Esther.

than geschlagen und die Kinder, die sich versteckt hatten, gefunden. Mir fuhr der Schrecken in die Glieder, denn ich konnte nichts anderes denken, als daß man sie als ›Straffall‹ behandeln würde, und dann wäre nichts mehr zu machen. Ich ging zuerst nach Hause, um die Kopie des Briefes zu holen, den ich ihnen für den Fall gegeben hatte, daß ihnen etwas geschehen sollte, und fuhr dann zur Expositur. Ich wußte, daß Onkel Nathan nicht öffnen würde, wenn die Polizei kommen sollte, denn wir hatten oft darüber gesprochen, und ich hatte gemeint, es wäre ganz gleich. Wenn man nicht öffnet, treten sie eben die Tür ein. Aber er sagte: »Sie haben kein Recht, in mein Haus zu kommen, wenn ich sie nicht hereinlassen will. Ich brauche sie nicht zu empfangen.« Das stimmt natürlich, aber er versteht einfach nicht, wie rechtlos wir sind. Nun gut, es war natürlich sinnlos, darüber nachzudenken, denn so war es nun mal. Als ich zur Expo kam, sah ich, daß Asscher und Cohen bei Sluzker waren. Ich hatte also keine Möglichkeit, mit ihm zu sprechen. Daraufhin habe ich darum gebeten, mit seiner Sekretärin sprechen zu dürfen, die ich gut kenne. Während ich auf sie wartete, sah ich plötzlich Marc. Ich traute meinen Augen nicht! Und kurz darauf auch noch Lea. Sie erzählten mir die ganze Geschichte.

Um halb elf abends hatte es geläutet. Sie hatten nicht geöffnet. Onkel Nathan wollte erst aufmachen, nachdem er Tante Dina versteckt hatte und die Kinder auf das Dach geflüchtet waren, aber das Hin und Her dauerte zu lange. In der Zwischenzeit war die Tür bereits eingetreten worden. Die Polizisten stürmten mit erhobenen Revolvern ins Haus und schlugen Onkel Nathan ins Gesicht. Seine Nase blutete. Sie merkten sofort, daß mehr Leute im Haus sein mußten, denn auf dem Tisch standen noch die benutzten Tassen, und Marcs Bett im Durchgangszimmer gleich neben dem Wohnungseingang war nicht gemacht. Er hatte sich kurz zuvor hingelegt. Sie fanden Tante Dina und nach kurzem Suchen auch Marc. Lea war auf dem Dach, ganz zusammengekauert. Sie liefen einige Male an ihr vorbei, fanden sie dann aber doch noch. Stell Dir nur vor, welche Todesängste sie ausgestanden haben muß, als die Kerle an ihr vorbeigingen. Ich weiß nicht, ob ich Dir erzählt habe, daß sich Bobby auf dem Dachboden versteckt hatte, als wir geholt wurden. Damals hatten sie sie mit der Taschenlampe angeleuchtet, zum Glück aber nicht entdeckt. Aber ich hatte auch nicht verschwiegen, daß da noch eine Tochter war, nur eben gesagt, sie habe Abenddienst, was natürlich auch nicht stimmte. Im September war es allerdings auch noch nicht so gefährlich. Im schlimmsten Fall wurde man gefunden und mitgenommen. Aber man mußte auch mitkommen, wenn man sich nicht versteckte. Wenn man es also tat, hatte man wenigstens noch eine Chance. Aber jetzt ist alles anders, denn die Polizisten machen Meldung, wenn sie erst suchen mußten, und behandeln einen als Straffälligen. Dann ist nichts mehr zu machen – selbst wenn man gesperrt ist.

Die Kerle haben alles auf den Kopf gestellt, denn sie hatten einen wunderbaren Fang gemacht, weil Onkel Nathans Geschäft noch immer existierte und sie somit viel Gold und Silber vorfanden. Du weißt, daß Juden kein Gold und Silber besitzen dürfen, aber sie hatten eine Sondergenehmigung. Die nahmen die Kerle sofort an sich, nebst allen Papieren, die Onkel Nathan besaß, u.a. auch den Brief an Sluzker, den ich ihm gegeben hatte. Zum Glück stand nichts Belastendes drin, und so sieht man mal wieder, wie man ganz gedankenlos in die Falle tappen kann, denn in dem Brief standen natürlich mein Name und meine Adresse. Die ›Polizisten‹ raubten die komplette Vitrine aus, ließen die Rucksäcke ausräumen, nahmen sich, was ihnen gefiel, steckten das Silber in die Taschen, durchwühlten alles, kurzum, es muß ein schreckliches Tohuwabohu gewesen sein. Aber dieser Marc ist so gewitzt! Er hat eine Menge Dinge, die sie genommen und auf den Tisch gelegt hatten, wieder in seine Tasche gesteckt. Aber dennoch, Füllhalter usw. sind weg und auch sonst alles, was wichtig war. Sie blieben stundenlang, bei jedem glänzenden Gegenstand fragten sie, ob er aus Silber sei. Lea packte währenddessen die Rucksäcke wieder ein, und um drei Uhr kam der Überfallwagen und brachte sie zum Adama van Scheltemaplein. Lea erzählte, sie seien einzeln untergebracht worden, also nicht im Saal bei den anderen. Sie trafen einen Mann von der Expo, den sie kannten, und frühmorgens rief man Leas und Marcs Namen auf und ließ sie frei. Ihre Personalausweise hatten sie allerdings noch nicht wiederbekommen, und so wußte ich nicht, ob sie nun als Straffall galten. Dann wird nämlich ihre Sperre durchgestrichen und ein S auf den Personalausweis geschrieben. Jedenfalls war es ein großes Glück, daß sie frei waren.

Ich besprach den Fall mit Sluzkers Sekretärin, die mir wenig Hoffnung machte. Sie versprach aber, alles zu tun, was getan werden konnte. Dann unterhielt ich mich noch kurz mit einer anderen Person über Leas und Marcs Personalausweise und darüber, ob es möglich wäre, sie zurückzubekommen. Diese hielt es aber für vernünftiger, kein weiteres Aufheben darum zu machen und neue zu beantragen. Als ich wieder hinunterging, traf ich Sluzker, der an diesem Tag Geburtstag hatte. Ich gratulierte ihm und sprach mit ihm über den Fall. Ich wies darauf hin, daß Onkel Nathan zwar eine Sondergenehmigung für den Besitz von Silber habe, daß man ihm seine Papiere aber dennoch abgenommen habe. Er versprach, sein Möglichstes zu tun, und ich schöpfte wieder ein wenig Hoffnung, weil wir nichts unversucht gelassen hatten. Mittags hörte ich, man habe sie zur Schouwburg gebracht, und das stimmte mich noch hoffnungsvoller, weil man sie offensichtlich nicht als Sonderfall behandelte. Sonst hätte man sie wohl auf der *Zentralstelle* gelassen. In Eitjes Namen schrieb ich einen Brief an den Herrn Süskind, der in der Schouwburg auch etwas zu sagen hat, mehr konnte ich nicht tun. Natürlich war es wieder ein harter Schicksalsschlag für Mutter, die überhaupt keine Widerstandskraft mehr besitzt. Sie sieht zum Fürchten aus und ist vollkommen apathisch. Wir rechnen mit dem Schlimmsten.

Am nächsten Morgen schrieb ich in Eitjes Namen noch einen Brief an Sluzker, damit der Fall nicht in Vergessenheit geriet. Mittags hörte ich, daß ein Transport von der Schouwburg zur Borneokade unterwegs gewesen war. Dort sollte um acht Uhr der Transport nach Westerbork abfahren. Onkel Nathan und Tante Dina waren nicht darunter. Ich sprach mit Leo de Wolff, der meinte, sie hätten noch gute Chancen. Aber kurz bevor der Transport die Borneokade verließ, wurden sie doch noch hingeschickt und nach Westerbork gebracht. Dort kann ich sie nicht halten, das wird unmöglich sein. Sie haben zwar Ab Wijnschenk beim JR, und vielleicht kann er noch etwas für sie tun, aber ich habe große Befürchtungen. Es ist schade, daß Onkel Nathan schon 56 ist. Bis 55 kommt man zur Zeit noch nach Vught, und dort ist die Wahrscheinlichkeit größer, noch etwas länger in Holland bleiben zu können. Zum Glück ist Vater erst 52. Wir versuchen, Onkel Nathan mit der Begründung in Westerbork zu halten, er habe das Diamantenhandwerk erlernt, aber ich habe wenig Hoffnung.

Jetzt sind Lea und Marc also bei uns einquartiert. Wie das gehen soll, müssen wir noch besprechen, denn Mutter kann natürlich nicht allein für diesen ganzen Haushalt sorgen, aber es wird sich schon eine Lösung finden. In der Sache mit Vater sind wir noch nicht weitergekommen, aber ich werde Herrn Blüth morgen einen kurzen Brief schreiben. Eitje hat mir dazu geraten.

Am Freitagmorgen kam Tante Phine zu mir ins Büro und erzählte, sie habe eine *Anweisung*[1] für den Ostteil der Stadt erhal-

---

1 Befehl zum Zwangsumzug.

ten. Leute aus dem Stadtteil Rivierenbuurt müssen nämlich nach Amsterdam-Ost umziehen – die Juden natürlich –, weil in ihre Wohnungen Evakuierte oder andere einziehen sollen. Alle waren immer davon ausgegangen, daß die Juden aus dem reichen Süden der Stadt umziehen müßten. In Einzelfällen kam es auch dazu, wenn die Wehrmacht ein bestimmtes Haus haben wollte, aber eben nicht in großem Umfang. Und jetzt müssen jede Woche etwa zwanzig Familien aus der Rivierenbuurt nach Amsterdam-Ost umziehen. Sie bekommen eine Wohnung zugewiesen, natürlich meist in schlechtem Zustand. In der Regel wurden die ursprünglichen Bewohner deportiert, woraufhin sich Diebe und Einbrecher daran gütlich taten und Fensterscheiben einwarfen, die nicht mehr ersetzt wurden, usw. Aber das Verrückte ist, daß es kaum jemanden mehr stört, sein eigenes Haus verlassen und in so einer Bruchbude wohnen zu müssen – es gibt auch anständige Wohnungen darunter. Alles andere ist um so vieles schlimmer, daß ein Umzug fast belanglos ist, wobei es doch wahrhaftig keine Kleinigkeit ist, innerhalb weniger Tage – denn man bekommt drei bis vier Tage Zeit – sein Haus verlassen zu müssen. Die Möbel darf man mitnehmen, was natürlich schon ausgesprochen großzügig ist. Nur wenn man nach dem jeweiligen Datum noch in dem alten Haus angetroffen wird, erfolgt die Deportation nach Westerbork.

In Tante Phines Stadtteil (Stadionbuurt) müssen die Leute nur selten umziehen. Sie ist zur Expositur gegangen, um Aufschub zu beantragen, und dort hieß es, ihre Wohnung sei bereits vermietet. Ihren Zwangsumzug habe sie Leuten von der NSB zu verdanken, die ihre Wohnung wollten. Ich habe Dir bereits geschrieben, daß die Familie Luitink, die unter ihr wohnt, der NSB und sogar der WA beigetreten ist. Neulich wurden die Mieter über ihr – Juden – geholt, und in deren Wohnung sind durch Luitinks Vermittlung NSB-Leute eingezogen. Also paßt Tante Phine nicht mehr in das Haus, und man will sie fortjagen. Am

Mittwoch muß sie ausgezogen sein und weiß noch nicht, wohin sie soll. Sie könnte sich auch bei Leuten in einem anderen Stadtteil einquartieren lassen, aber dann könnte sie ihre Möbel nicht mitnehmen, und außerdem würde sie dann vielleicht zusammen mit diesen Leuten wiederum umziehen müssen, wenn diese eine *Anweisung* erhalten. Aber es ist so schrecklich, in Amsterdam-Ost zu wohnen, weil man dort jeden Abend ›Besuch‹ (immer von der Schwarzen oder Grünen Polizei, der WA usw.) bekommt. Sie ziehen nämlich von Haus zu Haus und suchen Ungesperrte. Tante Phine wollte ihre Schwester, Tante Ré, mitnehmen, sozusagen als ihre Pflegerin mit einer entsprechenden Bescheinigung. Aber bis jetzt ist sie noch nicht gesperrt und läuft dort also noch größere Gefahr als anderswo. Du siehst, uns bleibt wirklich nichts erspart.

Jetzt sind so viele Leute bei uns im Haus, und dabei müssen wir jeden Augenblick mit der Polizei rechnen, weil Großmutters Personalausweis noch immer nicht zurückgegeben wurde. Vielleicht haben wir Glück. Alles hängt von den Kerlen ab, die kommen. Wenn sie ›anständig‹ sind, dürfen wir vielleicht zu Hause bleiben, wenn nicht, müssen alle mit. Mittlerweile sind wir zwar alle gesperrt, aber man weiß nie, ob man wieder freikommt. Abwarten also.

Ich habe wieder einmal vergessen, Dir zu erzählen, daß die Polizei bei uns war, aber es ist gut ausgegangen. Um halb eins nachts läutete es. Ich war noch wach, die anderen schliefen bereits. Ich rannte hinunter und öffnete die Haustür. Es waren ein Deutscher und drei Holländer. Der Deutsche führte das Wort, die Holländer schwiegen, ich denke, sie verstanden nicht einmal Deutsch. Er fragte, wie viele Personen im Haus seien, und ich antwortete wahrheitsgemäß, das schien mir das Klügste. Sie wollten raufkommen, aber ich erklärte, wir seien alle gesperrt und das sei doch reine Zeitverschwendung für sie, oder etwas in dieser Art. Ich schwatzte weiter, und plötzlich fing der Grüne an zu heulen, wirklich, laut zu heulen. Und er sagte: *»Sie sind ein tapferes Mädchen, und ich bin ein Schuft.«* Und sie verschwanden! Ich verriegelte die Tür mit dem Nachtschloß und ging die Treppe wieder hinauf, aber mit zitternden Knien. Und sofort ins Bett. (Im nachhinein denke ich, daß er betrunken war.)

Ich werde Dir nun noch etwas zum Schwarzmarkt schreiben, ein wirklich interessantes Kapitel. Auf Schwarzhandel mit Lebensmitteln steht die Todesstrafe, sowohl für den Verkäufer als auch für den Käufer. Als dieser Erlaß kam, sagten wir, daß wir in Zukunft nichts mehr auf dem Schwarzmarkt kaufen würden, weil das Risiko zu groß sei. In der Praxis ist der Schwarzhandel allerdings sehr verbreitet, und es kommt nur verhältnismäßig selten vor, daß jemand dabei erwischt und erschossen wird. Alle leben vom Schwarzhandel. Für Geld ist buchstäblich alles zu haben. Ich will Dir zum Spaß ein paar Preise nennen. Ein Ei kostete diesen Winter 0,85 fl.[1], im Moment sind es 0,60 fl. Butter kostet 18 fl. pro Pfund und ist kaum zu bekommen. Marmelade bekommt man für 1,85 fl. pro Glas. Tee 100 fl. pro Pfund, Kaffee weiß ich nicht genau, auch in etwa so viel. 250 Gramm Bitterschokolade, sehr schwer zu kriegen, kosten 12,50 fl. Ein Brot kostet 2 fl. auf dem Schwarzmarkt. Die Preise für Fleisch kenne ich nicht, weil koscheres Fleisch nicht zu bekommen ist. Wir verkaufen unsere Marken. Das funktioniert meistens so, daß man heimlich eine Essensmarke kauft. Die Lebensmittel selbst sind dann recht billig, d. h. sie haben normale Preise. Nur die Marken machen alles so teuer. Tee z. B. gibt es kaum, ebensowenig wie Kaffee, nur Zucker, Marmelade, Brot usw. kann man noch auf Marken bekommen. Salatöl kostet auch 40 fl. pro Flasche (das weiß ich nicht sicher) und ist auch sehr schwer zu bekommen. Du kannst Dir nicht vorstellen, wie verbreitet

1 Abkürzung für Florentinische Gulden, die niederländische Währung.

dieser ›Handel‹ ist. Auf dem Markt z. B. stehen berittene Polizisten, die aufpassen sollen, daß kein Schwarzhandel betrieben wird. Doch die kaufen selbst auch heimlich. Zigaretten kosten 5 fl. pro Päckchen, 20 Stück, eine Zigarre kostet 1,70 fl. oder noch mehr. Dieser Handel konnte sich so ausbreiten, weil die Leute nicht mehr auf das Geld achten. Etwas anderes als Lebensmittel kann man doch nicht mehr dafür kaufen. Juden schon gar nicht. Sie dürfen ja nicht mehr ausgehen, nicht mehr reisen etc. Außerdem denken viele, man müsse möglichst gut essen, um gesund zu bleiben. Von den Marken kann man nicht leben, oder zumindest nur sehr schlecht.

Dazu gibt es einen guten Witz. Jemand wollte Selbstmord begehen und sich erhängen. Aber der Strick war von so schlechter Qualität, daß er riß. Dann wollte er sich vergasen, aber das Gas war abgedreht (das war nämlich letzten Winter von zwei bis fünf so). Dann lebte er nur noch von seinen Marken, und es gelang ihm auf Anhieb. Außerdem denken die Juden: Geld spielt keine Rolle. Wenn man deportiert wird, hat man auch nichts mehr. Aber man gibt natürlich wahnsinnige Beträge aus, während man offiziell nicht mehr als 250 fl. pro Monat besitzen darf. Das Irrsinnige ist auch, daß z. B. einem Zweipersonenhaushalt 250 fl. pro Monat zustehen, aber einer zehnköpfigen Familie ebenso. Ich habe Dir schon geschrieben, daß wir keine Gemüseläden betreten dürfen. Die jüdischen Gemüsegeschäfte bekommen fast kein Gemüse oder Obst, aber die Arier helfen und beschaffen den Juden welches usw. Die Unterstützung, die wir von der christlichen Bevölkerung erfahren, ist wirklich etwas Besonderes. Dadurch fehlt es uns eigentlich an nichts, solange wir genug Geld haben. Das Verrückte ist nun, daß man sich nicht mehr vorstellen kann, daß man früher etwas zu teuer gefunden hat. Früher habe ich z. B. manchmal statt des Frühstücks einen Schokoladenriegel gekauft. Der kostete fünf Cent. (Wenn man heute einen Riegel bekommen kann, was fast ausgeschlossen ist, kostet er auf dem Schwarzmarkt 1,25 fl., während man früher, wenn man fünf kaufte, noch einen extra erhielt.) Damals hielt ich es für große Verschwendung, jeden Morgen so einen Riegel zu kaufen. Das kann ich mir heute nicht mehr vorstellen.

Lieber Schatz, ich beende meinen Brief für heute. Ich hoffe, Du kannst Dir jetzt ein klein wenig ein Bild vom Schwarzmarkt machen. Man sagt z. B. »du siehst schön schwarz aus«, verstehst Du, wenn jemand noch gut aussieht. Man braucht viel Kraft, um die Nerven zu behalten, und deshalb ißt jeder mehr als früher. Außerdem ist das Essen weniger nahrhaft – z. B. Brot und Käse, Magermilch, die schrecklich schmeckt, nur ein bißchen Milchpulver usw. –, und man hat das Gefühl, gut essen zu müssen, um gesund zu sein, wenn der Krieg vorbei ist, und um kräftig zu sein, wenn man unverhofft deportiert wird. Liebster, ich höre nun auf, denn ich bin mittlerweile ganz allein im Büro, was doch etwas schaurig ist. Vielleicht schreibe ich Dir heute abend noch einen kleinen Brief über meinen Geburtstag.

Amsterdam, den 28. März 1943

Heute will ich mal mit etwas Gutem beginnen. Das Einwohnermeldeamt ist heute nacht abgebrannt. Wie Du weißt, müssen Holländer zum Arbeitseinsatz nach Deutschland. Die Aufforderungen werden natürlich mit Hilfe eines Kartensystems des Einwohnermeldeamts erstellt. Dieses Amt wird bewacht und befindet sich seit etwa einem Jahr in der Plantage Kerklaan, im Gebäude von Artis[1], das inzwischen völlig umgebaut wurde. Und das ist heute nacht vollkommen abgebrannt. Obwohl wir

---

1 Tiergarten in Amsterdam.

doch ganz in der Nähe wohnen, haben wir von alledem nichts mitbekommen. Ziemlich verrückt. Es heißt, gegen elf – es war gestern stockdunkel – sei ein deutsches Auto vorgefahren, in dem Männer in Polizeiuniform gesessen hätten. Sie sollen ins Gebäude eingedrungen sein, den Wachen eine Spritze gegeben, Pflaster auf den Mund geklebt und sie in den Garten von Artis gelegt haben. Dann sollen sie die Papiere aus den Schränken geholt, mit Petroleum übergossen, das Ganze angezündet (unter anderem mit Zeitzündern) und sich dann aus dem Staub gemacht haben. Anscheinend war es ein Riesenfeuer. Es gab kein anderes Thema heute. Ob diese Geschichte tatsächlich stimmt – es hört sich ja an, als wären wir in Chicago –, weiß ich nicht. Auf alle Fälle ist es Sabotage, und ich bin gespannt, welche Strafe hierauf folgen wird. Wenn sie nur keine Geiseln erschießen.

Die letzte Strafmaßnahme ist noch immer in Kraft, das heißt, wir dürfen nur bis neun Uhr auf die Straße – die Christen wohlgemerkt und die Juden, die eine Ausgangserlaubnis für den Abend haben, darunter auch Deine zukünftige Ehefrau –, aber das ist nicht so schlimm. Die Middenlaan und Kerklaan waren ganz gesperrt. Und heute, Sonntag, gab es die reinste Pilgerfahrt. An der Muidergracht wimmelte es nur so vor Leuten. Seit Jahren sind dort nicht so viele Menschen gewesen. Ein richtiges Volksfest, unter anderem sogar mit einem Blumenstand. Heute morgen hörte ich jemanden sagen: »Wir gehen auf die Blumenfelder.« Wirklich gut. Nur glaube ich nicht, daß es viel bringen wird, denn niemand weiß, ob die richtigen Papiere verbrannt sind – ich glaube allerdings schon –; in anderen Gebäuden gibt es jedoch noch Abschriften, was natürlich schlecht ist. Aber vielleicht werden sie die auch noch anzünden, obwohl die Deutschen jetzt sicherlich besonders gut aufpassen werden.

Dann noch etwas Schönes. Die Ärzte mussten der sogenannten Ärztekammer beitreten, so, wie es auch eine Kulturkammer gibt, bei der Schauspieler Mitglied sein müssen, usw. Sie alle stehen unter Aufsicht der NSB. Die Ärzte haben nun den Beitritt verweigert und dadurch ihren Titel verloren. Daraufhin haben sie Pflaster oder Klebeband über ihren Praxisschildern angebracht. Neben uns z. B. wohnt ein Arzt. Auf seinem Schild steht: DR. J. WESHOF, ARZT. Jetzt klebt über »DR.« und »ARZT« ein Pflaster. Manche haben quer über dem Schild Klebeband angebracht, fast alle Ärzte, so daß es theoretisch fast keine ›Ärzte‹ mehr gibt, sondern nur noch Quacksalber. Sie dürfen natürlich keine Rezepte schreiben, keine Totenscheine ausstellen usw. usw. Das Schlimmste ist jedoch, daß die meisten von ihnen nicht zu Hause schlafen, weil sie Angst haben, aufgegriffen zu werden, und wenn jemand nun nachts einen Arzt braucht, z. B. für eine Geburt, dann ist das schlimm. Wir sind sehr gespannt, wie das weitergehen wird, denn so ganz ohne Ärzte wird es ja doch nicht gehen. Aber ihr Verhalten ist schon bewundernswert.

Noch ein paar Beispiele, an denen Du sehen kannst, wie antideutsch die Gesinnung der Niederländer noch immer ist, was sich vor allem durch den erzwungenen Arbeitsdienst in Deutschland noch verstärkt hat. Es gibt hier Propagandaplakate, die eine tote Frau inmitten von Trümmern zeigen, und ein kleines Kind fragt: »Mutter, ist das nun die zweite Front?« Darüber klebt ein Streifen mit den Worten: »Nein, Dummchen, das ist Rotterdam.« Rotterdam wurde nämlich während der Kriegstage im Mai 1940 schwer bombardiert. Später haben die Deutschen einen Film über eine von Engländern zerbombte Stadt drehen lassen. Und das war Rotterdam, wohlgemerkt. Ein anderes Plakat zeigt einen Niederländer in einer deutschen Uniform an der Ostfront und einen anderen mit einem verlebten Gesicht, Zigarette im Mundwinkel, rot-weiß-blaues Tuch in seiner Westentasche und einem Streichholz im Knopfloch mit der Spitze nach oben: Kopf hoch! Darunter steht: »Wer ist der wahre Niederländer?« Darüber ist ein Streifen mit den Worten geklebt: »Keiner von beiden, sondern der Streikende, der Saboteur usw.« Das ist aber auch schon alles Schöne, was ich Dir erzählen kann. Der Rest ist wieder eine Fortsetzung des Elends.

Ich habe Dir erzählt, daß Lea und Marc gesucht werden. Man will offensichtlich nicht glauben, daß es für das Gold und Silber, das in ihrer Wohnung gefunden wurde, eine Genehmigung gab und Onkel Nathan sein Geschäft nicht aufzulösen brauchte. Jetzt werden sie des Schwarzhandels bezichtigt. Ich war bei Sluzker, und der meinte, wir dürften sie nicht in unserem Haus behalten, weil das auch für uns zu gefährlich sei. Aber es ist schon ein Elend, daß wir, die einzigen Verwandten, die sie noch haben, ihnen nun nicht einmal unser Haus anbieten können. Es ist so schwierig, einen Unterschlupf zu finden. Und Lea sieht auch noch so jüdisch aus. Sie hat mit verschiedenen Leuten über einen Unterschlupf verhandelt. Ich werde Dir später davon berichten, es aufzuschreiben ist mir zu gefährlich, da man dann auch andere Leute mit hineinzieht. Vieles von dem, was ich Dir geschrieben habe, ist lebensgefährlich, aber damit belaste ich nur mich selbst und niemand anderen. Stell Dir vor, wie man sich fühlen muß, wenn die Eltern deportiert wurden und man gleich darauf zum Friseur muß, um sich die Haare färben zu lassen, und danach eine Brille aussuchen, alles nur, um sein Aussehen zu verändern, was dann doch nichts nützt. Abends schläft Lea nun nicht mehr bei uns. Marc auch nicht, doch er hatte sofort einen Unterschlupf. Lea kannte den Weg zum Unterschlupf allerdings nicht, und ich sollte sie begleiten.

Wir taten so, als würden wir uns nicht kennen, und als wir nicht mehr weiterwußten, fragte ich nach dem Weg, bastelte dann ein wenig an meinem Rad herum, und wenn Lea dann in die Straße kam, fuhr ich bis zur nächsten Ecke weiter. Wir haben dabei sogar noch gelacht. Irgendwann winkte ich Lea, sie solle weitergehen, ich wollte ihr dann weiter den Weg zeigen. Es dauerte länger, als wir gedacht hatten, so daß sie schon die Straße entlanggegangen, rechts abgebogen und wieder zurückgekommen war. Sie kam mir entgegen, als ich gerade in die Straße einbog. Ich blieb an der Ecke stehen und fragte einen Passanten nach dem Weg. Am nächsten Morgen meinte Lea, sie habe sich totgelacht, weil sie gedacht habe, ich wolle sie nach dem Weg fragen. Aber Du kannst Dir nicht vorstellen, wie unheimlich das Ganze war, im Halbdunkeln, in einer völlig unbekannten Gegend, im Bewußtsein, daß in dieser Straße wahrscheinlich Leute von der NSB wohnen, die sie verraten würden. Es war so einsam und so elend, und ich hatte solches Mitleid mit ihr, weil sie so plötzlich ganz allein auf der Welt war. Sie hat nun definitiv einen Unterschlupf und ist nicht mehr da. Sie hat nichts mitgenommen, denn es war gar nicht ihre Absicht, gleich ganz wegzubleiben, aber offensichtlich ging es nicht anders. Nun werden wir ihr diese Woche ihre Sachen an einen vereinbarten Ort schicken, denn wir wissen nicht, wo sie ist. Stell Dir nur vor, Leo, so plötzlich die vertraute Umgebung verlassen zu müssen, die Menschen, die einen lieben, auf einmal bei wildfremden Leuten sein, kein koscheres Essen mehr, keinen Kontakt mehr zu uns oder zu Marc, so daß sie nicht weiß, ob wir geholt wurden oder noch da sind.

Inzwischen wurde auch Tante Ré geholt, und wir konnten nichts für sie tun. Tante Phine hat eine gute Wohnung bekommen. Zumindest das ist mir gelungen. Es ist möglich, eine gute Wohnung zu bekommen, wenn andere bei einem einquartiert werden. Miranda, eine gute Bekannte von mir, hat das Wohnungsamt angerufen und dort erklärt, sie bekomme Einquartierung, und dann hat man ihr doch tatsächlich die Wohnung gegeben. Weil sie allein ist, hätte sie sonst in einem Loch wohnen müssen.

In Vaters Fall hat sich noch nichts bewegt. Ich fürchte, daß sich da auch nicht mehr viel machen läßt. Vielleicht kann ich ihn noch als Sonderfall durchbringen, aber das mache ich nur ungern, weil mir die ganze Vetternwirtschaft zuwider ist. Aber wenn ich dann daran denke, daß Vater und Mutter sonst wegmüßten, habe ich nur noch einen einzigen Gedanken: alles tun – ganz gleich, ob es rechtens ist oder nicht –, um sie so lange wie irgend möglich hier zu halten. Nun haben die deutschen Instanzen offensichtlich diese Woche beschlossen, das Geschäft, in dem Vater arbeitet, nicht zu schließen, aber jetzt spielen wieder andere Faktoren eine Rolle, wodurch das doch (wieder) unsicher scheint. Aber sie haben ihm die Erlaubnis erteilt, beim JR zu arbeiten, wenn er das möchte. Er wird diese Woche mit Blüth sprechen, um zu hören, ob er eine Stelle bekommen kann. Vielleicht kommt er bei der Kommission zur Vorbereitung von Vught unter. Ich weiß nämlich, daß diese Kommission, bei der drei deutsche Juden arbeiten, von denen Herr Blüth fast ständig auf Reisen ist, einen holländischen Juden sucht. Vielleicht wäre das ja etwas. Abwarten, mal wieder.

Wir hatten diese Woche erneut reines Glück. Am Donnerstag stand tagsüber die Polizei vor unserer Tür, auf der Suche nach Ungesperrten. Mutter machte auf, und der Polizist fragte, ob alle Familienmitglieder gesperrt seien. Sie war so fassungslos, daß sie Ja sagte, was überhaupt nicht stimmte, da Großmutter nicht gesperrt ist. Der Kerl war in Ordnung, denn er verzichtete auf eine Hausdurchsuchung und ging gleich weiter. Eine Putzfrau, die ein paar Häuser weiter arbeitete, dort aber nicht wohnt, mußte ihre Adresse angeben. Sie wird jetzt geholt. Viele Menschen mußten sich in einem bestimmten Haus einfinden und wurden mittags von dort abtransportiert. Du siehst also, welches Glück wir hatten. Und dann gleich doppelt. Beim Synagogendiener Deen nämlich, der auch verschwiegen hatte, daß noch Ungesperrte bei ihm wohnten, wurde das Haus durchsucht. Man fand die Ungesperrten und deportierte ihn als Straffälligen. Das hätte uns also auch passieren können. Ich habe Mutter nun ausdrücklich gesagt, sie müsse die Wahrheit sagen. Aber das Problem ist, daß sie sofort die Fassung verliert und dann doch etwas Falsches sagt.

Wahrscheinlich kommt Großmutter diese Woche wieder ins Krankenhaus. Das ist zumindest eine kleine Erleichterung. Mutter kann sie unmöglich versorgen, und zudem kann sie jeden Moment bei uns geholt werden. Ich befürchte das Schlimmste, denn die Zentralstelle hat die Personalausweise – also auch ihren – bei der Vergabestelle angefordert. Das verheißt nichts Gutes. Aber wie immer lautet unser Motto: abwarten.

Noch ein Letztes. Die Kinder, die zur Schouwburg gebracht wurden, dürfen nachts in einem Privathaus in der Parklaan schlafen. Tagsüber dürfen sie unter Aufsicht von Krankenschwestern ins Freie. Es ist ein so trauriger Anblick, zu sehen, wie all die armen Kinder, die man abtransportieren wird, da zusammen herumlaufen. Es wird einem ganz elend, wenn man das sieht. All diese traurigen Dinge machen einen so kaputt. Wenn man z.B. an Marc denkt, der noch keinen festen Unterschlupf gefunden hat und herumirrt. Bei uns ist es sowohl für uns als auch für ihn viel zu gefährlich. Und so schläft er in irgendeiner stockdunklen Scheune und weiß tagsüber nicht, was er machen soll. Ich dachte manchmal, es könne nicht stimmen, wenn ich einen armen Mann erzählen hörte, früher sei es ihm gut gegangen. Jetzt sieht man Menschen, die früher im Wohlstand gelebt oder ein bürgerliches Dasein geführt haben und die nun wie Landstreicher aussehen und völlig entwurzelt sind. Lea und Marc haben ja noch Geld, aber wie viele haben auch das verloren. Einst steinreiche Leute besitzen gar nichts mehr. Nun sieht man, wie relativ alles ist. Menschen, von denen man glaubte, sie würden immer mächtig bleiben, sind nun so arm und machtlos, wie man es nie für möglich gehalten hätte.

Leo, ich beschließe den Brief mal wieder. Immer nehme ich mir vor, Dir alles ganz genau zu beschreiben, aber es passiert so unbeschreiblich viel, daß ich es nur in groben Zügen erzählen kann und nicht einmal mehr Zeit für zärtliche Worte bleibt. Ich gehe jetzt zu Bett, denn die Uhr wird heute nacht eine Stunde vorgestellt. Sonst habe ich eine Stunde Schlaf zu wenig, und die brauche ich. Die Spannung, in der wir leben, zehrt einen aus. Abends bin ich zu nichts mehr fähig.

Ohne Datum – erste Seite fehlt

Meine Schreiblust ist ein wenig dahin wegen eines Gesprächs, das hier geführt wird, aber davon erzähle ich Dir gleich. Nun erst den Nachrichtenüberblick: Das war wieder eine Woche! Vom Einwohnermeldeamt habe ich Dir schon berichtet. Es scheint tatsächlich zu stimmen. In den Zeitungen stand eine »Bekanntmachung«, von Lages[1] unterzeichnet, in der eine Belohnung von 10 000 fl. ausgesetzt ist. Zehntausend sind nicht einmal so viel. Diese Woche wurde der Bürgermeister von Baexem, einem kleinen Dorf in Limburg, ermordet, und dafür wurden sage und schreibe 25 000 fl. in Aussicht gestellt. Natürlich finden sie die Täter nie, und als Konsequenz davon werden sie wohl wieder Strafmaßnahmen gegen uns einleiten. Es ist verrückt genug: Seit Montagabend darf man bis zehn statt nur bis neun Uhr auf die Straße. Sonntag kam es zu einer wahren Pilgerfahrt. Hunderte und Aberhunderte sind zum Einwohnermel-

1 SS-Sturmbannführer Wilhelm Lages, Leiter der Sicherheitspolizei, Außenstelle Amsterdam.

deamt gezogen. Die Middenlaan war ab der Parklaan gesperrt und auch die Kerklaan bis zur Muidergracht, wodurch alle an der Muidergracht entlangströmten. Dort gab es auch einen Blumenstand, es war richtig schön auf der Straße.

Sonntagnacht um Viertel nach zwei – auf unserer Uhr war es bereits Viertel nach drei, denn in der Nacht wurde auf Sommerzeit umgestellt – läutete es. (Im Moment bin ich sehr abgelenkt, denn draußen wird geschossen, und wir unterhalten uns ständig.) Ich hatte es nicht gehört, aber Großmutters Pflegerin weckte mich. Das hatten wir so vereinbart, ich bin nämlich chef de réception de la police. Im Nu war ich unten. Natürlich Polizei. Ich will's kurz machen. Es ist halb elf, und ich möchte nicht zu spät ins Bett. Es war eine Aktion, bei der sie alle Häuser nach Ungesperrten durchkämmten. Ich sagte, Großmutter sei ungesperrt, jedoch bettlägerig. Es waren holländische Polizisten in Zivil. Nicht unverschämt, doch auch nicht besonders freundlich. Vater holte die Personalausweise der ganzen Familie. Tante Phine war bei uns einquartiert, weil ihre neue Wohnung noch nicht ganz eingerichtet ist und sie deshalb nicht kochen kann, dazu eine Krankenpflegerin, Herr Vromen, wir vier, also eine ganze Menge. Zum Glück sind wir alle gesperrt. Großmutter jedoch ist nicht nur ungesperrt, wir haben auch ihren Personalausweis nicht im Haus. Der liegt noch auf der *Zentralstelle*. Sollten die Polizisten danach fragen, wollte ich eigentlich sagen, daß Großmutter keinen habe. Während Vater noch die Ausweise holte, zeigte ich meinen schon mal vor und sagte zur Krankenschwester, sie solle das gleiche tun. Der Polizist wartete ein paar Minuten auf Vater und fragte dann: »Außer der einen sind alle anderen gesperrt?« »Ja«, antwortete ich. »In Ordnung«, sagte er und ging. Er hat also gar nicht gemerkt, daß sie keinen Personalausweis hatte. Was für ein Glück, nicht? Wir tranken wieder einen Schluck Wein und legten uns dann hin. Ich finde es allerdings schlimm, daß ich die Türklingel nicht gehört habe, denn am Montag wird Großmutter wieder im NIZ aufgenommen, und dann haben wir natürlich keine Krankenpflegerin mehr im Haus. Hoffentlich geht alles gut.

Am Dienstag hieß es, die Schouwburg solle entseucht werden. Dann hätten wir ein paar Tage Ruhe gehabt. Das war wohl auch wirklich beabsichtigt, wie Sluzker Eitje erzählte, doch leider ist nichts daraus geworden. Tag und Nacht holt man die Menschen, dreimal wöchentlich geht ein Transport nach Westerbork, jeweils mit 500–700 Personen, einmal pro Woche nach Vught, etwa 300, aber das ist etwas ganz anderes.

Am Mittwochabend läutete es um 20.15 Uhr. Ich erschrecke immer, wenn die Türklingel nach acht Uhr geht, weil wir nur noch selten Besuch von Leuten bekommen, die eine Ausgangserlaubnis für den Abend haben. Auch ich gehe lieber nicht mehr aus dem Haus, denn es ist überall gefährlich, und wenn man nach Hause kommt, ist womöglich alles ausgeräumt. Ich hörte Rufe: »Luftschutz.« Ich döste gerade im Schlafzimmer, Mutter war auf dem Sofa im Vorderzimmer, Vater saß im großen Sessel, Bob war in der Küche, Herr Vromen nicht zu Hause. Ich dachte: Draußen kann unmöglich Licht zu sehen sein, denn es war überhaupt kein Licht an. Mutter erzählte später, ein Kerl mit einer Lampe habe plötzlich vor ihr gestanden und gefragt: »Sind Sie allein zu Hause?« Mutter sagte: »Nein, auch mein Mann und zwei Töchter.« »Personalausweise!« Das hörte ich und rannte hinunter. Im Flur stand ein Grüner mit Helm. »*Was wünschen Sie?*« fragte ich. Sie suchten Großmutter. Es waren ein Schwarzer und ein Grüner mit einer Aufforderung. Ich erklärte, Großmutter sei im Krankenhaus, und machte das Licht im Hinterzimmer an, das man schnell verdunkeln kann. Der Grüne war die Höflichkeit in Person. Auf dem Tisch lagen ein paar Papiere. Er schob sie zur Seite und meinte: »*Ich muß da einiges in Unordnung bringen, aber ich werde es wieder zurechtlegen.*« Wir zeigten ihm die alte

Bescheinigung vom NIZ, die wir auch beim letzten Mal vorgelegt hatten. Ich sagte, wir hätten diese Bescheinigung schon einmal ausgehändigt. »*Die wird wohl verlorengegangen sein*«, meinte er freundlich. »*Verwahren Sie diese nur gut.*« Der Schwarze verhielt sich allerdings schofel, durchsuchte das ganze Haus und meinte dann: »Im Bett hat jemand gelegen, ein kleines Kind, das habt ihr versteckt.« »Das war ich«, sagte ich, was wirklich stimmte. Damit gab er sich zufrieden. Bist Du nicht beleidigt, Leo, daß sie Deine Frau für ein Kind gehalten haben? Nun gut, sie gingen wieder. Was für ein Massel! Und ich bin so ›froh‹, daß er »seit 16. Januar« vermerkt hat, denn nun sieht es so aus, als ob Großmutter das NIZ gar nicht verlassen hätte und bei der Krankenhausaktion einfach dort geblieben wäre.

Liebster, ich belasse es dabei, denn es wird zu spät. Sehr viele Küsse, ich würde gern zu Dir fliegen, denn ich weiß nur zu gut, in welch großer Sorge Du bist. Nächstes Mal weiter.

Amsterdam, den 14. April 1943

Ich denke, das wird ein langer Brief, denn gestern hat man uns wieder einen Schlag versetzt – wahrscheinlich den vorletzten –, und ich habe das Gefühl, bald nicht mehr schreiben zu können. Ich will also jetzt noch die Gelegenheit nutzen, Dir alles ausführlich zu erzählen.

Erinnerst Du Dich noch, wie wir an einem Samstagabend im Winter zusammen in der Kalverstraat Einkäufe machten? Wir waren damals bei Hoying und haben diese wunderschönen Obstmesserchen gekauft. Du weißt sicher noch, wie glücklich wir uns damals fühlten und wie herrlich es war, gemeinsam für unseren Haushalt einzukaufen. Ich weiß noch, wie sehr ich das alles genossen habe und wie die Stadt ausgesehen hat. Es war ein milder Abend, die Schaufenster waren prachtvoll erleuchtet und jedes einzelne ein Kunstwerk für sich. Vor den Geschäften drängte sich eine wogende Menschenmenge, alle waren fröhlich und beschwingt. Und wenn man dann auf den Dam kam, der so weitläufig war und schön, und man die erleuchteten Fenster des Bijenkorf sah und die Cafés, in denen sich die Gäste drängten, dann stieg ein warmes Gefühl der Geborgenheit in einem auf. Und dann der Munt, auf dem Autos heranbrausten und Straßenbahnen an- und abfuhren, mit seinen funkelnden Lichtreklamen und der Reguliersbreestraat voller Menschen! Wie sehr habe ich das alles geliebt!

Ich schildere das, weil ich Dir erzählen will, wie die Stadt jetzt aussieht. Kommt man in die Kalverstraat, sieht man meist nichts als geschlossene Fensterläden, die auch tagsüber nur teilweise abgenommen werden, zum größten Teil aber festgenagelt sind. In allen Schaufenstern liegt dasselbe. Miederwarengeschäfte, Möbelläden, Warenhäuser, kurzum, alle verkaufen z.B. Holzbroschen, weil es nichts anderes gibt. Die Goldschmiede haben geschlossen, die Fensterläden sind zu und die Türen verriegelt, auch sie hinter einem Bretterverschlag. Bensdorp ist geschlossen. Ebenso Focke und Meltzer, jenes wunderschöne Geschäft, das Porzellan und Keramik verkaufte. Wer seinen Laden überhaupt noch offen hält, hat fast nichts mehr im Schaufenster. Abends gibt es natürlich gar nichts zu tun, dann sind alle Geschäfte geschlossen und die Luken dicht, auch am Samstagabend. Auf dem Munt ist es so ruhig, daß nicht einmal mehr Polizei dort steht. Autos gibt es in Amsterdam fast gar nicht mehr, nur noch die der Wehrmacht und einige andere. Es sind auch weniger Radfahrer unterwegs, und damit ist der Verkehr so übersichtlich, daß man überhaupt keine Verkehrspolizisten mehr braucht. Der Munt sieht aus wie der Marktplatz eines kleinen Provinznestes – ich übertreibe nicht! Die Straßen der gesamten Stadt sind marode, der Asphalt wird nicht ausgebessert, und die schweren Wagen der Deutschen donnern darüber hinweg und zerstören den Straßenbelag. Und überall dasselbe Bild: Armut, ungestrichene Türen, kaputte Fensterscheiben, die nicht ersetzt werden können, und ein geschlossener Fensterladen neben dem anderen. Aber das ist jetzt alles völlig normal.

Aber dann das Judenviertel, z. B. die Breestraat. Sie ist totenstill, weil der überwiegende Teil der Menschen deportiert wurde. Die Häuser wurden oft geplündert. Sie werden von der Firma Puls ausgeräumt, und wir nennen das: »Leerpulsen durch die niederländische Raubzentrale«. Solange die Häuser nicht ausgeräumt sind, werden die Türen mit Klebeband versiegelt und die Fensterläden geschlossen. Die Verdunklungsvorhänge sind meist schon heruntergelassen, weil die Bewohner in der Regel abends geholt wurden und die Vorhänge nicht mehr aufziehen konnten. Das alles sieht so armselig und trostlos aus, unvorstellbar, wenn man es nicht mit eigenen Augen gesehen hat. Und dann z.B. der Tugelaweg. Dort haben die ›normalen‹ Einbrecher, die den Deutschen zuvorkamen, die Fensterscheiben eingeworfen oder die Fensterläden zerstört. Angeblich gibt es eine regelrechte Organisation von Berufseinbrechern. Wenn die Menschen nach dem Krieg dann wieder zurückkommen, sollen sie ihre Sachen gegen eine Aufbewahrungsgebühr wieder zurückbekommen. Se non è vero …[1] Es sieht aus wie auf einem Schlachtfeld. Und das ist in der ganzen Stadt so, überall, wo Häuser geräumt wurden. Tagsüber stößt man in allen Stadtteilen auf große Umzugswagen, mit denen der Hausrat abtransportiert wird. Die Wagen werden in Rheinkähne entladen, die in der Amstel liegen. Jemand erzählte, er habe am Ufer an der Weesperzijde einen Band von Levys Wörterbuch gefunden. Der

1 Italienisch: Wenn es nicht wahr ist … so ist es doch gut erfunden.

war offensichtlich aus dem Wagen gefallen und nicht in der Schute gelandet.

So also sieht die Stadt aus: arm, verlassen, schmutzig. Mit Worten läßt sich das nicht beschreiben. Nun erscheint sie wieder etwas freundlicher, weil der Frühling überraschend früh eingesetzt hat und alles so schön hellgrün ist, daß man trotz des Elends das herrliche Wetter genießt. Ich habe Dir letztes und vorletztes Jahr noch nicht geschrieben, sonst hättest Du wahre Klagelieder von mir zu hören bekommen über die entsetzliche Kälte und die Misere, als wir keine Kohlen mehr hatten und wegen Lieferproblemen auch keine bekommen konnten. In diesem Jahr hat nun der herrlich milde Winter das alles in so weite Ferne gerückt, daß ich es Dir nicht mehr richtig schildern könnte. Das bleibt Dir also erspart. Schade, was? Ja, Du verpaßt wirklich so einiges!

Eine Sache, von der ich Dir noch schreiben wollte, die ich aber immer wieder aufgeschoben habe, ist die deutsche Propaganda, die in Deutschland ausgezeichnet wirkt, hier aber vollkommen fehlschlägt. Offensichtlich kennen die Deutschen nur ihre eigene Mentalität, nicht aber die der Niederländer. Ich habe Dir schon einige Male von den Kommentaren auf den Reklametafeln erzählt. Auch die Kriegsberichte z. B. sind so irrsinnig, daß man sich fragt, wie die Deutschen allen Ernstes erwarten können, wir – die Niederländer wohlgemerkt – würden ihnen Glauben schenken. Eine so oder ähnlich immer wiederkehrende Wendung in den Berichten der Wehrmacht über den Rückzug der Deutschen ist z. B.: »Wir haben uns auf vorbereitete Stellungen zurückgezogen.« Oder: »ohne Feinddruck«, oder: »ungehindert«. Auch »planmäßig geräumt« finden wir prächtig. Wie können sie so naiv sein, zu glauben, wir würden ihnen das abnehmen? Dieser Tage wurde eine Verordnung erlassen, nach der niemand das Kino verlassen darf, während die Wochenschau läuft, und auch niemand nach Ablauf eingelassen werden darf. Das spricht Bände. Die Leute waren also entweder nicht zur Wochenschau erschienen oder erst danach, oder sie waren – wenn sie erst nach dem Film gezeigt wurde – vor ihr gegangen.

Das Rabbinat hat zu Pessach[1] ein ausführliches Rundschreiben mit ganz unterschiedlichen Ratschlägen herausgegeben, u. a. mit Menütips für jeden Tag (auch für Kinder und Säuglinge), hauptsächlich aus Kartoffeln und wieder Kartoffeln bestehend (und Gemüse, wenn wir welches haben). Es ist das erste Jahr, daß wir keine Matzen[2] haben (ich hoffe, es wird auch das letzte sein). Und uns fehlen so viele Dinge, daß wir nicht einmal wissen, wie wir den Seder[3] feiern sollen. Kurz und gut, wir werden es irgendwie versuchen. Uns geht es immerhin noch besser als den Menschen in der Provinz. Gestern abend wurde nämlich beschlossen, daß alle in den Provinzen Nordholland, Südholland und Utrecht lebenden Juden bis zum 23. April nach Vught umziehen müssen. Du wirst verstehen, wie man dort den Seder feiern wird, im Bewußtsein, daß man am nächsten Tag sein Haus verlassen muß.

Auch wir sind mittlerweile davon überzeugt, daß wir es nicht schaffen werden. Zwar gibt es in Amsterdam immer noch eine recht hohe Anzahl Juden – ich glaube, sie wird auf 20 000 bis 40 000 geschätzt, in den drei Provinzen sind es etwa 2 000 –, und wir wissen nicht, ob Vught sie alle aufnehmen kann und was in Amsterdam passieren wird, aber wenn sie mit dieser Geschwindigkeit weitermachen, ist es doch nur noch eine Frage

---

1 Pessach- oder Passahfest: jüdisches Fest, das zum Gedenken an den Auszug Israels aus Ägypten gefeiert wird. Während des (in Israel sieben-, sonst) achttägigen Festes sind nur ungesäuerte Speisen erlaubt.

2 Ungesäuertes Fladenbrot.

3 Besonderes Ritual im Kreis der Familie, bei dem die Haggadah vorgelesen wird, die Textsammlung, in welcher der Auszug aus Ägypten beschrieben wird. In Israel wird der Seder nur am Vorabend von Pessach gefeiert. Außerhalb Israels gibt es noch einen zweiten Seder, nämlich am Abend des ersten Pessachtages.

von Wochen, bis auch wir nicht mehr da sind. Und ich fürchte, sie werden Anfang Mai, vielleicht schon Ende April damit beginnen.

Gerade hörten wir, daß ein Zug mit *Frontkämpfern* aus dem Ersten Weltkrieg am 23. April von Amsterdam nach Theresienstadt aufbrechen wird. Das soll eine besondere Gunst sein, denn angeblich herrschen dort gute Verhältnisse. Die anderen Transporte finden im Moment in Güterwaggons statt, an deren Eingang ein Eimer oder ein Loch im Boden als Klosett dient. Kranke und alte Menschen werden auf Matratzen gelegt und dann übereinander aufgehängt. Darunter sitzt die Familie auf dem Boden. Stell Dir das vor, Liebster. Ich darf gar nicht daran denken, was das bedeutet.

Wenn Vater, Mutter und Dein Vater unverhofft nach Westerbork kommen, haben sie vielleicht noch eine Chance, dort bleiben zu können. Es wurde nämlich eine Liste mit ehemaligen Amtsträgern des NZB (Niederländischer Zionistenbund) zusammengestellt, die der deutschen Regierung übergeben werden soll. Wer auf der Liste steht, kommt anscheinend für einen Austausch in Frage. Anscheinend soll diese Liste, auf der absichtlich nur eine begrenzte Anzahl Personen aufgeführt sind, von den Deutschen akzeptiert werden. Vater kam auf diese Liste, weil er für den NZB tätig war, und Dein Vater aufgrund der Verdienste von Max. Diese Papiere sind im Moment die einzigen von irgendeinem Wert. Wie es um diesen Wert in einer halben Stunde bestellt sein wird, weiß ich nicht – die Situation kann sich jeden Augenblick ändern. Was heute gut ist, ist morgen schlecht. Die Wehrmacht galt immer als besonders sicher, und dann wurden die Leute als erste geholt, während in der Provinz die Juden, die wegen der Wehrmacht gesperrt sind, bleiben dürfen. Es herrscht völliges Durcheinander und eine einheitliche Politik ist nicht zu erkennen. Für den Augenblick sind wir froh über diese Aussicht, denn wir haben ja immer noch Hoffnung – auch wenn sie ständig gedämpft wird –, daß wir es schaffen werden. Und wenn wir nicht in unserem eigenen Haus bleiben können – was ich persönlich nicht so schlimm finde, weil ich nicht so viel zu verlieren habe, aber für Vater und Mutter wäre es schrecklich, im letzten Augenblick doch noch die ganze Einrichtung etc. zu verlieren –, dann macht es doch einen großen Unterschied, ob wir noch in Holland sind oder bereits in Polen.

Ich will Dir auch noch von dem Problem des Untertauchens erzählen. Als der Krieg ausbrach und der Waffenstillstand geschlossen wurde, sind diverse Leute verschwunden, meist Sozialdemokraten und andere, die gegen Hitler agitiert hatten. Sie haben sich bei Bauern versteckt, und weil ihre Zahl im Verhältnis zur Gesamtbevölkerung minimal war, gab es keine Probleme. Schwierig war nur die Beschaffung der Nahrungsmittel, da Untergetauchte natürlich keine Marken erhielten. Doch darum kümmerte sich dann die Familie, sparte oder kaufte welche, oder aber die jeweiligen Bauern hatten selbst genug zu essen und konnten etwas entbehren. So war es lange Zeit. Es gab auch Leute, die einfach bei Bauern arbeiteten. In der Regel ging das gut, es gab nur wenige Fälle von Verrat. Im Juli 1942 sind viele Juden untergetaucht, d. h. sie haben sich bei Ariern versteckt. Es gibt Organisationen, die dies in die Wege leiten, Personalausweise fälschen – also Personalausweise ohne J und auf einen anderen Namen besorgen – usw. Auch für Marken und Lebensmittel wird gesorgt, indem Marken auf alte Lebensmittelkarten bezogen oder Lebensmittelkarten gekauft werden. Ersteres geht manchmal schief, da die Lebensmittelkarten häufig gesperrt werden, wenn die Deutschen gemerkt haben (z. B. durch eine Aufforderung), daß bestimmte Personen untergetaucht sind. Dann melden sie dies der Verteilungsstelle und ordnen gleichzeitig an, keine Marken mehr auf die betreffende

Lebensmittelkarte auszugeben und denjenigen, der im Besitz der Karte ist, zu verhaften. Auf diese Weise werden Untergetauchte oft aufgespürt, denn die jeweiligen Arier werden so lange unter Druck gesetzt, bis sie sagen, wo sich die Juden verstecken. (Man leuchtet ihnen z.B. mit einer besonders starken elektrischen Bogenlampe ins Gesicht.)

Manche haben christliche Bekannte, die bereit sind, Juden zu verstecken. Natürlich braucht man hierzu äußerst starke Nerven, denn in solchen Fällen hört man nichts von der Familie und ist gefangen, und das macht einen natürlich verrückt. Außerdem können auch Unglücke geschehen. Das ist z.B. in Haarlem passiert, wo jemand untergetaucht war. Die Familie verließ eines Sonntagnachmittags das Haus, und der Jude blieb natürlich zurück. Die Nachbarn, die wußten, daß die Familie zu einer Hochzeit gegangen war, dachten, jemand sei im Haus, weil sie plötzlich die Wasserspülung des Klosetts hörten. Und da zur Zeit häufig eingebrochen wird – manchmal denken die Einbrecher, die Häuser stünden leer, obwohl dort noch Leute wohnen –, alarmierten sie die Polizei, die den Juden in seinem Unterschlupf fand. Manche Juden werden aufgegriffen, wenn sie unvorsichtig werden, weil sie es nicht mehr aushalten, abgeschnitten zu sein, und sich gegenseitig besuchen oder schreiben. Denn der Verrat lauert überall, und in jeder Straße wohnt bestimmt ein NSB-Mitglied, das darauf aus ist, Juden anzuzeigen. Manche Christen nehmen Juden bei sich auf, weil sie an ihnen verdienen wollen. Als z.B. die 1000-Guldenscheine eingezogen wurden, konnten viele Juden plötzlich nicht mehr bezahlen. Manche von ihnen wurden einfach vor die Tür gesetzt. Es passiert auch oft, daß Christen selbst nach Deutschland müssen, wodurch die Juden dann auf der Straße landen, oder daß aus anderen Gründen zufällig eine Hausdurchsuchung durchgeführt wird, bei der man die Juden entdeckt. Solche Fälle kommen dann nach Westerbork und werden von dort aus weiterdeportiert. Sie haben also eigentlich nichts verloren, denn sonst wären sie ebenfalls deportiert worden. Andere landen in Amersfoort, in einem KZ, das jetzt nach Vught verlegt wurde und von dem ich Dir bereits geschrieben habe. Manchmal kommen sie ins Gefängnis am Amstelveenseweg und werden dann später als Straffällige nach Westerbork verlegt. Ich muß jetzt gehen, mein Chef hat nach mir rufen lassen. Vielleicht schreibe ich später weiter.

Es ist Abend, und ich bin zu Hause und will noch etwas anfügen. Weißt Du, wie man ein Haus nennt, in dem ein untergetauchter Jude wohnt? Ein JUd-Boot. Gut, was?

Zufällig hörte ich heute mittag vom Fall einer Familie mit sieben Kindern, das achte unterwegs, in der ein jüdisches Kind untergetaucht war. Man dachte, das würde nicht weiter auffallen. Aber sie wurden verraten, und das Ehepaar wurde verhaftet. Die Frau schickte man nach Hause, weil sie hochschwanger war. Wenn sie fünf Familien anzeige, die Juden versteckt hielten, werde ihr Mann freigelassen, sagte man ihr, andernfalls werde man ihn in ein KZ schicken. Die Frau hat niemanden verraten, der Mann ist jetzt im KZ Vught. Stell Dir das Dilemma der Frau vor, bei einer so großen Familie! Nicht immer werden auch die Arier verhaftet. Auch hier ist kein System zu erkennen.

Ich vergaß ganz, Dir zu erzählen, daß wir gestern wieder Besuch hatten. Man war auf der Suche nach Ungesperrten. Zum Glück sind bei uns alle gesperrt. Aber der Schrecken steckte uns wieder in den Knochen. Und wir waren schon etwas zittrig gewesen, weil direkt vor unserer Haustür jemand einen Nervenzusammenbruch bekommen hatte und vom Gesundheitsdienst geholt worden war. Es klang schrecklich und machte einen selbst auch ganz nervös.

Amsterdam, den 22. April 1943

Ich werde mit meinem Bericht fortfahren, obwohl in der Zwischenzeit schon wieder so viel passiert ist und ich eigentlich zu aufgeregt bin, um Dir die ganze Geschichte nicht sofort zu erzählen. Am Montagabend habe ich erst die Waschungen vorgenommen, und um halb zehn haben wir angefangen, den Seder zu feiern. Vater hat erst Texte aus den Gebeten von Rosch haSchanah[1] vorgelesen: »Die Gerechten werden es sehen und sich freuen – Unrecht vergeht, und das Böse wird in Rauch aufgehen, denn Du wirst die verbrecherische Regierung von der Welt fegen«, und Mutter fing sofort an zu weinen. Doch es war schnell vorbei, und wir haben einen sehr behaglichen Sederabend verbracht. Wir hatten nicht gedacht, daß wir alles haben würden, und es gab während des Seders einen herrlichen Kuchen und gebrannte Mandeln. Um zwölf Uhr gingen wir zu Bett.

Am Dienstag war ich bei Zichron. Der Dienst war sehr gut. Mossel hat gesprochen. Er hat viel geweint, und ich fand es etwas zu rührselig, aber es ist auch entsetzlich schwierig, gerade jetzt gut zu sprechen. Nach der Schul[2] ging ich mit Freddy und Bram de Jong nach Hause. Bram de Jong hatte nämlich an jenem Morgen eine *Anweisung* erhalten, in den Ostteil der Stadt umzuziehen, und zwar nicht nach Amsterdam-Ost, sondern noch weiter, nach Asterdorp auf der anderen IJ-Seite, wo man natürlich sehr weit weg ist von allem. Freddy ist dann mit ihm zu van Dam gegangen, seinem Kollegen bei der Immobilienbank, die jetzt die Wohnraumbeschaffung für den JR abwickelt. Dort wollten sie versuchen, die *Anweisung* rückgängig zu machen. Ich ging kurz bei Juul vorbei, um zu sagen, daß Freddy

---

1 Jüdisches Neujahrsfest.
2 Jiddisch für Synagoge.

später komme. Dann nach Hause, wo wir köstlich gegessen haben. Matzen mit Zucker und Kartoffeln und einer Art Soße. Dann habe ich gemütlich in der Sonne gesessen, habe gelesen und dabei eine Zigarette geraucht. Ich habe noch acht, neben einer letzten Packung, die in meinem Rucksack ist, und rauche mittlerweile nur noch an Sonn- und Feiertagen. Um Viertel nach drei habe ich mich schick gemacht – am Morgen hatte ich einen Samtrock an, und nachmittags habe ich einen seidenen angezogen, weil ich dachte: an Schawu'ot[1] kann ich ihn wahrscheinlich nicht mehr tragen, wer weiß, wo ich dann bin, also ziehe ich ihn besser jetzt an. Dann war ich bei Eitje zu Besuch. Dort hörte ich zufällig, in Belgien herrsche ein solches Durcheinander, daß jeder falsche cartes d'identité habe, wodurch die Judenbestimmungen dort weitaus weniger drastische Auswirkungen hätten.

In diesem Zusammenhang möchte ich Dir kurz eine Geschichte erzählen, die ich am Abend zuvor von Lex W. gehört habe, eine Geschichte über Jaap Spitz. Der war Geschäftsführer der DV[2], bei der Freddy früher tätig war. Er hatte sich in Deventer nicht sicher gefühlt und war untergetaucht. Aber auch das war ihm zu gefährlich, und er ging nach Antwerpen, von wo aus er nach Paris gebracht wurde. Dort wurde er im Stich gelassen und er kehrte wieder nach Antwerpen zurück, in der Hoffnung, von dort irgendwie weiterzukommen. In Antwerpen wurde er aufgegriffen, in einem Gebäude untergebracht, das unserer Schouwburg entspricht, und schließlich in den Zug nach Polen gesetzt. Bei Mechelen fuhr der Zug sehr langsam. Einer, der ihm gegenüber saß, meinte: »Springen Sie. Ich kann nicht, denn meine Frau ist in dem anderen Waggon, aber Sie sind allein.« »Ich

---

1 Das jüdische Wochenfest.
2 *Deventer Vereniging*. Zionistische Vereinigung, die die Interessen der Palästinapioniere vertrat.

habe kein Geld«, sagte Jaap. Der Mann gab ihm Geld, und angeblich sind rechts und links jede Menge Juden aus dem Zug gesprungen. Für ihn war es der schönste Augenblick, als er die Lichter des Zuges in der Ferne verschwinden sah. Man schmuggelte ihn über die Grenze, und völlig erschöpft landete er in einer Schenke, um eine Tasse Kaffee zu trinken. Da trat Militärpolizei ein. »Papiere!« »Ich habe keine«, sagte er natürlich. »Dann müssen Sie mitkommen.« Auf dem Weg zur Kaserne fragte ihn der Beamte: »Sind Sie etwa Jude?« »Ja«, antwortete er. »Machen Sie, daß Sie wegkommen. Ich habe Sie nicht gesehen.« Er ging nach Sint-Oedenrode, wo, wie er wußte, einige Juden wohnten, aber er wagte nicht, sich auf der Straße nach ihnen zu erkundigen. Und so ging er zum Bürgermeister, gab sich für einen Handlanger der Deutschen aus, bat um die Adressen der Juden und bekam diese auch. Ging zu ihnen, wurde mit Geld und Essen versorgt und reiste nach Deventer zurück. Er kam genau in der Zeit der Sperren an und wurde dann auch gesperrt. Letzte Woche traf ich ihn zufällig. »Wie geht es Ihnen?« »Gut.« Damals wußte ich noch nicht, was er alles hinter sich hatte. Wie findest Du die Geschichte?

Ich war also bei Eitje und hörte das, und da wurde mir plötzlich klar, wie schrecklich es eigentlich ist, daß wir nur noch ein paar Wochen haben. Und ich spielte mit dem Gedanken unterzutauchen. Mit dieser Idee im Kopf ging ich zu Deinem Vater, blieb dort bis Viertel vor sechs und ging dann nach Hause. Wir haben wieder etwas Gutes gegessen, Eintopf mit echtem Gremgelich[1], herrlich in Butter gebraten, mit Rosinen und Mandeln! Wir haben nämlich noch ein oder zwei Büchsen Butter, und die brauchen wir jetzt auf. Danach habe ich Mandeln geröstet, und dann war es schon Zeit für den zweiten Seder. Den finde ich nie

1 In der Pfanne gebratenes Gebäck aus eingeweichten Matzen, Eiern, Rosinen und Mandeln.

so schön wie den ersten, und ich war auch sehr müde. Und dann ließ mich auch der Gedanke ans Untertauchen nicht los. Die ganze Zeit grübelte ich darüber nach, wog ständig das Für und Wider gegeneinander ab. Wenn man nach Vught kommt, weiß man, was auf einen zukommt, aber nicht, wie alles endet. Wird man erwischt, ist es sofort aus, und man geht in einem Straflager zugrunde. Und außerdem noch dieses Herumirren …

Gestern wieder in die Synagoge, dann nach Hause, gegessen, Rotkohl und Eintopf und als Nachtisch herrliche Kartoffelplätzchen. Mittags sollte Bobby erst zu Deinem Vater gehen und anschließend mich abholen. Wir wollten dann gemeinsam Tante Phine in ihrem neuen Haus besuchen. Vater und Mutter gingen auch, aber früher. Um halb drei läutete es. Wir wollten gerade nach oben, um uns fertigzumachen. Laß uns nicht aufmachen, meinte Bobby, denn wenn wir jetzt Besuch bekommen, können wir nicht weg. Ein paar Minuten später läutete es jedoch Sturm, und wir vermuteten sofort, daß es die Polizei war. Weil es aber im Moment keine Aktionen gab, konnten wir es eigentlich nicht recht glauben. Während ich öffnete, meinte ich zu Bobby: »Denk dran, wir haben auf dem Dachboden Tischtennis gespielt und die Türklingel nicht gehört.« Und tatsächlich, es war Polizei. Sie kamen herauf, zwei Polizisten in Zivil, und sagten: »Personalausweise.« Bobby zeigte ihren vor, aber meiner war in der Tasche oben im Schlafzimmer. »Ach Bob«, sagte ich, »könntest du mir meine Tasche von oben holen?« Bobby wollte gerade gehen, als einer der Kerle sagte: »Sie bleiben hier. Wir kennen das mit dem Von-oben-Holen. Das haben wir schon so oft erlebt.« Ich sagte: »Mein Personalausweis ist oben, ich kann ihn sonst nicht vorzeigen.« »Dann eben nicht«, sagte er.

Dann stellten sie uns eine ganze Menge Fragen, wie viele Personen im Haus seien, Namen und Mädchennamen. Sie sagten, sie hätten einen Untergetauchten aufgegriffen, und gestern (also vorgestern) sei bei uns ein Päckchen mit Marken und Geld für diesen Mann abgegeben worden. »Wie lange wohnen Sie hier?« fragte einer. »Ich glaube, seit zwölf Jahren«, sagte ich. »Oh ja«, meinte er, »wenn Sie erst so kurz hier wohnen, können Sie natürlich nicht wissen, was gestern passiert ist.« Und so ging es weiter. Sie erkundigten sich nach den Nachbarn, und ich gab Auskunft, weil wir schon lange nebeneinander wohnen. Es wäre merkwürdig gewesen, zu sagen, ich wisse nichts über sie. Sie taten, als wollten sie gehen, aber plötzlich zog einer wieder seinen Mantel aus und meinte zu Bobby: »Sie gehen mit mir durchs Haus.« Er durchsuchte alles, meine Tasche, die wirklich oben lag, und auch noch eine andere Tasche. Bobby mußte unter anderem meinen Regenumhang, der zusammengelegt in einer meiner Taschen lag, hervorkramen und auseinanderfalten. Bei einem Geschenkgutschein von Reveillon, den ich schon seit Jahren in der Tasche habe, dachten sie, es handle sich um Geheimschrift. Er klopfte die Wände ab, usw. usw.

Währenddessen nahm mich der andere ›zur Seite‹ und sagte, meine Angaben seien falsch, ich würde lügen, und das werde mich teuer zu stehen kommen usw. usw. Der Mann habe vor einigen Stunden zugegeben, daß dieses Päckchen bei uns abgegeben worden sei. Er habe dabei auch meinen Namen genannt. Plötzlich durchfuhr mich ein Gedanke, und ich war so dumm, ihn sofort zu äußern, nämlich: »Das kann gar nicht sein, Sie wissen ja noch nicht einmal meinen Namen.« Darauf sagte er nichts mehr. Er wollte unsere Marken sehen. Jetzt saß ich in der Patsche, denn wir kaufen immer zusätzliche Marken, und die lagen auch im Markenbuch. Ich sagte, ich wisse nicht, wo meine Mutter die Marken aufbewahre. »Oh nein, ihr wißt nie etwas.« Ich meinte, ich arbeitete im Büro und kümmerte mich nie um den Haushalt, aber ich hatte wahnsinnige Angst. Zum Glück hat er das Kästchen, in dem wir die Marken aufbewahren, nicht gesehen. Der andere Kerl kam mit Bobby herunter, nahm Mutters Tasche, die an einem Stuhl hing, öffnete und durchsuchte sie, ohne ein Wort zu sagen. Ich hätte ihn umbringen können. Wie er das tat, mit solch einer Unverfrorenheit und Selbstverständlichkeit, als sei er der Herr des Hauses. Ich mußte meine Hände zu Fäusten ballen, um ihm nicht ein paar Ohrfeigen zu verpassen.

Wieder taten sie, als wollten sie gehen, aber plötzlich sagte einer von ihnen: »Sie (er meinte mich) kommen mit mir ins andere Zimmer.« Dort schaute er in den Wäscheschrank von Herrn Vromen, in dem auch ein Hut von Mutter lag. Seltsam, ein Damenhut im Schrank eines Mannes! Ich erklärte ihm, Mutter habe Herrn Vromen gefragt, und er habe nichts dagegen gehabt. Er zeigte auf einen Stapel eingepackter Bücher, die Vromen in Sicherheit bringen wollte, und fragte: »Was ist das?« »Bücher«, sagte ich. »Lassen Sie mal sehen!« Ich öffnete das Paket, und er schaute sich die Bücher an, ohne zu ahnen, dass sie ›untertauchen‹ sollten. Sie durchsuchten die Küche. Wir hatten Eier, Fisch und eine geöffnete Büchse Butter im Haus, aber das haben sie zum Glück nicht gesehen.

Dann gingen sie zu de Groot. Sie sagten noch »Auf Wiedersehen«, aber ich habe auf der Treppe kein Licht gemacht und auch nicht geantwortet. Später hörte ich von de Groot, daß sie zuerst bei ihm gewesen waren, als wir nicht geöffnet hatten, und dann später zurückgekommen waren mit den Worten: »Wir sprechen doch niederländisch, oder etwa nicht? Wir haben gefragt, wie viele Personen hier im Haus sind, und jetzt haben wir von den Nachbarn eine ganz andere Auskunft bekommen.« Das war eine glatte Lüge, denn wir hatten natürlich die Wahrheit gesagt. Danach gingen sie zu Pinkhof, dessen kranke Frau allein zu Hause war, und sagten: »Ihr Nachbar de Groot, mit dem Sie befreundet sind, hat uns gerade erzählt, sie hielten hier die Schwester von diesem Hamburger (das war nämlich der Mann, den sie aufgegriffen haben) versteckt.« Und auch das stimmte natürlich nicht. Am Ende kam heraus, daß diese Schwester im Krankenhaus liegt und eine Cousine von Frau Pinkhof ist. Ich glaube, die ganze Sache ist hiermit erledigt.

Bobby ging dann zu Tante Phine, um Vater und Mutter zu informieren, denn ich wußte nicht, ob die Kerle zurückkommen würden. Und ich hatte in Bobbys Gegenwart ein paar Sachen gesagt, die Vater und Mutter wissen mußten, für den Fall, daß sie wiederkämen. Später bin ich zu Gretha und Ies gegangen und habe dort gegessen und ein paar Stunden mit ihnen geplaudert. Sie wohnen jetzt in Amsterdam, zusammen mit Daniel Klein. Der hat auch großen Zores: erst wurden sein Vater und seine Mutter geholt, der Vater ist in Westerbork gestorben, die Mutter wurde deportiert. Letztes Jahr ist plötzlich sein Bruder gestorben, und jetzt mußte seine Schwägerin, die in Den Haag wohnte, mit ihren Kindern nach Vught. Dann nach Hause, zehn Uhr, noch ein bißchen geschwatzt, und ins Bett. Heute morgen gefrühstückt, Kartoffelbrei, ins Büro, Post erledigt, heute nicht viel zu tun. Eitje kam um halb zehn, mit ihm gearbeitet, ihm die Geschichte erzählt, Marian van Stedum die Geschichte erzählt, jetzt schreibe ich Dir, weil ich nicht viel zu tun habe. Inzwischen ist es zwölf Uhr, ich mache mich an die Arbeit, denn ich habe noch nicht viel geschafft. Gestern war ich natürlich fix und fertig, heute geht es wieder. Zum Problem des Untertauchens schreibe ich Dir noch.

Gestern morgen war Luftalarm, aber es wurde nicht geschossen, mittags dann schon, aber ohne Luftalarm. Hier gibt es viele neue militärische Ziele U-Boote, usw. Wir können also mit Luftangriffen rechnen. Gestern abend eine Rede von Seyß-Inquart in der Zeitung. Lese sie heute abend.

Amsterdam, den 23. April 1943

Ich habe Dir gestern mittag um zwölf Uhr geschrieben, und jetzt mache ich mit meinem Bericht weiter. Wir haben diese Woche nicht so viel zu tun, denn es ist zum Glück ruhig. Im Moment werden keine Menschen abgeholt, und so müssen wir nicht herumtelefonieren, Briefe schreiben, von hier nach dort laufen oder fahren. Ich war bei Eitje im Zimmer und wir haben ein wenig über die *Frontkämpfer* geredet, die gestern nach Theresienstadt abgefahren sind. Die haben sich nämlich ganz schön was darauf eingebildet, als wären sie besser als andere Juden, nur weil sie zufällig von den Deutschen in einem Anfall von ich-weiß-nicht-was eine Sonderbehandlung genießen. Einer von ihnen sagte, für ihn sei es nun wirklich Pessach geworden, er ziehe nun aus Mizraim[1] aus und kehre in *die Heimat* zurück. Wie kommt es nur, daß diese Leute in all den Jahren nichts gelernt haben?

Einer der Abteilungsleiter erzählte eine nette Geschichte, von der man nicht glauben sollte, daß so etwas noch möglich ist. Eine deutsche Christin war mit einem Juden verheiratet, sie waren staatenlos geworden, die Frau war ebenfalls *ausgebürgert* worden. Der Mann wohnt in Holland, die Frau in Berlin. Die Frau hat einen Antrag auf Scheidung gestellt mit der Begründung, es könne ihr als *deutschblütiger Frau* nicht *zugemutet* werden, mit einem Juden verheiratet zu sein. Die Antwort lautete: Da beide staatenlos seien, der Mann aber in Holland lebe, gelte niederländisches Recht, und da dieses eine solche Begründung nicht kenne, könne dem Antrag nicht stattgegeben werden. Wie findest Du das? Der Richter tat wirklich, als gäbe es noch so etwas wie Recht.

---

1 Ägypten.

Um halb eins nach Hause, gegessen, Eintopf mit Kohlrabi und noch ein Kartoffelplätzchen. Ein paar Kleider aufgeräumt, Blumen gegossen, wieder ins Büro. Ach nein, erst zur Nieuwe Keizersgracht und dort einige Probleme mit Ausweisen besprochen, danach in unser Büro und gleich weiter zu Joachimsthal, wo ich einige Bücher, die Eitje zur Ansicht hatte, zurückbrachte. Ich hatte zum Geburtstag einen Gutschein von ihm bekommen und habe ein Buch über wirtschaftliches Haushalten gekauft und zwei Romane ausgeliehen. Die werde ich an Jomtov[1] lesen. Schlecht von mir, was? Dann wieder ins Büro zurück, mit Eitje gearbeitet, Post erledigt und ein paar Besucher empfangen, die Eitje sprechen wollten. Termine vereinbart und um Viertel vor fünf mit dem Fahrrad zur Parklaan, wo eine große Zusammenkunft des JR abgehalten werden sollte, die von der Zentralen Kulturkommission organisiert wurde.

Es gibt drei solcher Treffen von unterschiedlichen Abteilungen. Es waren sehr viele Leute gekommen, und es tat gut, mal wieder so viele beisammen zu sehen. Der Professor war da, Dasberg, Brandon, v. d. Laan, Dein Vater, Frederik, Albert usw. usw. Die Veranstaltung selbst war eher enttäuschend, ich hatte mir mehr davon versprochen. Jo Gomperts hat durchs Programm geführt. Das hat er zwar gut gemacht, aber ich fand es insgesamt nicht besonders mitreißend. Ein Quartett hat einige jiddische Lieder, eine Art Potpourri, gespielt, Lichtenstein hat gesungen und Erich Schönlank rezitiert: einen Abschnitt aus dem Buch Habakuk. Das gefiel mir noch am besten, dieser Mann kann phantastisch gut rezitieren. Die ganze Veranstaltung hatte bestimmt ein hohes Niveau, aber irgendwie hatte ich mehr erwartet. Es war interessant, verschiedene Meinungen dazu zu hören. Der eine fand ausgezeichnet, der andere miserabel, ein dritter wieder anders. Deinem Vater hat es gefallen. Ich bin ge-

---

1 Jüdischer Feiertag, hier das Pessachfest.

spannt, was Freddy meint. Er hat es organisiert, aber ich glaube nicht, daß er auch das Programm zusammengestellt hat. Das wird wahrscheinlich Seeligmann gemacht haben.

Um halb sieben zu Hause, gegessen, Gemüsesuppe, braune Bohnen, Kartoffeln, und für jeden gab es noch einen Gremgelich. Danach Betten gemacht, oben weiter aufgeräumt und den ganzen weiteren Abend Strümpfe gestopft. Das Strumpfproblem ist schrecklich, es gibt fast keine Strümpfe mehr zu kaufen, mein gesamter Vorrat ist zerschlissen. Als Tante Griet geholt wurde, habe ich zwar ihre dazubekommen, so daß ich jetzt viele habe, aber die sind alle sehr dünn. Und so bin ich ständig am Stopfen.

Heute morgen hatte ich Kohlrabieintopf zum Frühstück, vor neun noch zum Haus Deines Vaters gegangen, um ein paar Suppenteller vorbeizubringen, denn heute abend essen wir alle dort, d. h. Freddy, Juul und ich. Els hatte nicht genug Suppenteller. Dann zum Büro, Post erledigt, telefoniert, und jetzt schreibe ich, denn Eitje ist nicht da, und ich nutze die Gelegenheit, obwohl noch eine ganze Menge Post wartet. Ich höre nun aber auf, habe gerade mit einem Mädchen über das gestrige Abenteuer gesprochen.

Ich habe mich jetzt fast sicher dazu entschlossen, nicht unterzutauchen, denn es scheint Aussicht zu bestehen, daß in Amsterdam ein Ghetto erhalten bleibt, und vielleicht haben wir dann noch eine kleine Chance. Aber auch wenn ich nach Vught müßte, würde ich dort vielleicht einige Zeit bleiben, weil ich doch gut nähen kann. Und selbst in Westerbork bestehen noch Aussichten aufgrund meiner Palästinapapiere. Wenn ich untertauche und aufgegriffen werde, ist es sofort aus. Es sei denn, ich könnte einen wirklich guten Unterschlupf finden. Aber das wird wohl nicht klappen. Und dann habe ich überhaupt keinen Kontakt mehr zu Dir. Laß uns hoffen, daß der Krieg ... Liebster, viele Grüße.

Es ist schwierig, sich zu merken, was man so den ganzen Tag macht, und morgen kann ich Dir natürlich nicht schreiben. Aber Sonntag werde ich Dir wieder alles genau berichten, ganz sicher!

25. April 1943

Seit Freitagmittag habe ich Dir nicht mehr geschrieben. Gestern war der Sabbat erst spät zu Ende, und da hatte ich dann keine Lust mehr, noch anzufangen. Jetzt ist Sonntagabend, Viertel nach sieben, und wir haben gerade gegessen. Ich versuche, mir ins Gedächtnis zu rufen, was in den letzten Tagen passiert ist. Zum Glück nichts Besonderes.

Ich kann mich nicht mehr erinnern, ob ich Dir letztes Mal geschrieben habe, daß Lea am Freitagmorgen anrief. Du weißt, daß sie untergetaucht ist. Sie erkundigte sich nach Marc, und ich erschrak schon, weil ich dachte, es sei etwas passiert. Es war zuerst sehr schwierig, Marc zu erreichen, aber als ich um halb eins nach Hause kam, war er da. Ich habe ihn dann zu einem Vetter Leas geschickt, dessen Adresse sie mir am Telefon gegeben hatte. Mittags kam Marc zu mir und erzählte, Lea brauche einen Mantel. Den hatte ich ihr aber bereits geschickt und war sehr überrascht, daß sie ihn nicht bekommen hatte. Außerdem hatte sie vor etwa einer Woche um 500 Gulden gebeten, was uns auch sehr gewundert hatte, da wir wußten, daß sie genug Geld bei sich hatte. Nun erzählte Marc, sie habe gar nicht darum gebeten und auch nichts bekommen. Der Mann, bei dem sie Unterschlupf gefunden hat oder der diese Fälle vermittelt, hatte uns also betrogen. Ich beschloß, die Sache sofort mit jemandem zu besprechen, was ich auch gleich tat. Man war froh, davon zu erfahren, da der Vermittler zwar viel für Juden machte, in Geldangelegenheiten jedoch ein windiger Bursche war. Man hatte ihm von Anfang an mißtraut und ihm das Geld nicht gegeben. Zum Glück!

Im Büro gab es nichts Besonderes. Frau van der Heyden, Tinys Mutter, war dagewesen, um mit mir zu reden, aber ich war an der Nieuwe Keizersgracht 58, um ein paar Angelegenheiten zu besprechen. Dort baten mich einige Mitarbeiter um Rat. Die Expositur stellt nämlich sechzig Menschen ein, weil in Schichten gearbeitet wird und die Arbeitszeiten zu lang sind. Nun sind in dieser Abteilung allerdings fast nur deutsche Juden beschäftigt, und jetzt werden fast ausschließlich Holländer genommen, weil sich alle sehr darüber aufregen, daß dort so viele deutsche Juden arbeiten. Aber die Leute, die eingestellt werden sollen, denken folgendes: Wenn auch die Expositur verkleinert werden muß, sind sie als erste dran, während sie vielleicht bei der Abteilung, für die sie jetzt arbeiten, sicherer sind. Da ist guter Rat teuer, denn man weiß einfach nicht, was passieren wird und auf welche Weise sie Amsterdam leerfegen werden. Es gibt jetzt wieder Gerüchte, daß ein Ghetto eingerichtet werden soll.

Als ich am Freitagmittag nach Hause kam, war Ezra de Lieme, der Sohn von Nehemia de L.[1], bei uns. Er ist illegal von Den Haag nach Amsterdam gekommen und fünf Tage lang bei Tiny van der Heyden einquartiert. Er kam nun zu uns, um zu fragen, ob er bei uns wohnen dürfe. Er wolle dann seinen Personalausweis und die Unterschrift fälschen. An sich glaube ich nicht, daß das gefährlich ist. Die Polizisten, die kommen, fragen doch nicht beim Einwohnermeldeamt nach, ob man gemeldet ist oder

---

1 Nehemia de Lieme: ehemaliger Vorsitzender des Niederländischen Zionistenbundes.

nicht. Man muß dann nur jeden Monat eine Markenkarte kaufen, da man bei der Verteilungsstelle nicht gemeldet ist. Aber bei uns zu Hause geht es nicht. Zum einen, weil Mutter nicht für noch jemanden sorgen kann, zum anderen, weil sich so etwas wie letzte Woche mit den Polizisten wiederholen könnte. Wenn sie nämlich nicht den finden, den sie suchen – was zum Glück bei uns der Fall war – und sie das ganze Haus durchsuchen und so einen Jungen bei uns finden, dann ist nicht nur er dran, sondern auch wir. Vater erzählte mir an diesem Abend, als ich nach Hause kam, er habe mit Ezra vereinbart, er werde ihm noch Bescheid geben. Wir diskutierten noch darüber, kamen aber zu dem Schluß, das Risiko nicht eingehen zu können, auch wenn wir es noch so schlimm fanden, ihn im Stich lassen zu müssen und ihm nicht zu helfen. Am Freitagabend ging ich um etwa neun Uhr nach Hause, dort redeten wir noch kurz über den Fall Ezra und gingen dann früh zu Bett.

Gestern zur Synagoge, Schir haSchirim, das Hohelied, gehört, schön, aber sehr theatralisch vorgetragen. Danach mit Tiny van der Heyden, Daniel Klein und Ezra zur Hectorstraat, wo es sehr gemütlich war. Ich ging erst gegen vier zu Fuß nach Hause und war um fünf dort. Dein Vater und Els waren bei uns zu Besuch gewesen, und als ich ankam, war noch Sam Salomons mit seiner Frau da. Gegessen – ich weiß wirklich nicht mehr, was, es wird wohl Eintopf gewesen sein –, danach gemütlich gelesen. Herr Vromen kam nach Hause und wollte mit mir sprechen. Wir unterhielten uns eine Stunde lang, und zwar darüber, ob die restlichen Kinder vom Waisenhaus untertauchen sollen oder nicht. Er gibt viele Unterschlupfadressen für Kinder, aber es ist schwierig, die richtige Entscheidung zu treffen, da so viel bedacht werden muß. Zum Beispiel die Sicherheit der Familien, welche die Kinder aufnehmen, der Charakter der Kinder, ob sie sich eignen oder nicht, ob sie jüngere Geschwister haben, die dann allein zurückbleiben müßten, usw. Wir sprachen auch noch über meine und über seine Situation und gingen erst um zwölf Uhr zu Bett.

Heute morgen um halb neun aufgestanden, war um Viertel nach neun bei Eitje; habe einige Probleme mit ihm besprochen, hauptsächlich die Gehälter der Mitarbeiter. Dann ins Büro, um Papier und Kohlepapier zu holen, denn heute mittag will Lex Wolfsberg zu mir zum Arbeiten kommen. Von dort kurz zu Els, eigentlich um die Teller zu holen, die wir ihr geliehen hatten, aber sie wollte sie noch ein paar Tage behalten, und als ich dort ankam, fragte sie mich, ob ich geröstete Mandeln mit Zucker machen wolle. Sie hatte zwar keine Mandeln, aber noch ein paar Haselnüsse. Das habe ich getan, sie sind zum Glück sehr gut geworden. Ich habe auch noch eine heiße Schokolade gemacht, sehr köstlich, auch wenn ich mich nicht selbst loben möchte. Els hat immer in einem Büro gearbeitet, deswegen ist sie keine perfekte Hausfrau, auch wenn sie es ganz gut macht. Aber Dein Vater war immer daran gewöhnt, daß alles ganz tadellos ist, und das führt manchmal zu Problemen. Dein Vater – auch wenn er meint, es sei nicht so – verlangt nämlich schon sehr viel. Aber ansonsten haben sie es ganz gut miteinander.

Um Viertel vor zwölf nach Hause, ein bißchen Klavier gespielt, gegessen – Eintopf mit Schnittbohnen; heute morgen hatte ich Kartoffelbrei zum Frühstück –, danach einen Pudding gemacht aus dem Karamel, das ich noch vom Rösten der Haselnüsse übrig hatte, Wasser und Kartoffelmehl, um halb drei kam Lex, und wir haben einiges weggearbeitet. Ich weiß nicht, ob ich Dir schon erzählt habe, daß es Untersuchungen zu Transjordanien[1] gibt. Nach dem Krieg sollen nämlich Vorschläge vorliegen, was

1 Anspielung auf Diskussionen innerhalb zionistischer Gruppen, die die Idee einer »nationalen Heimstätte« erörterten. Sie stellten verschiedene Überlegungen zur Frage des Territoriums an, die das Gebiet des unter britischem Mandat stehenden Palästina und auch das selbständige Transjordanien betrafen.

mit den Juden in Polen passieren soll, die nirgendwohin können. Nun ist es natürlich fast unmöglich, Quellen zu finden; viele Leute sind an dem Projekt beteiligt, das natürlich streng geheim gehalten werden muß, weil jegliche politische Aktivität verboten ist. So weiß also der eine vom anderen nicht, daß er daran mitarbeitet. Der reinste Krimi, alles ganz heimlich. Danach haben wir uns noch ein bißchen unterhalten. Er ist wirklich ein sehr guter Mensch, nur etwas sprunghaft. Er kann nie an einer Sache dranbleiben, glaube ich. Um halb fünf ging er.

Selma war bei uns, und wir haben noch ein wenig geplaudert. Danach gegessen, Suppe mit Gemüse und Zwiebeln, Eintopf, der vom Mittagessen übrig war, Rote-Bete-Salat mit Kartoffeln und jeder ein dreiviertel Spiegelei. Und jetzt schreibe ich Dir. Du siehst also, daß wir ziemlich normale Tage hinter uns haben. Über das, was danach kommt, versuchen wir nicht nachzudenken. Und jetzt schließe ich mal wieder. Es ist mittlerweile fast acht Uhr, und ich werde noch eine Tasse Tee trinken. Nach Jomtov weiter. Glückliches Jomtov, lieber Schatz, so gut es geht.

Ich habe ganz vergessen, Dir zu erzählen, daß ich am Sabbat in der Synagoge hörte, daß Bram de Jong nicht nach Asterdorp muß, sondern in Amsterdam-Ost wohnen kann. Er bekommt eine sehr schöne Wohnung, ein riesiges Glück für ihn.

Jetzt werde ich der Reihe nach weitererzählen. Am Sonntagabend ein wenig gelesen, danach sehr früh zu Bett und herrlich geschlafen. Zum Frühstück kalte Kartoffeln, dann zur Synagoge, gerammelt voll, auf einem dreiviertel Stuhl gesessen. Sieg Leuvenberg war Chasan[1], Jaap Meijer hat gesprochen, gut, aber ziemlich wirr und heftig. Eines fand ich sehr gut, er sprach nämlich von der Jubiläumsschrift, die damals anläßlich des fünf-

---

1 Vorsänger.

zigsten Jahrestages der Emanzipation der Juden herausgegeben wurde[1], in der ein Artikel eines gewissen Dr. Liepmans stand, Rektor des Rabbinerseminars[2]. Dieser Mann ließ sich zwei Jahre später taufen. Daß er sich taufen ließ, war an sich nicht so schlimm, dafür war er als Rektor des Seminars der richtige Mann (Jaap M.). Schlimm ist allerdings, daß die Wiegenkinder von damals, als die Emanzipation angefangen hatte, als Neunzig- und Hundertjährige mit einem Rucksack in die Galluth[3] ziehen werden. Ich fand das treffend gesagt.

Bei stürmischem Wind nach Hause, mit Kaffee, Kartoffelmehl und Magermilch einen herrlichen Pudding angerührt, Haselnüsse und Nougat geröstet und einen Kartoffelauflauf gemacht. Gut gegessen, Kapuzinererbsen und Bratkartoffeln, die wir seit Monaten nicht mehr hatten, weil zu wenig Butter da war. Aber zu Pessach haben wir eine der letzten Büchsen geöffnet, daher diese Leckerei. Danach in der Sonne gesessen mit einer meiner wenigen Zigaretten, nur kurz, dann umgezogen und zu Isidoor und Anna, wieder durch den Sturm. Ich musste an einer singenden Gruppe des Jugendsturms[4] vorbei und hörte, wie jemand, der in sein Haus ging, sagte: »Denen drehe ich lieber den Rücken zu.« Dann schnell zu Deinem Onkel und Deiner Tante in die Franselaan, nach Hause, gegessen, Suppe, Karotten mit Erbsen aus der Dose (Du siehst, wir essen alles auf), Kartoffeln, Pudding und Kartoffelauflauf. Danach gelesen, mit einer Tasse Tee und gebrannten Mandeln und herrlichem Kaffeenougat. Das mache ich für Dich auch bald. Ins Bett.

---

1 Bei dem Text, den der Historiker Jaap Meijer hier erwähnt, handelt es sich wahrscheinlich um eine Broschüre aus dem Jahr 1846 zum 50. Jahrestag der Emanzipation der Juden in den Niederlanden im Jahr 1796.

2 Gemeint ist das Rabbinerseminar in Amsterdam.

3 Exil, Diaspora.

4 Jugendorganisation der NSB.

Heute nacht fürchterliche Luftangriffe. Ich glaube, ich habe Dir gar nicht erzählt, daß es in letzter Zeit ziemlich oft Luftalarm gibt. Manchmal erleben wir auch tagsüber Angriffe, ohne daß zuvor Luftalarm ausgelöst wurde. Heute nacht war es besonders heftig, ein Flugzeug wurde abgeschossen und ist hinter dem Carlton Hotel, in dem sich die Deutschen einquartiert haben, abgestürzt. Ein ganzer Häuserblock wurde zerstört, anscheinend ist das Hotel ausgebrannt. Viele Leute sind aufgestanden, aber wir sind im Bett geblieben, weil wir ja doch nichts machen. Wir können in keinen Luftschutzkeller gehen, weil wir keinen haben. Außerdem würde ich mich da auch nicht sicherer fühlen, mit einem ganzen Haus über dem Kopf.

Heute morgen lange ausgeschlafen, um halb elf aufgestanden, Frühstück aus Kartoffelbrei, der mir schlecht bekommen ist. Um halb eins habe ich dann kaum etwas von dem Eintopf mit Weißkohl gegessen. Gelesen, danach zu Deinem Vater und von dort zu Freddy, wo Jo Mossel eine Siecha[1] in Hebräisch gegeben hat. Habe es gut verstanden. Juul erzählte, die Polizei sei an diesem Mittag bei ihren Eltern gewesen, um ihnen mitzuteilen, daß ihr blinder Onkel, der bei ihnen im Haus wohnt, morgen abgeholt werde. Und sie können nichts machen, denn wenn er nicht zu Hause bleibt, werden sie abgeholt. Wie schrecklich! Anschließend nach Hause, gegessen, Suppe, Karotten mit Erbsen, Kartoffeln. Gelesen, und jetzt schreibe ich Dir. Ich nehme mir vor, Dir bis Freitag jeden Tag zu schreiben. Dann verstecke ich die Briefe irgendwo, denn es wird mir zu gefährlich, das ganze Bündel bei mir zu tragen. Ansonsten mache ich Notizen und werde Dir dann einmal monatlich telegrafisch Bericht erstatten, ich meine, Dir im Telegrammstil alles erzählen. Wie lange noch? Im Augenblick fühle ich mich leer, zermürbt und ganz schlapp, weil ich letzte Nacht nicht geschlafen habe.

---

1 Konversationsstunde.

Sonntag, den 4. Juli 1943 ½5, Baracke 65, Westerbork

Obgleich ich keine Ruhe zum Schreiben habe und es sehr schwierig ist, auf der mittleren Etage eines Dreierstockbetts mit vornüber gebeugtem Kopf zu schreiben, damit ich ihn mir nicht am oberen Bett stoße, will ich doch eben Trost bei Dir suchen und Dir ›kurz‹ erzählen, wie wir hier in W'bork gelandet sind. Das Fallbeil ist nun endlich niedergesaust, und in mancher Hinsicht ist es schlimmer, in anderer weniger schlimm, jedenfalls ist alles völlig anders, als wir es uns vorgestellt hatten. Und eigentlich hatten wir ja auch gar keine Vorstellung von allem. Im Mai ist so entsetzlich viel passiert, daß ich Dir beim besten Willen nicht alles erzählen kann. Ich habe Zeitungsausschnitte und Notizen aufgehoben, aber es ist noch sehr die Frage, ob ich sie jemals wieder in Händen halten werde. An ein paar Ereignisse erinnere ich mich noch. So wurden alle Männer, die während der Kriegstage im Mai 1940 in der Armee gewesen waren, als Kriegsgefangene deportiert. In der Zeitung erschienen wiederholt Aufrufe für bestimmte Regimenter. Außerdem mußten alle Männer zwischen 20 und 35 zum Arbeitseinsatz. Studenten, die die Loyalitätserklärung nicht unterzeichnet haben, wurden nach Deutschland verschleppt. Auch alle Christen müssen ihr Radio abgeben. Das ist allerhand!!! Es bedeutet, daß praktisch niemand mehr übrigbleibt.

Im Mai hatten wir abends auch wieder Besuch, und die Kerle notierten Vaters Namen und seine Sperrnummer. Als ich mich am nächsten Morgen erkundigte, was das zu bedeuten habe, hörte ich, daß wir eine *Anweisung* zum Umzug nach Amsterdam-Ost erhalten sollten. Gerade in dieser Woche hatten wir Mutter zum Arzt geschickt, weil sie so dünn geworden war, und der hatte in ihrer Brust einen Knoten entdeckt und sie zu Dr. Kropveld überwiesen. Ich habe sie begleitet, und Dr. Kropveld meinte, sie müsse operiert werden. Fürchterlich in dieser unsicheren Zeit der Deportationen und einer möglichen Invasion usw. Das hatte uns gerade noch gefehlt! Und dann noch das Problem mit dem Haushalt! Zufällig traf ich aber Selma Gazan, und sie erklärte sich bereit, zu uns zu kommen. Später zeigte sich, daß das nicht möglich war, weil man beim JR alle gelernten Krankenschwestern brauchte und man sie keine Haushaltsarbeiten machen lassen wollte. Durch Gottes Gnade konnten wir bei der Medizinkommission des JR erreichen, daß sie dennoch zu uns kommen dürfe, wenn Mutter aus dem Krankenhaus entlassen würde und noch zu schwach wäre, einen eigenen Haushalt zu führen.

Aber alles sollte ganz anders laufen! Ich ging in Amsterdam-Ost auf Erkundungstour, um schon mal eine Wohnung zu suchen. Man bekommt zwar eine Wohnung zugewiesen, aber wenn man sagt: »Ich will diese oder jene Wohnung haben«, und das Fräulein, das die Wohnungen zuteilt (eine Nichte Musserts!) gute Laune hat, dann bekommt man sie auch. Aber ich fand nichts. Es stand zwar viel leer, aber die Wohnungen waren noch nicht gepulst. Außerdem hatten wir noch keine *Anweisung* erhalten und Sluzker riet mir davon ab, sie selbst zu beantragen. Ich hatte aber große Eile, denn zum einen sollte Mutter im Krankenhaus aufgenommen werden, zum anderen stand uns so etwas wie eine neue Sperre bevor, wodurch wir irrsinnig viel Arbeit bekommen würden.

Am Freitag, den 21. Mai 1943 platzte die Bombe. Der JR wurde einberufen, und am späten Nachmittag wurde bekanntgegeben, »ein Teil des JR werde eine Aufforderung zum *Arbeitseinsatz* erhalten und jeder müsse sich bereithalten«. (Ich vergaß, die Kleinigkeit zu erwähnen, daß sich die Ungesperrten im Polderweg melden mußten und nur sehr wenige erschienen waren.) Jetzt war also der JR selbst dran. Mir wurde gesagt, ich müsse mich an der Nieuwe Keizersgracht einfinden, wo Eitje war. Dort waren alle versammelt und machten finstere Gesichter; was aber genau los war und um wie viele es ging, wußte niemand. Es war Freitagabend, und Mutter sollte an diesem Sonntag im NIZ aufgenommen werden. Doch daran war nichts zu ändern.

An jenem Abend beriefen wir zu viert (die Sekretärinnen der Mitglieder der Sperrkommission, die aus Meyer de Vries, Jack Brandon, Professor Cohen und Henri Eitje bestand) alle Abteilungen ein, die Personallisten erstellen mußten, welche dann der Kommission zur Prüfung vorgelegt werden sollten. Außer den obigen vier Mitgliedern gehörte auch noch Henri Edershein, Den Haag, dieser Sperrkommission an. Wir gingen um elf nach Hause. Das war vorerst die letzte Nacht, in der ich schlafen sollte. Ich habe keine Kraft mehr, Dir alles im einzelnen zu beschreiben. Ich hätte es früher notieren sollen. Die Lage in diesen Tagen war so angespannt, und nun kann ich keine Worte dafür finden. 7000 Menschen sollten vor Dienstag, den 25. Mai, eine Aufforderung erhalten, wobei die Deutschen sofort erklärt hatten, es würden »schreckliche Dinge« passieren, wenn nicht genügend Personen erschienen. Der Professor vermutete Erschießungen, ob das Wort tatsächlich gefallen ist, weiß ich nicht. Das bedeutete sechzig Prozent (glaube ich) des JR, alles Personen, die man gut kennt. Und dann ... die Eltern! Wir vier – die Sekretärinnen – sprachen von nichts anderem.

Weil ich die Abteilungslisten gesehen hatte, war mir sofort klar, daß man niemals auf die erforderliche Anzahl kommen würde. Jede Abteilung hatte nämlich jene Mitarbeiter auf ihre schwarze Liste gesetzt, von denen sie sicher wußte, daß sie bei einer anderen Abteilung unabkömmlich waren. So hatte das Seminar z. B. Leo Seeligmann fallenlassen, weil man wußte, daß die jüdische Mittelschule an ihm festhalten würde. Auf diese Weise verfuhren alle Abteilungen, was zur Folge hatte: (in der Zwischenzeit habe ich die Wäsche gewaschen und ein bißchen Eintopf gegessen, und nun schreibe ich weiter. Habe einen herrlichen Ausblick; zwischen zwei Betten flattert ein Teil der Wäsche)

1. Es kam zu Mißverständnissen, da z. B. das Seminar gedacht hatte, die jüdische Mittelschule werde Leo Seeligmann auf ihre Liste unabkömmlicher Mitarbeiter setzen, und daher geglaubt hatte, ihn auf die eigene schwarze Liste setzen zu können, die jüdische Mittelschule jedoch gemeint hatte, das Seminar werde ihn sicherlich als unabkömmlich aufführen, also könnte sie ihn auf die Aufforderungsliste setzen.

2. Die Liste wurde viel zu kurz, da zu wenige tatsächlich aufgeführt wurden. Personen wie z. B. Seeligmann kamen selbstverständlich nicht vor und zählten demnach nicht zu den 7000, die nötig waren.

Ich hoffe, daß alles deutlich wurde, und hoffe noch mehr, daß ich Dir alles mündlich erzählen kann. Es ist nicht leicht, sich in einer Baracke mit tausend Menschen zu konzentrieren, und es ist natürlich so viel passiert, daß das schon wieder verblaßt ist.

Samstag, den 22. Mai

Den ganzen Tag mit Eitje gearbeitet, nachts an der Kartothek.

Sonntagmorgen, den 23. Mai

Um elf Uhr nach Hause, Mutter verabschiedet, die ins Krankenhaus ging. Als Vater und sie gegangen waren und ich allein im Haus war, habe ich schrecklich geweint, weil ich wußte, daß es uns schlecht ergehen würde und ich es so furchtbar fand, daß sich der JR wieder für diese Henkersarbeit hergab und nicht erklärte: Es ist jetzt doch aus und vorbei, macht euren Dreck allein! In diesem Zusammenhang folgender, bitterer, aber sehr bezeichnender ›Witz‹. Asscher & Cohen werden zu den Deutschen zitiert und bekommen zu hören, daß die Juden vergast werden sollen, worauf die erste Frage des Professors lautet: »Liefern Sie das Gas oder sollen wir das machen?« So war die Situation.

Von elf bis zwei geschlafen, wieder ins Büro. Dann mußte ich im Auftrag der hohen Tiere alle persönlichen Freunde von der (vorläufigen) Aufforderungsliste streichen. Gut, was? Ich bekam einfach eine Liste mit Freunden und mußte prüfen, ob sie aufgefordert werden sollten, und wenn ja, mußte ich sie von der Liste streichen. Ich heulte fast vor Wut und Ärger, aber ich konnte nichts dagegen tun. Um halb sieben nach Hause, um acht Uhr zurück.

Sonntagnacht, vom 23. auf den 24. Mai

Diese Nacht werde ich niemals vergessen. Ich arbeitete an der Liste mit den Aufforderungen und mußte sie mit den Karten der Kartothek abgleichen. Gleichzeitig war eine Gruppe von Rechnungsprüfern zum Zählen eingeschaltet, u.a. Ab Vreedenburg und Karel Hartog. Ich vergaß Dir noch zu erzählen, daß sich Freddy geweigert hatte, die Listen zu erstellen, und Elie Dasberg ebenfalls. Aber sie wußten ja, daß man sie nicht fallenlassen würde, und was die Eltern betrifft: Elies Bruder, Simon Dasberg (der inzwischen stellvertretender Oberrabbiner von Amsterdam geworden war), würde schon für seine Mutter sorgen, Dein Vater war als Leiter der Begräbnisvereinigung sicher, sie konnten es sich also erlauben. Diese Rechnungsprüfer (ich half Jo

Pinkhof) machten nichts anderes als zählen und erneut zählen. Und die Zahl stimmte nicht. Sie blieb weit unter 7000, was sich leicht erklären ließ (siehe oben). Wir hatten es ja vorausgesehen, die hohen Herren selbst aber nicht. Die Folge war eine ›Razzia‹, d. h. die gesamte Kartothek wurde durchforstet (also jetzt nicht mehr nur die von den Abteilungen erstellten Listen), und anhand der Karten, die herausgeholt wurden, schrieb man Aufforderungen. Völlige Willkür. Unsere Gruppe, welche die Aufforderungsliste in die Hände bekam – ab und zu mußten wir ins Zimmer des Professors, wo das Blutbad ausgeführt wurde, um die Listen zu holen –, war so wütend. Wir sahen natürlich immer mehr Namen von guten Freunden, Kollegen, manche sogar von Verwandten, Geschwistern und sogar Kindern und Eltern! Die Anspannung wurde unerträglich, bis irgendwann einer der Männer (ein ehemaliger Theaterdirektor und Konzertagent) zu weinen anfing und schrie, er werde nicht mehr weitermachen. Daraufhin warfen wir alle die Sache hin, und einer von uns ging zum Professor, um ihm mitzuteilen, daß wir diese irrsinnige Henkersarbeit unmöglich ausführen konnten.

Daraufhin kam die gesamte Kommission in unser Zimmer, und der Professor sagte etwas wie: »Wenn wir es nicht machen, passieren schlimme Dinge.« Aber als man ihm sagte, es würden sowieso zu wenig Leute erscheinen, antwortete er: »Das ist dann der Wille des Volkes. Aber ich kann nicht die Verantwortung auf mich nehmen, den Befehl zu verweigern.« Das alles klingt sehr nüchtern, aber kaum einer konnte noch seine Einwände vorbringen, weil alle weinten. Auch der Professor war nicht weit davon entfernt.

Ich riß mich so gerade noch zusammen und sagte: »Aber Professor, es ist doch auch der Wille des Volkes, daß Sie den Befehl verweigern. Und wenn die schrecklichen Dinge, von denen Sie immer wieder sprechen, dann doch passieren (der Professor hatte nämlich erzählt, die Deutschen hätten damit gedroht, es würden Dinge geschehen, von denen wir uns nicht die geringste Vorstellung machen könnten, falls nicht genug Leute erschienen. Außerdem hatte er gesagt, er sei überzeugt, daß nur wenig Leute erscheinen würden), warum müssen wir dann erst diese elende Arbeit durchführen? Warum legen wir uns nicht in die Sonne, um für Polen Kräfte zu sammeln?« Alle pflichteten mir bei und nickten mir zu. Der Professor antwortete: »Fräulein Levie, das können Sie nicht beurteilen.« Ich war daraufhin nicht mehr in der Lage ihm zu sagen, es sei keine Kunst, jemanden so abzukanzeln.

Der Professor schaute in die Runde der schluchzenden Männer – ich war die einzige Frau – und sagte: »Machen Sie es uns doch nicht so schwer, die Aufforderungen müssen raus.« (Sie hatten wohlgemerkt am Freitag den Befehl erhalten, und am Dienstag mußten sich die Leute melden!) Kurz und gut, wir machten uns wieder an die Arbeit.

Um 6 Uhr morgens (also am Montag, dem 24. Mai) wurden Lies (sie hatte einen schrecklichen Weinkrampf aus Angst um die Eltern. Hätte ich es nicht für Vater und Mutter getan, hätte ich das Ganze schon längst hingeschmissen und gesagt: Ihr könnt mich mal, ich mache nicht mehr mit), Ab Vreedenburg, Dorus Hijmans, Karel Hartog und ich zur Kommission zitiert, wo man uns fragte, ob wir uns körperlich und geistig stark genug fühlten, die Razzia der Kartothek, die nicht zu Ende gebracht geworden war, weiterzuführen. Wir weigerten uns allesamt, woraufhin sich die Herren anschauten und meinten: »Dann werden wir es eben allein machen.« Daraufhin gingen wir. Um zwölf Uhr war ich zu Hause, geschlafen bis vier Uhr, ins Büro.

In der Zwischenzeit hatten viele Leute gehört, daß sie eine Aufforderung erhalten würden, z. B. von den Schreibkräften, die in jener Nacht auch Nervenzusammenbrüche hatten, etwa wenn sie Aufforderungen für die eigenen Eltern tippen mußten. Beim ersten Namen gelang es ja noch, die Aufforderung rückgängig zu machen, beim zweiten schon nicht mehr. Alles Willkür, Laune und Zufall. Diese Menschen mußte ich empfangen und die Angaben zusammenstellen. Gegen sechs Uhr erreichte uns die Nachricht, daß die Belegschaft des NIZ gemeinsam mit ihren Verwandten, die bei ihnen wohnten, fünf Tage lang im Gebäude der JI interniert werden sollten. Panik und Hunderte von Mutmaßungen. Eine Stunde später eine Erklärung des Professors: Die Meldung ist falsch. Nur das Krankenhauspersonal mit Aufforderung wird interniert, ohne Familie. Inzwischen hatten sich allerdings schon ganze Familien zur JI aufgemacht. Daraufhin waren wir etwas beruhigt, denn wir dachten, sie bekämen eine Sonderbehandlung, während später klar wurde, daß das Krankenhauspersonal vor den Maßnahmen, die gegen den Rest der Bevölkerung ergriffen werden sollten, in Sicherheit gebracht werden sollte.

Nach Hause um etwa sechs Uhr. Danach zu Freddy, weil ich mit jemandem reden mußte. Alle sahen aus wie in den ersten Kriegstagen, nervös, bleich und dünn. Mit Freddy ein paar Stunden gesprochen, dann nach Hause (also Montagnacht), geschlafen (zum erstenmal nach zwei Nächten) und am Dienstag, dem 25. Mai, um neun Uhr zum Waterlooplein, um dort zu hören, wer eine Aufforderung erhalten hatte und ob es Irrtümer gab. Ich hatte in der Zwischenzeit bereits von Dutzenden Bekannten und Verwandten gehört, die eine Aufforderung erhalten hatten. Grewels, weitere Onkel, Tanten usw. Um zehn Uhr zur Keizersgracht. Dort wurde ich zur Kommission gerufen (die anderen Sekretärinnen waren noch nicht da), und dann fing das Spiel von vorne an. Aufforderungen im selben Tempo rückgängig machen, wie sie vorher ausgestellt worden waren. Und da zeigte sich nun, wie recht wir gehabt hatten, als wir meinten, es sei eine unmögliche Arbeit, denn bei unzähligen Fällen erklärte die Kommission: Nein, aber das geht dann doch nicht! Und wieder begann das Spiel der Willkür. Bis nachmittags um fünf Uhr wurden Aufforderungen rückgängig gemacht, während sich die Betroffenen doch am selben Tag im Polderweg melden mußten. Tausende von Aufforderungen kamen mit dem Vermerk »unzustellbar« zurück. Düstere Aussichten also für die erforderliche Zahl von 7000!

JÜDISCHER RAT FÜR AMSTERDAM

Amsterdam, den 2. Juni 1943

Protokoll der 94. Sitzung der Zentralen Kommission am Freitag, dem 21. Mai 1943, um 15 Uhr im Gebäude der Nieuwe Keizersgracht 58, hierselbst.
Anwesende: Professor Cohen, Vorsitzender, Frau van Tijn und die Herren Asscher, Barmes, v. d. Bergh, Blazer, Blüth, Cahen, A. Cohen, Diamand, Edersheim, Eitje, Dasberg, Hendrix, Kauffmann, Krouwer, van der Laan, van Lier, Moser, van Oss, Sluzker, Spier, Spijer, van der Velde, de Vries und Brandon, Schriftführer.
Der Vorsitzende eröffnet die Sitzung und teilt mit, daß die deutschen Behörden heute morgen angeordnet haben, daß sich am kommenden Dienstag 7000 Menschen durch Vermittlung des Jüdischen Rates zum Transport nach Westerbork melden müssen.
Um jedem Gelegenheit zu geben, seinen eigenen Standpunkt zu bestimmen, wird die Sitzung für fünf Minuten unterbrochen.
Nach erneuter Eröffnung werden Meinungen über den prinzipiellen Charakter der Anordnung ausgetauscht. Es wird mitgeteilt, daß sich der Jüdische Rat dazu entschlossen hat, die Anordnung auszuführen. Es wird beschlossen, sofortige Maßnahmen zur Ausführung zu ergreifen. Eine Kommission, bestehend aus den Herren Edersheim, Eitje, de Vries und Brandon, wird mit der Ausführung betraut.
Die Abteilungsleiter werden aufgefordert, in aller Eile an der Ausführung mitzuwirken.
Beschlossen wird, in den Räumen des Jüdischen Rates folgende Erklärung zu verlesen: »Ein Teil des Jüdischen Rates wird auf Anordnung des Generalkommissars für das *Sicherheitswesen*[1] in Bälde

---

1 »Generalkommissar für das Sicherheitswesen« in den besetzten niederländischen Gebieten war der Höhere SS- und Polizeiführer Hanns Albin Rauter in Den Haag. Er hatte maßgeblichen Anteil an der Entrechtung, Verhaftung und Deportation der niederländischen Juden. Rauter wurde im März 1949 von einem niederländischen Gericht zum Tod verurteilt und hingerichtet.

eine Aufforderung zum Arbeitseinsatz erhalten. Es ist noch ungewiß, wer diese Aufforderung erhalten wird. Es wird allerdings empfohlen, sich auf die Möglichkeit vorzubereiten, bald bereit sein zu müssen.«

Westerbork, Montag, 8 Uhr abends, 5. Juli 1943

Heute nacht geht ein Transport, und wir müssen um neun Uhr drinnen sein. Sonst um zehn Uhr! Verrückt, was? In Amsterdam wurde man schon verhaftet, wenn man nur eine Minute nach acht noch auf der Straße war. Ich werde Dir nun weiterberichten, obwohl ich wahrscheinlich nicht weit kommen werde, denn Lex Wolfsberg kommt gleich zu mir, weil er vielleicht heute abend deportiert wird. Er möchte einige Dinge holen, Lebensmittel und Seife, die er nicht mehr hat.

Nun, da so viel Zeit vergangen ist, bin ich weniger denn je in der Lage, Dir die unbeschreibliche Dramatik jener Tage zu schildern. In jener Dienstagnacht schlief ich sehr schlecht. Wahrscheinlich die Nerven und die Übermüdung. Morgens gegen sechs hörte ich auf der Straße plötzlich einen Lautsprecher, und mir war sofort klar: Es ist aus mit uns, vorbei! Aber was genau los war, wußte ich natürlich nicht. Ich blieb einfach liegen, eigentlich ohne weiter nachzudenken. Dann hörte ich, wie Vater und Vromen im Flur miteinander sprachen. Vater meinte, er habe Worte wie *»deutsche und holländische Polizei«* aufgeschnappt. Vromen rannte nach unten und kam kurz danach wieder herauf, um zu sagen, alle Juden müßten im Haus bleiben, da sie geholt würden. Auch die ›Arier‹ dürften nicht auf die Straße. Erst da wurde ich aktiv. Aufstehen, anziehen, nicht waschen, Haare nicht kämmen. Vromen kam ganz aufgeregt, um sich zu verabschieden, denn er hatte einen Unterschlupf und wollte noch versuchen, dorthin zu kommen. Ich dachte, wir würden zur Schouwburg gebracht werden. Um mich selbst machte ich mir gar keine großen Sorgen, ehrlich, ich dachte gar nicht an mich, nur an Vater und daran, was mit dem NIZ passieren würde. Ich sagte zu Vater: »Ich möchte, daß du mit Bobby zum NIZ gehst, dann seid ihr zumindest zusammen.« »Ich darf doch nicht auf die Straße!« sagte er. »Was spielt das jetzt noch für eine Rolle? Wenn man zu Hause bleibt, holen sie einen auch ab.« Es war Viertel vor sieben. Und ich ging weg! Ich werde nie vergessen, wie Vater da am Tisch saß und Stullen schmierte. So ein Bild gräbt sich tief ins Gedächtnis.

Zum NIZ. Natürlich war es totenstill auf der Straße, obwohl man auch einige ›Arier‹ sah. Alle sagten: »Sie dürfen nicht auf die Straße«, aber ich tat, als wüßte ich von nichts, und lief schnell, aber wiederum auch nicht zu schnell weiter. Als ich zum NIZ kam, sah ich auf der anderen Straßenseite der Nieuwe Keizersgracht Vromen im Gespräch mit einem Mann. Dort stand eine ganze Horde Grüner. Es geht jetzt schon schief, dachte ich. Im NIZ bat ich um eine Bestätigung, daß Mutter im Krankenhaus war; ich dachte, sie könne nützlich sein. Während ich da stand, wurde das NIZ-Personal, das in der JI interniert worden war, von einem Grünen hereingeführt. Oje, dachte ich, der sieht mich hier im Mantel und wird natürlich fragen, woher ich komme.

Westerbork, Dienstagmorgen, 9.15 Uhr morgens

Der Morgen nach dem Transport. Ich sitze mitten im höllischen Trubel irgendwo in einer Ecke auf dem untersten Bett und schreibe. Ich will versuchen, Dir alles ein bißchen zusammenhängend zu erzählen.

Ich ging ins Wartezimmer wie auch all die anderen Leute, die im Flur standen, bekam in der Zwischenzeit die Bestätigung, daß Mutter zur Operation aufgenommen worden war, und steckte den Kopf um die Ecke des Flurs. Der Grüne ging vorbei, und ich hinter seinem Rücken raus aus der Tür. Doch im selben Augenblick hörte ich eine Stimme: »*Wohin gehen Sie?*« Ich antwortete, als wäre es die normalste Sache der Welt: »*Ich muß ein Stück weiter, ich muß zur Arbeit.*« »*Dann gehen wir zusammen*«, antwortete er. Und da gingen wir. Es wimmelte von Grünen, aber ich wurde natürlich nicht angehalten, weil ich ja schon neben einem Grünen herlief. Ich fragte ihn noch, ob er wisse, was an diesem Tag weiter geschehen solle, aber er gab mir keine Auskunft, wahrscheinlich wußte er es selbst nicht. Ich ging zum Jüdischen Rat, und er läutete sogar für mich. Sie fielen dort fast um, als sie mich sahen, und beschworen mich, zu bleiben und nicht nach Hause zu gehen. Ich ließ mich überreden, denn zu Hause hatten wir kein Telefon mehr, und beim JR konnte ich mehr für Bobby und Vater tun, dachte ich.

Wie ich dort erfuhr, war das gesamte Stadtzentrum gesperrt, die Brücken waren hochgezogen, und man brachte die Leute zur Anmeldung zum Houtmarkt (J. D. Meijerplein) ins Gebäude der ›Neuen Synagoge‹ (!)[1], wo sich die Deutschen schrecklich aufführten. Frau van Tijn, die in der Nieuwe Amstelstraat wohnt, war bereits abgeholt, kurz darauf aber wieder freigelassen worden. Aber sie war die einzige! Zu diesem Zeitpunkt war nämlich Lages, der Leiter, noch nicht da, und aus der Fünten hatte sie gehen lassen. An jenem Tag kam niemand mehr frei. Als Lages kam, wurde Sluzker weggeschickt. Oberrabbiner Dasberg, Frau Eitje, die Frau meines Chefs, Freddy & Juul,

1 In der Synagoge wurden die Daten der verhafteten Juden erfaßt. Anschließend wurden die zur Deportation bestimmten Juden zur *Joodse Schouwburg* gebracht.

Rabbiner Vredenburg, Rabbiner de Lange – sie alle wurden nach W'bork deportiert. Nur Ru Cohen, der Bruder des Professors, kam frei. Der hatte einen »120 000er-Stempel«[1].

Mittags kamen die Deutschen zu uns zum JR. Wir alle taten sofort, als seien wir an der Arbeit, und bekamen regelrecht hysterische Lachanfälle. Asscher und Cohen erklärten, wir müßten im Auftrag der Deutschen arbeiten, und so brauchten wir nicht weg. Kurz darauf rief Dein Vater an (es gibt nämlich ein Haustelefon von Nummer 62 nach 58. Weil bei Nummer 58 immer besetzt ist, rufen die Deutschen oft bei der Nummer 62 an, und dann gibt Dein Vater die Nachricht über Haustelefon weiter) und sagte, sie würden abgeholt. Wir nahmen Abschied, auch von Els. Sie waren natürlich völlig aufgelöst. Ich blieb in der Nähe des Telefons und rief immer wieder an, und jedesmal waren sie noch da. Bis die Deutschen von der Gracht verschwunden waren! Man hatte sie vergessen!!

Gegen fünf haben wir alle zusammen die Büros aufgeräumt und geputzt. Nach 5 Tagen Arbeit bei Tag und bei Nacht sah es dort natürlich aus wie im Schweinestall. Aber es *hob* die Stimmung merklich. Dann haben wir gegessen, rationiert natürlich, denn niemand konnte das Gebäude betreten oder verlassen. Und dann geschlafen, einfach so auf dem Stuhl, voller Gedanken. Ich wußte, daß Vater und Bobby weg waren. Ab Vreedenburg machte sich große Sorgen um Frau und Kind, denn alle dachten, jetzt seien die Stadtteile Süd und Ost an der Reihe. Später legten wir uns zu dritt auf eine Couch. An diesem Tag hatte ich Dir noch einen Rote-Kreuz-Brief geschrieben, ohne Formular,

1 Die Stempel mit der Nummer 120 000 bis 130 000 und dem Zusatz »vom Arbeitseinsatz bis auf weiteres zurückgestellt« wurden von der SS auch gegen hohe Beträge verkauft. Wer ihn erwarb, besaß damit den Nachweis, »wirtschaftlich wertvoll« zu sein. In der Regel wurde dieser Stempel für 50 000 bis 80 000 Gulden oder eine entsprechende Menge an Rohdiamanten (die von bzw. über »arische« Firmen oder Freunde gezahlt wurden) verkauft.

denn ich hatte keines, mit der Bitte, sie möchten den Brief auf das Formular übertragen. Der Brief wurde nicht abgeschickt, ich hatte nämlich Deine Adresse vergessen. Da kannst Du mal sehen, wie nervös ich war!

Morgens habe ich mich ein bißchen frisch gemacht, das NIZ angerufen (ich wußte, daß dort alles in Ordnung war) und gefragt, wann ich kommen könne. Antwort: um halb neun. Als ich dort ankam, sagte man mir, man habe Mutter gerade zur Operation nach oben gebracht. Dann ging ich nach Hause, denn ich machte mir Gedanken um Mutters und mein Gepäck, das noch im Haus war. Es standen zwar überall Wachen, und die Expositur hatte mir abgeraten, nach Hause zu gehen, aber ich wollte es doch versuchen. Ich hatte eine Bescheinigung darüber bekommen, daß ich von Dienstag auf Mittwoch an der Nieuwe Keizersgracht gearbeitet hatte (das stimmte natürlich nicht), mich also ›legal‹ im geräumten Zentrum aufhielt. Es war so schrecklich, nach Hause zu kommen. Wie ich sehen konnte, waren Vater und Bobby in aller Ruhe aufgebrochen. Mein Gepäck stand separat, mit einem kleinen Brief, auch Mutters Gepäck war da. Ich schleppte alles zu Leuvenbergs in die Parklaan, auch Essen, geschälte Kartoffeln, einen großen Topf Reis, Gemüse usw., und traf, als ich zurückkam, Tiny v. d. Heyden, der schauen wollte, ob noch jemand da sei. Wirklich phantastisch! Er half mir mit den Sachen und bot mir an, nachts zu ihnen zu kommen, weil er in einer Gegend wohnte, wo es nur wenige Juden gab. Ich suchte Lebensmittel zusammen und packte sie in Rucksäcke, die wir noch hatten. Dann zu Mutter. Als ich den Arzt fragte, ob ich ihr von Vater erzählen dürfe, sagte er: »Nein.« Das hatte ich mir auch gedacht. Mutter schlief noch. Zum Büro, wo ich Eitje sah. Traurig, wie wenige noch übrig waren. Wer noch da war, packte Päckchen für die, die weggegangen waren. Einen Brief an Vater und Freddy geschrieben.

Zurück zu Mutter. Die Operation war gut verlaufen, aber Du kannst Dir nicht vorstellen, wie schwierig es war, ein fröhliches Gesicht aufzusetzen, zu berichten, mit Vater und Bobby sei alles in Ordnung, und zu sehen, wie froh sie darüber war. Zurück zur Nieuwe Keizersgracht, ein paar Toilettenartikel zusammengesucht, die ich vorsorglich zum Büro am Waterlooplein gebracht hatte[1], und gegen neun zu Tiny. Dort gegessen, sie waren herzlich und nett, und ins Bett. Früh auf, zur Muidergracht, wo die Lebensmittel vom JR in Rucksäcken – denn man durfte eigentlich nichts aus den Häusern mitnehmen, und per Rucksack sah es noch am unschuldigsten aus – geholt und zum Waterlooplein gebracht wurden.

Ich werde Dir nun das Weitere in groben Zügen erzählen. Nach ein paar Tagen Mutter die Wahrheit gesagt. Sie reagierte ziemlich gefaßt, aber vielleicht drang es noch nicht richtig zu ihr durch. Zu Sluzker. Rat: sofort umziehen. Zu Leeman, der nun *Verwalter* der *Nederlands Aziatischen Handelmaatschappij* ist, nachdem die Juden – unter ihnen Vater – rausgeschmissen worden waren. Eine Sache besprochen. Die nächsten Tage: Umzug, Umzug, Umzug!! Ein Alptraum!! Ganz allein!! Ich hatte mit Leeman vereinbart, daß ein Teil der Möbel im Lager der *Nederlands Aziatische* auf dem Hoogte Kadijk versteckt werden sollte. Dann zu Hein van Dam, den ich zur Zeit der Aufforderungen kennengelernt hatte. Er hatte eine Wohnung. *Anweisung* beantragt und aussortiert, was versteckt und was nicht versteckt werden sollte. Du glaubst nicht, wieviel Arbeit das alles war. Und noch ins Büro, zu Mutter, Möbelpacker organisieren, mich ums Essen kümmern, denn ich hatte keine Zeit und war zu schmutzig, um bei anderen zu essen. Und immerzu das Gefühl, mich übernommen zu haben. Aber ich habe es geschafft.

---

1 Am Waterlooplein/Nieuwe Amstelstraat befand sich eine der zahlreichen Abteilungen des Jüdischen Rats. Das Hauptgebäude des JR war in der Nieuwe Keizersgracht 58.

Die *Anweisung* (ich fürchtete erst noch, der Antrag würde abgewiesen werden) war für den 9. Juni, richtig, an Schawu'ot, das entdeckte ich erst am Freitag. Ich mußte den Umzug also auf Dienstag verlegen. Schließlich bekam ich auch noch Streit mit dem Fräulein vom Wohnungsamt. Das ganze funktioniert nämlich so: Man bekommt eine Umzugs*anweisung* von der *Zentralstelle*. Diese kann man auch beantragen, und dann erhält man einen »Befehl«. Damit muß man zum JR, und dort bekommt man eine Umzugsbewilligung, die zusammen mit der *Anweisung* die Transporterlaubnis für die Möbel darstellt. Schließlich muß man zum Städtischen Wohnungsamt (zu der Nichte Musserts) und bekommt dort eine Wohnung zugewiesen. Aber wenn man nun selbst etwas gefunden hat, kann man diese Wohnung beantragen, und wenn sie guter Laune ist, bekommt man sie auch. Ich also hin, mit einem Brief von van Dam, daß er die Wohnung an mich vermieten wolle. Zuerst war sie wahnsinnig freundlich, fragte, als sie meinen Beruf sah, ob mein Chef nett sei und meine Mutter bald nach Hause komme, aber als ich meinen Brief vorzeigte, dachte sie gar nicht daran, mir diese Wohnung zu geben, weil die Deutschen sie ihrer Ansicht nach nicht freigegeben hatten. Ich wußte allerdings, daß sie sehr wohl freigegeben war, denn van Dam hatte sie eigens ›pulsen‹ lassen. Aber sie weigerte sich und gab mir eine Wohnung auf dem Afrikanerplein. Wenn sie in Ordnung ist, dachte ich, nehme ich eben die, schließlich bin ich mit van Dams Wohnung nicht verheiratet. Ich hatte sie auch noch gar nicht gesehen. Ich zum Afrikanerplein. Ein Loch! Winzigkleine Zimmer. Dann zum Haus, das van Dam genannt hatte, Pretoriusstraat, in der Nähe der Linneausstraat. Eine Prachtwohnung. Nur kein Badezimmer, aber sonst großartig.

Ich zu van Dam, der telefonisch durchgab, das Haus sei wirklich freigegeben. Dann wie der Blitz zurück zum Wohnungsbüro, denn van Dam meinte: »Sie ist wütend, geh schnell hin, sonst gibt sie die Wohnung einem anderen.« Ich hin, und sie war fuchsteufelswild! »Diese Mauschelei Ihrer Rassengenossen kenne ich mittlerweile zur Genüge.« Und: »Es ist so ungerecht gegenüber dem anderen Hausherrn, sein Haus steht schon viel länger leer.« Als sei ich eine philanthropische Einrichtung für den Hauseigentümer. Kurz und gut, schließlich gab sie mir die Wohnung, weil sie meinen Fall ›tragisch‹ fand. Umgezogen und geschuftet, geschuftet, geschuftet.

7. Juli 1943, 5.45 Uhr

Es war eine Wahnsinnsarbeit, aber am Sabbat, dem 19. Juni, hatte ich alles fertig, Vorhänge gewaschen, Schränke eingeräumt, die Böden gebohnert, alles war wirklich tiptop, auch wenn ich es selbst sage. Ich hatte so sehr geschuftet, weil ich für Mutter alles ordentlich haben wollte. Und an jenem Tag hatte ich ›jour‹. Ich hatte Deinen Vater und Els, Eitje, Jo Pronk (Bobbys Freund, der mir sehr behilflich gewesen war. Er ist sehr geschickt und hat allerlei Arbeiten für mich erledigt) und Tante Phine eingeladen, hatte herrliche Zuckerplätzchen machen lassen, heimlich Butter gekauft (preiswert, zehn Gulden für das halbe Pfund) und richtige Kekse gebacken und sogar noch einen Kuchen, Butterkuchen, schwarz gekauft.

Ich vergesse ganz, Dir zu erzählen, daß wir an jenem Donnerstag unsere Fahrräder hatten abgeben müssen. Es gab nämlich eine neue Liste, und jetzt wollten sie uns eine Nummer ins Fahrrad stanzen. Am Montag sollte ich es wiederbekommen. In jener Woche war dem Professor auch mitgeteilt worden, ab Montag (also dem 21. Juni) werden es bessere Bedingungen für die Juden geben, und ich sagte noch zu Eitje: »Jetzt kommt bestimmt irgendeine Hiobsbotschaft. Wenn die Deutschen ›besser‹ sagen, meinen sie ›schlechter‹.«

Mein ›jour‹ war ein voller Erfolg. Alle blieben sehr lange und begutachteten die Wohnung von oben bis unten. Ich hatte noch richtige Limonade, alles war pikobello. Eitje brachte einen echten halben Butterkuchen mit. Unheimlich nett. Um sechs Uhr aß ich bei Dunners, Den Texstraat, und war um zehn Uhr zu Hause. Ich hatte nicht die leiseste Ahnung, daß es meine letzte Nacht in Amsterdam sein würde. Für wie lange? Die Frage ist noch offen. Zufälligerweise schlief ich in jener Nacht schlecht (es war fast wie bei König Ahasveros[1]), aber als ich ins Bett kroch, dachte ich noch: herrlich weich und warm.

Morgens in aller Frühe hörte ich draußen Lärm von einem Lautsprecher. Ich traute meinen Ohren nicht. Am Sonntag, und nach all den beruhigenden Erklärungen! Vielleicht war es etwas anderes, dachte ich wieder, aber dann ermahnte ich mich selbst: Du weißt doch, was das bedeutet, es ist aus. Und plötzlich dachte ich: Mutter! Allein im Krankenhaus. Ich bin raus aus dem Bett, habe mich diesmal allerdings gewaschen und dann angezogen (es war sehr warm), trotzdem Strümpfe, gute Schuhe und ein schönes Seidenkleid, einen schicken, auf Taille geschnittenen Blazer und eine schöne Handtasche, denn ich wollte den Deutschen gefallen. Ich wollte durchkommen! Auf dem Balkon sah ich, was los war. Natürlich wurden die Juden geholt! Ich raus aus dem Haus, ohne Frühstück. Ich war mir unsicher, was ich tun sollte. Der Professor hatte nämlich einmal gesagt, er werde uns holen lassen, wenn etwas passieren sollte. Ich wohnte in der Pretoriusstraat und die beiden anderen Sekretärinnen in der Ingogostraat, wir drei wohnten also ganz nah beieinander. Aber dann dachte ich wieder: Es kommt vielleicht auf die Minute an. Und ich raus aus der Tür.

---

1 Der in dem Buch Esther erwähnte König, von dem u. a. berichtet wird, er habe eine schlaflose Nacht verbracht, nach der sich das Schicksal der Juden zum Guten wendete.

Alles war gesperrt, und ich hörte unterwegs, daß im Südteil der Stadt das gleiche passierte. Bei der Nieuwe Weesperpoortbrug versuchte ich es bei den Grünen, die alles abgesperrt hatten. Aber nichts zu machen! Nicht einmal mit meinem ›charmantesten Lächeln‹! Ich wieder zurück. Wollte es bei der Amstelbrauerei probieren. Unterwegs sprach mich ein Jude an: »Sollen wir es gemeinsam versuchen?« Der Soldat, der uns dort Auskunft gab, meinte, wir müßten zum *Koloniaal Instituut*[1] gehen. Dort würden wir einen *Ausweis*[2] bekommen. Ich begebe mich nicht in die Höhle des Löwen, dachte ich (dort waren nämlich die Grünen), aber mein Begleiter meinte: »Was haben Sie zu verlieren? Sie werden sowieso abgeholt. Und es ist noch früh, vielleicht machen sie es ja.« Ich ließ mich überreden und ging zum *Koloniaal Instituut*. Aber unterwegs hielt mich ein Grüner an, der fragte, wo ich hinwolle, und als ich sagte, ich wolle zu Hause mein Gepäck holen, packte er mich am Arm und ich mußte mit zum ... *Koloniaal Instituut*. Anfangs hatte ich noch Hoffnung. Wir wurden höflich empfangen, mußten Freistellung und Personalausweis abgeben. Mein Freistellungspapier ist sehr schön, mit einer niedrigen Nummer (wie bei Autos), einem alten Datum, und von Professor Cohen und Ascher persönlich unterschrieben, nicht gestempelt, wie es später üblich war. Wir mußten uns mit dem Gesicht zur Wand stellen (da standen schon vier Leute). Aber es wurde später und später, und als immer mehr Menschen hereinkamen und wir noch immer nichts hörten, dachte ich: vorbei, aufs falsche Pferd gesetzt, nicht daran denken, nichts zu machen. Hauptsächlich kam Krankenhauspersonal herein. Später hörte ich, daß sie Dr. Kroonenberg, den Direktor vom NIZ, angerufen und von ihm den Rat bekommen hatten, zum *Koloniaal Instituut* zu gehen, wo man ihnen einen *Ausweis* ausstellen werde.

---

1 Sitz der deutschen (»Grünen«) Polizei in Amsterdam.
2 Gemeint ist hier eine Freistellung von der Deportation nach Westerbork.

Trotz allen Elends mußte ich doch lachen, wie wir da standen, mit dem Gesicht zur Wand, neben mir eine Frau, die zur Toilette mußte und die ganze Zeit seufzte: »Ich muß so dringend!« Und dann brüllte wieder einer dieser Kerle: *»Wenn Sie nicht schweigen, mache ich von meiner Waffe Gebrauch«*, oder so ähnlich. Hätte ich jemand anderen so etwas brüllen hören, hätte ich gedacht: wie schrecklich. Jetzt fand ich es überhaupt nicht schrecklich, nur irrsinnig, daß sie sich, wenn man den Kopf bewegte, in ein Delirium der Wut stürzten.

Gegen elf Uhr etwa – wir hatten ca. 3 ½ Stunden dagestanden – gingen wir nach draußen. Ich vergaß, Dir zu erzählen, daß in der Zwischenzeit Hunderte von Grünen in das Gebäude geströmt waren, die man von draußen angefordert hatte. Einer war zu früh aus dem Zug gesprungen und wurde tot auf einer Bahre hereingebracht. Schade, daß es nur einer war. Für kurze Zeit hatte ich noch Hoffnung, sie würden uns zur Schouwburg bringen, doch nein. In Überfallwagen ging es zum Polderweg, dorthin, wo sich diejenigen melden mußten, die eine Aufforderung erhalten hatten, beim Bahnhof Muiderpoort. Ich dachte zuerst, man würde uns sofort in den Zug setzen, aber wir wurden zu einem mit Brettern abgesperrten Sandplatz gebracht. Es war herrliches Wetter, wir hatten viel Platz (zu diesem Zeitpunkt bestand unsere Gruppe nur aus etwa hundert Menschen) und legten uns in Erwartung weiterer Entwicklungen in den Sand. Einer mimte den Anführer, es war Rennig, und teilte die Gruppe in Krankenhauspersonal und Personal des JR. Von letzteren waren nur etwa sechs da, u. a. der Assistent von de Miranda, dem Leiter des städtischen Büros für Jüdische Einquartierung, der einen Sonderstempel erhalten hatte, unterzeichnet von Worlein[1], einem der hohen Tiere. Er ging zu Rennig, zeigte ihm den Stempel und fügte hinzu: *»Unterzeichnet von Herrn*

1 Vermutlich ist hier Hauptsturmführer Karl Wörlein gemeint.

Obersturmführer Worlein.« »Und ich bin Rennig«, meinte dieser und schickte ihn weg. Später hörte er, daß Rennig und Worlein Konkurrenten und Feinde waren und daß diese Stempel, die zuerst von Worlein unterzeichnet worden waren, später nur noch von Rennig ausgegeben wurden.

Es hält zu lange auf, Dir alles zu erzählen. Es ging eigentlich ziemlich entspannt zu. Rennig spielte die Toilettenfrau, wir durften der Reihe nach auf ein Klosett in einem Häuschen, in dem die niederländische Grenzpolizei untergebracht war, und ich schaffte es, Eitje anzurufen. Diese Polizisten waren nämlich in Ordnung. Heilbut, einer der Leiter der Expositur, kam noch, durfte allerdings nicht über den Zaun. Später kam Frau Sluzker und kurz darauf Sluzker mit aus der Fünten. Alle hatten wieder Hoffnung. Aber vergebens. Sluzker durfte nichts sagen. Ich ging noch zu aus der Fünten (ich hatte nichts mehr zu verlieren) und zeigte ihm meine Papiere, aber er meinte: *»Spielt keine Rolle«*, und zu Herz sagte er: *»Es wird nur noch ausquartiert.«* Das NIZ-Personal wurde von den anderen getrennt, und ich dachte noch, zumindest diese kämen frei. Hinterher stellte sich heraus, daß nur einige wenige freigelassen wurden. Anscheinend konnten noch ein paar untertauchen, wenigstens das. An jenem Sonntag habe ich auch Manuel Ossendrijver gesehen und letzte Woche dann bereits hier in der Strafbaracke.

Wir wurden zum Bahnhof getrieben. Jetzt ist es aus, dachte ich, jetzt tritt ein, wovor ich so lange Angst hatte. Losgerissen und vertrieben. Zum Glück hatte ich mein Gepäck noch nicht nach Hause bringen lassen (es stand beim JR), so daß man es mir nachschicken konnte. Doch Mutters Gepäck war verloren, denn das stand noch bei der Familie Leuvenberg, die mittlerweile auch geholt worden war.

Ach, dachte ich, man wird meine Wohnung in der Pretoriusstraat wohl übersehen, dort wohnen sonst nur Nichtjuden und dazu noch welche mit der richtigen Gesinnung, und an der Tür hatte ich noch keinen Namen oder eine Mesusa[1] angebracht. Ich wollte eigentlich anstelle meines Namens ein Schild anbringen: FÜR BRIEFE NICHT LÄUTEN. In derselben Größe wie das Namensschild meines Nachbarn über mir. Denn ein entferntes Namensschild heißt dasselbe wie »Jude«. Und ich dachte auch noch, daß sie mich allein nicht so schnell gefunden hätten, denn ich hatte einen ausgezeichneten Unterschlupf. Aber ich zwang mich dazu, nicht weiter darüber nachzudenken. So war es nun und Schluß!

Auf dem Bahnhof standen die Waggons schon bereit. Güterwaggons, oder besser Viehwaggons – »8 chevaux«[2] stand an der Wand in meinem Waggon. Ich hoffe, daß ich Dir morgen die Ereignisse bis heute weitererzählen kann, so daß Du dann auf dem neuesten Stand bist. Es ist neun Uhr. Ich versuche zu schlafen.

---

1 Schriftkapsel, die am Türrahmen angebracht wird. In ihr befindet sich der auf Pergament geschriebene Text »Höre Israel« (5. Mose 6, 4–9 und 11, 18–20).

2 Französisch: Acht Pferde.

Protokoll der 95. Sitzung der Zentralen Kommission am Freitag, den 28. Mai 1943 um 10.30 Uhr im Gebäude der Nieuwe Keizersgracht 58.

Anwesende: Professor Cohen, Vorsitzender, Frau van Tijn und die Herren Asscher, Aal, Blazer, Blüth, Cahen, A. Cohen, Diamand, Edersheim, Eitje, Hendrix, Kauffmann, Jacobs, Jacobson, Krouwer, van der Laan, Moser, van Oss, Sluzker, de Vries und Brandon, Schriftführer.

Der Vorsitzende eröffnet die Sitzung und berichtet über die Ereignisse der letzten Woche. Diese Woche war eine der verhängnisvollsten in der Geschichte der Amsterdamer Juden. Die besten unserer Leute fielen den Maßnahmen zum Opfer. Die Ereignisse werden niemals vergessen werden. Amsterdam wurde einst als eine Mutter in Israel bezeichnet, und die Geschichte des Judentums ist hier verankert wie nur an wenigen anderen Orten. An einem einzigen Tag wurde eine dreihundertjährige Geschichte zerstört. Wir haben die Menschen auf dem Houtmarkt gesehen und unter ihnen viele unserer besten Freunde erkannt; Menschen, die selbst, und Menschen, deren Vorfahren viel für die Niederlande getan haben. Sie haben ihr Schicksal mit einem Stolz getragen, der den Adel des Judentums erkennen läßt.

Nun lässt sich kaum sagen, wie die Arbeit weitergehen soll. Ehe wir hierzu übergehen, müssen wir jenen, die dahingehen, ein Dankeswort für all das aussprechen, was sie getan haben, und ihnen Kraft wünschen, um dieses schreckliche Schicksal tragen zu können. Uns bleibt nichts anderes übrig, als an bessere Zeiten zu glauben, und wir erwarten Rettung und Vereinigung mit jenen, auf die wir nicht verzichten können.

Daraufhin berichtet der Sprecher von seiner Unterredung mit den Herren Lages, aus der Fünten und Blumenthal[1], die am vergangenen Donnerstag stattgefunden hat. Bei dieser Unterredung wurde von

1 Hans Blumenthal, Befehlshaber der Sicherheitspolizei und des SD in Amsterdam.

unserer Seite erklärt, unsere Organisation sei zerstört worden. Wir knüpften daran die Bitte, einige unserer Mitarbeiter aus Westerbork zurückzubekommen. Der Bitte wurde nicht stattgegeben. Wir müssen versuchen, mit den uns verbliebenen Menschen die Organisation wieder aufzubauen. Lediglich für Oberrabbiner Dasberg und Frau Eitje wurde eine Ausnahme gemacht. Des weiteren wurde uns gestattet, eine Liste der deportierten Frauen und Kinder von Büromitarbeitern vorzulegen, die selbst nicht nach Westerbork gebracht wurden. Es steht fest, daß die deutschen Behörden die Fortführung der Arbeit des Jüdischen Rates wünschen.

Anschließend wird erörtert, auf welche Weise das zu Verfügung stehende Personal inventarisiert werden soll und wie die Abteilungen organisiert werden können.

Es wird beschlossen, einen Rundbrief zu verfassen, in dem alle Abteilungsleiter aufgefordert werden, so schnell wie möglich ihre Angestellten zu erfassen.

Hinsichtlich der Frage, was mit jenen Personen vom Jüdischen Rat geschehe, die eine Aufforderung zum Arbeitseinsatz in Deutschland erhalten hätten, wird mitgeteilt, daß hierzu nichts gesagt werden könne. Angesichts der Transporte sei diese Frage wahrscheinlich jedoch gegenstandslos geworden.

Man wird über Versetzungen von Mitarbeitern aus überbesetzten Abteilungen in Abteilungen mit Personalmangel nachdenken.

Daraufhin wird über den Aufbau der Kartothek gesprochen. Hierzu wird im Laufe der kommenden Woche ein Rundschreiben verfaßt. In diesem Zusammenhang erklärt der Sprecher, die Abteilungsleiter sollten schon jetzt über die zukünftige Verkleinerung ihrer Abteilungen beraten.

Nach längerer Diskussion erklärt der Vorsitzende, hierauf in Kürze zurückzukommen und die Angelegenheit verbindlich zu regeln.

Daraufhin appelliert er an die Abteilungsleiter, den zahlreichen in der jüdischen Gemeinschaft kursierenden Gerüchten keine Beachtung zu schenken. Für diese macht er vor allem mangelnde Disziplin verantwortlich. Auf eine Frage antwortet er, es sei nicht erwünscht, daß

Mitarbeiter des Jüdischen Rates Aussagen über die Zusammensetzung der Transportlisten machten.
Schließlich wird noch darum gebeten, deportierte Frauen melden zu dürfen, von Mitarbeitern, die am Tag der Aktion in einem der Büros gearbeitet haben. Dieser Bitte wird stattgegeben. Da es keine weiteren Tagesordnungspunkte mehr gibt, schließt der Vorsitzende die Sitzung.

Westerbork

Westerbork, den 8. Juli 1943

Lieber Schatz,
im Moment bin ich ganz allein in der Schule. Allein ist relativ, denn draußen spielen bestimmt hundert Kinder und veranstalten den dazugehörigen Lärm. Aber all meine Chefs sind zur Tür hinaus, und ich kann Dir ein bißchen schreiben, obwohl auch hier jeden Augenblick jemand hereinkommen kann, den ich empfangen muß. Du verstehst natürlich überhaupt nicht, wovon ich spreche, aber ich werde Dir genauen Bericht erstatten, und dann wirst Du den Anfang schon nachvollziehen können.

Ich war mit meinem Bericht bis zu meiner Ankunft am Bahnhof gekommen. Wie ich Dir schon schrieb, war dies ein sehr schwieriger Moment. Ich schaute mich immer noch um, ob ich irgendwie entkommen könnte, aber ich sah keine Möglichkeit. Auf dem Bahnsteig waren Hunderte und Aberhunderte von Menschen, und natürlich entdeckte man überall Bekannte. Alle Chefs! Imbach, Chef der Abteilung Emigration, Lijnbaansgracht, Heynemann, Chef des Büros Westerbork, v. d. Reis, Chef der Abteilung Lebensmittel, Henri Gomperts, Chef der JV4 (Jüdische Vereinigung zur Versorgung und Pflege) usw. usw.[1] In den Waggons war es stickig und heiß. Wir mußten natürlich auf dem Boden sitzen. Für mich war das nicht so schlimm, aber stell Dir all die Alten vor. Immer mehr Menschen wurden ohnmächtig, einige bekamen einen Nervenzusammenbruch, manchen wurde auf die Hände getreten, so daß sie bluteten, es war ein erbärmlicher Anblick. Der Zug war endlos lang, und unablässig strömten Menschen auf den Bahnsteig, keuchend unter dem schweren Gepäck, das sie mit sich schleppten. Manche, alte Leute oder Eltern mit kleinen Kindern, saßen auf ihrem Gepäck

1 Abteilungen des Jüdischen Rates.

und warteten darauf, daß ihnen jemand in den Zug helfen würde. Wie Auswanderer.

Viele weinten natürlich, andere starrten nur vor sich hin, Kinder heulten, riefen und schrien, aber es gab auch fröhliche Begrüßungen wie: »Du auch?« von jungen Leuten, die ganz zuversichtlich waren. Ich fand einen angenehmen Waggon, der nicht so wahnsinnig voll war wie die anderen, weil die hohen Tiere darin saßen. Wir hatten auch einen netten Schwarzen Polizisten (in jedem Waggon reiste einer mit), der die Zwischentür offen ließ, damit wir wenigstens ein bißchen frische Luft hatten (und er auch). Beim Transport vom Zentrum aus waren es damals Personenzüge gewesen, und man hatte 2800 Menschen deportiert. Bei diesem Transport handelte es sich um Viehwaggons, in denen 2400 Menschen waren. Der Zug fuhr um drei Uhr ab, entsetzlich langsam, weil die Lokomotive diesen schweren Zug natürlich kaum ziehen konnte. Am schlimmsten erging es den Schwangeren. Auch in unserem Waggon war eine, und wenn man sich überlegte, mit welcher Sorgfalt diese Frauen eigentlich behandelt werden müßten, und man jetzt sah, wie über sie hinweggestiegen wurde, wie sie durchgeschüttelt und hin- und hergeworfen wurden und welche Eindrücke diese Frauen in sich aufnehmen mußten, dann wurde einem erst bewußt, wie tief wir gesunken waren. Der Zug hielt fast nirgends, nur in Zwolle, wo das Bahnhofspersonal sehr freundlich war und unsere Feldflaschen mit Wasser füllte. Wie ich Dir schon schrieb, hatte ich nichts bei mir, aber ich bekam von allen etwas ab. Die Reise verlief gut, gegen neun Uhr waren wir in Westerbork.

Ich vergaß noch zu erzählen, daß die Leute in Amsterdam mit Ferngläsern auf den Dächern ihrer Häuser standen, um zu sehen, wie wir weggingen, ein phantastisches Schauspiel. Und als wir dann an den herrlichen Wäldern vorüberfuhren, an Orten wie Bussum und Hilversum, wo wir doch unter ganz anderen Umständen immer unsere Ferien verbracht hatten, und so auf dem Boden dieses dahinkriechenden Zuges saßen – da fühlten wir uns doch sehr erbärmlich. Im Geiste wiederholte ich immer nur: nicht daran denken, abwarten, was noch kommt. Andere haben das schon vor einem Jahr mitmachen müssen.

Als wir um neun Uhr aus dem Zug stiegen, glaubten wir, das Schlimmste hinter uns zu haben, aber das sollte erst noch kommen. Die erste Bekannte, die meinen Namen rief, war Juul. Sie durfte zwar nicht zu den Neuankömmlingen, aber ich hörte und sah sie. Kurz darauf entdeckte ich Vater und Bob, die auch nicht zu mir durften. In einer elend langen Reihe mußten wir uns bei der *Registratur* anstellen, wo unsere Daten aufgenommen wurden. Warten … Dort sprach ich Blüth, der sagte: Du machst das falsche Gesicht dazu. Du mußt traurig schauen. Bis jetzt habe ich dazu noch keinen Grund, meinte ich. In der *Registratur* mußte ich Personalausweis und Lebensmittelkarte abgeben und eigentlich auch die Lebensmittelmarken, aber ich tat, als hätte ich sie nicht bei mir. Unzählige Male mußte man Namen und Geburtsdatum angeben. Eigentlich habe ich schon wieder vergessen, welche Instanzen wir noch passieren mußten, aber schließlich lief es darauf hinaus, daß ich bei Herrn de Vries landete, der einen sogenannten *Antrag* einreichte, was bedeutete, daß ich aufgrund der Palästinapapiere in Westerbork festgehalten werden sollte. Über diese Palästinafrage[1] habe ich Dir, glaube ich, bereits geschrieben. Sie spielt hier eine große Rolle, viel größer, als man annehmen sollte. Der Antrag wurde eingereicht, auf der *Lagerkarte*, die ich in der Zwischenzeit erhalten hatte und die in Westerbork als Personalausweis zählt, wurde ein Vermerk gemacht, und raus ging es.

---

1 Im Oktober 1942 wurde dem Jüdischen Rat mitgeteilt, daß holländische Juden gegen deutsche Staatsangehörige, die sich in Palästina befanden, ausgetauscht werden sollten. Daraufhin wurden im Lager Westerbork diejenigen, die über ein »Palästina-Zertifikat« verfügten, zunächst nicht deportiert.

Dort traf ich einen ehemaligen Kollegen, der das Geld, das ich bei mir hatte, so lange für mich verwahren wollte, bis ich bei Lippmann Rosenthal gewesen war, die alle Wertsachen beschlagnahmen. Ich gab ihm sicherheitshalber auch meinen Füllhalter, weil man nie wissen kann, ob sie einem bei einer Leibesvisitation den nicht auch wegnehmen. Auf offenem Gelände – es war inzwischen Nacht – mußten wir wieder warten, endlose Stunden lang. Auf dem feuchten Grund – es war ganz schön kalt nachts – sitzend, liegend, halb schlafend, im Dunkeln. Für mich wieder nicht so schlimm, doch für die Alten und Kranken schrecklich. Viele wurden auf Tragen weggebracht.

Nach einigen Stunden stellte ich mich in die Reihe, weil ich sonst nie drangekommen wäre. Ich traf viele Kollegen, u. a. Lex W. Endlich kamen wir wieder in ein Gebäude – es sind alles Holzbaracken –, erst zum JR, der einem das Geld abnahm, es zählte, wieder zurückgab und einen Beleg darüber ausstellte. Dann wieder warten und zu Lippmann, wo natürlich keine Juden waren. Bei mir war es sehr einfach. Ich gab ihnen 0,75 Gulden, und als sie mich fragten, warum ich so wenig Geld bei mir hätte, erzählte ich, daß man mich auf der Straße aufgegriffen habe. Aber die anderen wurden angeschrien und durchsucht, mußten sich nackt ausziehen usw. Als wir dort fertig waren, mußten wir noch in die Quarantänestation, wo wir uns ausziehen mußten und auf Läuse untersucht wurden. Das war ziemlich peinlich, aber auf dem Gebiet sollten wir noch ganz andere Dinge erleben. Um fünf Uhr morgens brachte man uns zu einer Baracke. Ich hatte inzwischen eine Freundin entdeckt, Jenny Spits, die mittlerweile verheiratet ist und Sanders heißt, und weil sie für dieselbe Baracke eingeteilt worden war, hatten wir ausgemacht, möglichst zusammenzubleiben. Als man uns Betten anwies, hatte ich sie aus den Augen verloren, aber diejenige, die mir das Bett zuteilte, war eine frühere Kollegin, die hier Barackenleiterin ist. Die versprach mir, das Bett neben meinem

für Jenny freizuhalten. Ich bekam einen guten Platz am Fenster. Eine Baracke ist ein großes, längliches Holzgebäude mit Fenstern. An den Fenstern und in der Mitte stehen Pritschen, drei übereinander wie Doppelstockbetten mit einem weiteren Bett. Die Bettgestelle sind aus Eisen, der Boden besteht aus geflochtenem Eisendraht. Eine Strohmatte darauf und fertig. Aber ich versichere Dir, ich kletterte hinein – ich hatte die zweite Etage – und schlief. Unterrock aus und eine Decke genommen, die ich von Liesl Chevalier bekam – das ist die Barackenleiterin, die ich gerade erwähnte –, umdrehen und schlafen. Früh wieder auf und waschen, mit geliehenen Sachen in der Waschecke. Am Ende jeder Baracke befindet sich ein länglicher Verschlag, in dessen Mitte eine Blechrinne verläuft, mit Wasserhähnen an beiden Seiten. Hier muß man sich waschen.
Es gibt auch ein Klosett mit Spülung, das man aber nur nachts benutzen darf und das so schmutzig ist, daß ich es kaum beschreiben kann. In der Mitte der Baracke ist eine Art Gang, und auf der anderen Seite wieder ein Saal. Die Baracke besteht also aus einem kurzen Gang, der sogenannten Küche, wo das Essen ausgegeben wird, zwei großen Sälen zu beiden Seiten und einer Waschecke mit zwanzig Wasserhähnen und einem WC an den jeweiligen Enden des Saals. Dann gibt es in beiden Sälen neben der Küche noch ein paar Tische.

Ich werde Dir nun eine technische Beschreibung des Lagers geben. Von Hooghalen führt ein asphaltierter Weg zum Lager. Rechts davon verläuft eine schmale Eisenbahnlinie, extra für das Lager angelegt. Hier kommen die Züge an und von hier fahren sie ab. Früher mußten die Leute mit all ihrem Gepäck zu Fuß von Hooghalen zum Lager gehen, ich denke, mindestens eine Stunde. Jetzt endet der Zug mitten im Lager. Wenn eine Ladung Pakete und ähnliches ankommt, fährt er bis ans Ende des Lagers, wo sich die Baracke für die Verwaltung und Verteilung der Pakete befindet. Von dort aus werden sie mit einer Schubkarre zu den jeweiligen Baracken gebracht, in denen dann eine Liste mit den Namen der Personen aufgehängt wird, die Pakete erhalten haben. Man muß sie dann am Verwaltungstisch seiner Baracke anfordern. Manchmal bekommt man auch eine grüne Karte, mit der man zur Gepäckbaracke gehen muß, um dort das Paket in Empfang zu nehmen.

Montags fährt der Transportzug ins Lager und bleibt dann einen Tag und eine Nacht auf der Hauptstraße stehen. Wir machen ihn dort sauber und abfahrbereit. Links und rechts von der Hauptstraße liegen die Baracken, die meisten im rechten Winkel dazu. Den Aufbau einer Baracke habe ich Dir bereits beschrieben. Sie sind vollkommen symmetrisch, und zwar so, daß sich in der hinteren Wand der Baracke genau gegenüber dem Eingang eine weitere Tür befindet – man könnte den Eingang also auch genausogut auf diese Seite legen. Es ist jedoch meist so, daß sich die Baracken mit den Eingängen gegenüberliegen. Im rechten Winkel zu den Holzbaracken stehen die WC-Häuschen. Das sind rote Steinhäuser, im Prinzip genauso gebaut wie die Baracken: Eingang in der Mitte und an beiden Seiten das gleiche. Manche WC-Häuser, die zu den Baracken gehören, bei denen im einen Saal Männer, im anderen Frauen schlafen (wohnen, sagt man hier, aber das klingt immer noch verrückt in meinen Ohren, obwohl es eigentlich richtiger ist als ›schlafen‹, denn wir wohnen ja wirklich hier), haben an der einen Seite die Aufschrift *NUR FÜR MÄNNER* und an der anderen *NUR FÜR FRAUEN*. Meine Baracke ist eine Frauenbaracke und hat deshalb ein Häuschen für sich allein, *Nur für Frauen*. Man geht also durch den Eingang, und dann ist links und rechts eine einzige große hölzerne ›Schachtel‹ mit Löchern darin, auf jeder Seite acht Löcher, ohne Deckel und ohne Tür. Bei manchen Häuschen gibt es nach jeweils zwei Löchern eine Abschottung aus Holz, bei anderen nicht. Letztere werden gemeinhin ›Eierschachteln‹ genannt.

Man geht hinein und schaut, wo ein Platz frei ist. Man kann also jeden sitzen sehen, und alle Geräusche sind deutlich zu hören. Am Anfang geniert man sich zu Tode, aber man weiß, daß man sich an alles gewöhnen muß, also gibt man sich die größte Mühe, es zu überstehen. Außerdem sind diese Toiletten ungeheuer schmutzig, weil die Menschen nicht darauf sitzen wollen und danebenpinkeln oder andere Sachen tun. Von Durchfall ganz zu schweigen ...! Ich stelle es sehr realistisch dar, aber das ist die tägliche Wirklichkeit. Diese Toiletten sind wirklich erniedrigend und widersprechen jedem Gefühl von Menschenwürde.

Um das gesamte Lager herum befindet sich Stacheldraht mit einem Graben, und in bestimmten Abständen stehen auf Pfählen Wachhäuschen, ganz aus Glas, in denen ein Militärpolizist, der also einen Teil überschauen kann, aufpassen muß, daß niemand flieht. Dennoch scheint ab und zu jemand zu entkommen, aber alle haben schreckliche Angst, weil uns mit Erschießung gedroht wird. Meistens muß eine zusätzliche Anzahl von Straffällen mit auf den nächsten Transport. Die Militärpolizisten sind im allgemeinen in Ordnung, weil es ihnen nicht paßt, daß sie unter den Deutschen arbeiten müssen. Gleich neben dem Lager liegt die Wohnung des Kommandanten und anderer offizieller Deutscher, von denen es hier nur wenige gibt. Montag ist der einzige Tag, an dem man viel Grün sieht, nämlich die Begleiter des Transports.

Den Transportzug habe ich Dir ebenfalls bereits beschrieben. Vorn und hinten befindet sich übrigens je ein ganzer Waggon mit Personenabteilen, in denen die deutschen Bewacher sitzen. Außer den großen Baracken gibt es noch die kleinen, oder ›Häuschen‹. Im Prinzip ist es wieder dasselbe, nur daß es dort Trennwände gibt, so daß kleine Zimmer entstehen, ein richtiges WC, eine kleine Küche in der Diele, kurzum, eine ›Villa‹, verglichen mit den sogenannten ›großen Baracken‹. Links und rechts der Eisenbahnlinie liegen die Baracken des Jüdischen Rates, die Registratur, wo auch Konzerte gegeben werden, das Badehaus, das Kesselhaus, an dem sich außen einige Hähne befinden, wo man den ganzen Tag kochendes Wasser holen kann, die Wäscherei, Blüths Büro, die Quarantäne, die Schmiede, die Sattlerei (für die Pferde der Deutschen), die Werkstatt der Zimmerleute, die Krankenbaracken und die Klinik, das Magazin, Küchen, gesonderte Küchen, in denen Kartoffeln geschält werden usw. Am Eingang steht wiederum ein Wachhäuschen und im Erdgeschoß auch ein Holzhäuschen mit Militärpolizei. That's all. Die Größe der Baracken kann ich Dir nicht angeben, ich habe kein Auge für Maße, aber in unserer Baracke, die zu den ›großen Baracken‹ gehört, sind ungefähr tausend Menschen, es sind also große, lange Gebäude, wie Du Dir denken kannst.

Ich habe Dir nun in groben Zügen berichtet, wie das Lager aufgebaut ist. Hinter dem Kesselhaus befindet sich eine große freie Fläche: der Appellplatz. Dort müssen sich die Leute melden, wenn sie auf Transport gehen. Ich hoffe, daß ich Dir nie werde erzählen können, wie das vonstatten geht, denn das bedeutete, daß ich auch auf Transport gegangen wäre. Wenn es keine Transporte gibt, müssen sich auch der Außendienst und die verschiedenen Arbeitsdienste auf dem Appellplatz melden. Ich werde Dir noch erzählen, was der ›Außendienst‹ ist.

Jetzt den Tagesablauf und weitere technische Besonderheiten. Morgens um halb sechs wird gerufen: »Damen aufstehen.« In unserer Baracke sind tausend Frauen, also fünfhundert auf jeder Seite. Und alles nur Frauen mit ihren Kindern. Meistens sind im einen Saal Männer, im anderen Frauen. Keine Tische, keine Stühle, man ißt, wohnt, schläft auf seinem Bett. Und wenn man nicht im oberen Stockbett wohnt, kann man den Kopf nicht gerade halten, denn dann stößt man an das Bett über einem. Außerdem wackeln die Betten sehr, wenn jemand hinauf- oder hinunterklettert, so daß man z. B. beim Essen kleckert. Und das alles ist für mich wiederum nicht so schlimm. Ich bin gelenkig und flink, und wenn ich angestoßen werde, bin ich schnell genug, um Mißgeschicke zu vermeiden. Aber ältere Menschen, die steif sind! Und dann der Lärm all dieser Hunderte von Menschen. Und wenn man Essen holen will, muß man in den engen Gängen Schlange stehen, usw.

Sabbat, den 17. Juli 1943

Im Augenblick sitze ich im Zug von Zwolle nach Assen, daher diese hübsche Schrift. Aber weil es so kurios ist, will ich Dir ein paar Worte schreiben, jetzt, da ich wieder auf dem Rückweg bin. Denn ich habe richtig Urlaub gehabt und war in Amsterdam. Und ich habe Dir auch noch einen schönen Rote-Kreuz-Brief geschrieben. Liebster, der Zug wackelt zu sehr, ich mache zu viele ›Seitensprünge‹. So bald wie möglich trage ich nach. Viele Küsse und bis ganz bald wieder.

19. Juli 1943

Heute ist Montag, der Tag vor dem Transport. Ich werde versuchen, Dir einigermaßen die Situation wiederzugeben, in der wir uns hier befinden, obwohl ich schon von vornherein weiß, daß dies unmöglich ist.

Am Sabbat kam ich abends gegen acht völlig durchgeschüttelt mit dem Lastwagen an. Vater und Freddy standen am Lagereingang (oder laß ihn mich hier Ausgang nennen) und warteten auf mich. Es ging mir noch nicht einmal so schlecht. Wenn ich früher nach Beverwijk zurückgefahren bin (wo ich auf Hachshara[1] war), habe ich mich viel erbärmlicher gefühlt. Nun gut, ich ging sofort auf Freddy zu und sagte ihm, er bekomme eine Reisegenehmigung für Amsterdam. Er antwortete: »Es ist zu spät.« Ich dachte, ich hörte nicht richtig. »Wieso?« fragte ich. »Die Palästinaliste ist *geplatzt.*«[2] Peng, da hatte ich es. Ich hatte es immer vermutet und auch in Amsterdam darüber gesprochen, aber dort hielten alle die Palästinaliste für absolut sicher. Aber wenn sie das dann sagten, meinte ich immer: »Die Leute für die Deportationen müssen doch irgendwo herkommen!« Jetzt war es also soweit. Vater und Freddy erzählten mir, man habe an diesem Nachmittag in den Baracken eine Erklärung vorgelesen, daß die Leute von der Palästinaliste damit rechnen müßten, deportiert zu werden. Für Vater war es noch kein Problem, weil er auf einer Liste der Personen stand, denen Palästina bestätigt hatte, daß ein Zertifikat für sie bereitliege. Gerade eine Woche zuvor hatten wir einen Brief des gleichen Inhalts vom Roten Kreuz erhalten. Es war noch unklar, ob auch Bobby unter die Regelung fiel, aber das würde schon noch klappen, denn in dem Rote-Kreuz-Brief stand: »und Familie«. Wie es um mich stand, wußte ich eigentlich nicht, aber darüber machte ich mir geringere Sorgen. Ich setzte mich mit Vater auf eine Treppenstufe und erzählte das ein oder andere. Später gingen wir weiter ins Lager hinein. Dort war die Stimmung bleischwer. Bei allen Bekannten stand die Angst ins Gesicht geschrieben, und ich wagte eigentlich gar nicht, jemanden zu grüßen, weil ich selbst noch nicht gefährdet war und gerade eine so angenehme Woche verbracht hatte. Überall hörte man die Worte »Palä-

---

1 Ausbildung, um als Pionier nach Palästina zu gehen.

2 Der Lagerleiter befahl, die »Palästina-Anträge« zu prüfen, da für den geplanten Transport nach Auschwitz am 20. Juli 1943 nicht genügend Personen aufgestellt worden waren. Es sollten nur diejenigen im Lager bleiben, die ein »Zertifikat mit einer Nummer« besäßen. Dieses Zertifikat hatten nur 350 Personen vorzuweisen. 300 »Palästina-Anwärter« ohne dieses »Zertifikat« wurden daraufhin deportiert.

stina« und »Zertifikat«. Wenn man jemandem begegnete und fragte: »Wie geht's?«, bekam man »übel« oder »schlecht« zur Antwort, sonst nichts. Wenn man sich überlegt, daß etwa zweitausend Menschen auf der Palästinaliste standen, selbstverständlich auch fast alle unsere Freunde und Bekannten, kann man sich vorstellen, was es hieß, all diese Menschen am Dienstag ins Ungewisse gehen zu sehen.

Dann hörte ich auch noch vom Fall Heertje, der einen Eindruck von den Intrigen und *Schiebereien* gibt, die hier stattfinden. Heertje ist mein oberster Chef, ein junger Mann, ein wirklicher Herr, der mit viel Energie seit neun Monaten hier das Schulwesen organisiert hat, unter Umständen, von denen ich Dir hoffentlich irgendwann mündlich berichten kann, weil es unmöglich ist, wirklich unmöglich, sie zu beschreiben. Gleich mehr, es ist Viertel vor neun, ich krieche ins Bett und schreibe Dir dort weiter. Er ist Holländer und bekam plötzlich die Nachricht, sein roter Stempel[1], den er für seine Leistungen erhalten hatte, sei verfallen. Es stellte sich heraus, daß man ihn einer antideutschen Kampagne bezichtigte. Dieses Gerücht soll wohlgemerkt von einer Holländerin, die gern seine Stelle gehabt hätte, in die Welt gesetzt worden sein, und die jüdisch-deutschen Machthaber sind sofort darauf angesprungen. Das Ergebnis: Nach neun Monaten harter Arbeit geht er auf Transport. Jetzt haben *alte Kampfeinsassen*[2] bei Schlesinger[3] protestiert, woraufhin nun ein Bericht an den Lagerkommandanten geht. Deswegen muß Heertje diese Woche wahrscheinlich noch nicht weg, aber es hängt davon ab, wie der Kommandant auf den Bericht rea-

1 Mit diesem Stempel konnte man von der Deportation zurückgestellt werden.

2 *»Alte Kampfeinsassen«* wurden die alten Lagerinsassen genannt, d.h. deutsche Juden, die schon vor dem Krieg in Westerbork waren. Im folgenden mit »alte Lagerinsassen« wiedergegeben.

3 Kurt Schlesinger flüchtete als Jude aus dem nationalsozialistischen Deutschland und war seit 1939 (zunächst als Gefangener) im Lager Westerbork. Als im Auftrag der deutschen Besatzer eine umfassende jüdische Lagerleitung, die *Kampleiding,* mit zwölf Abteilungen eingerichtet wurde, wurde Schlesinger Lagerleiter. Die *Kampleiding* mußte wöchentlich Listen von 1 020 Personen aufstellen, die deportiert werden sollten. Die wichtigsten Posten waren mit Flüchtlingen aus Deutschland besetzt.

giert. Entweder geht er auf Transport oder ein anderer. So ist das bei uns. Der eine Jude schickt den anderen auf Transport. Es ist weit mit uns gekommen. Und den Hintergrund all dieser Dinge werde ich Dir ein anderes Mal erzählen. Jetzt muß ich schlafen.

20. Juli 1943

Sie sind wieder einmal mit der Vorbereitung des Transports beschäftigt. Ich werde Dir noch kurz weiterberichten. Inzwischen war Leo Seeligmann bei mir und hat mir die Namen derer genannt, die auf Transport gehen. Tiny van der Heyden, Izak de Jong, Rabbiner Vredenburg, Rabbiner Maarsen, der Schreiber von Thorarollen, Joune Norden, Mia Cohen-Mendelson (die hier schon seit Monaten ist und viel geleistet hat), Meyer Pinkhof, Leo Pinkhof, Elie Ichenhäuser, Daniel Klein, A.T. Kleerekooper, Ro Hartog und Eltern, kurzum, wer nicht? Ich hatte Dir von gestern erzählen wollen, vom stundenlangen Anstehen beim JR, im Versuch, noch etwas hören oder erreichen zu können, vom Fragen, wenn man jemanden trifft, mit dem Wissen, daß der Jüdische Rat machtlos ist; andere Beziehungen hat man hier nicht, und letzten Endes können die auch nichts ausrichten. Aber ich kann an nichts anderes als an den Transport denken.

Um drei oder vier Uhr nachts geht das Licht an (zufällig habe ich heute nacht sehr gehustet und war daher wach), dann ruft der Barackenleiter: »Meine Damen, bitte zuhören.« Und dann geht es los. Jede Aufgerufene muß mit »Ja« antworten. Manche, die meisten, rufen sofort »Ja«. Andere weinen. Aber auch wenn man weiß, daß man nicht dabei ist, bricht einem der Schweiß aus, das Herz klopft bis zum Hals, und dann hört man bekannte Namen! Und dabei sind das dann nur die Namen aus der eigenen Baracke. Die anderen kommen einem erst später zu Ohren. Bei Transporten darf man die Baracke nämlich nicht verlassen, bis der Transport weg ist. Nur wenn der Stempel noch gültig ist, darf man morgens nach sieben Uhr, wenn die Leute zum Zug gehen, aus der Tür. Ich kann Dir unmöglich alle Fälle nennen. Unter mir (d.h. auf der Pritsche unter mir) ›wohnt‹ eine Frau, deren einzige, siebzehnjährige Tochter nach Polen deportiert wurde und die nur einen einzigen Wunsch hat: sie wiedersehen. Ihr ist der Transport vollkommen gleichgültig. Eine Frau, die man vergessen hat aufzurufen, deren Mann aber auf dem Appellplatz wartet; denn einen Trost gibt es: Mann und Frau und überhaupt Familien brechen gemeinsam auf. Was an der Grenze geschieht, weiß man nicht. Todkranke, Gebrechliche, Kinder (unter anderem die Scharlachbaracke) sind heute auf Transport gegangen, kurzum, das Leitmotiv lautet: Ich kann es Dir nicht beschreiben.

Und dann die Mentalität der Zurückgebliebenen! Wie die Raben stürzen sie sich auf die Habseligkeiten, die die Deportierten zurücklassen mußten, weil sie nur Rucksäcke, Brotbeutel und Decken mitnehmen durften. Praktisch läuft es darauf hinaus, daß die Leute fast alles mitnehmen, aber jeder läßt auch etwas da. Auf der anderen Seite helfen alle beim Packen, und viele geben etwas von ihren eigenen Sachen mit, wenn etwas fehlt. Aber dann gibt es die Mentalität derjenigen in Mischehe, die nach Amsterdam zurückdürfen, um dort eventuell sterilisiert zu werden – speiübel wird einem, wenn man daran denkt. Leo Seeligmann erzählte mir gerade, daß er dabeistand, als einer zum anderen sagte: »Da haben wir ja mal Glück gehabt mit unseren Schicksen[1].« Im allgemeinen sind die Menschen, die abtransportiert werden, sehr tapfer. Letzte Woche hat ein ganzer

---

1 Nicht-jüdische Frau.

Waggon »Hatikva«[1] gesungen, ein anderer »Houd er de moed maar in«[2]. Davor kann man nur den Hut ziehen.

Ich werde Dir noch kurz erzählen, wie der Waggon aussieht. Es handelt sich um einen Viehwaggon ohne Licht, und an der Außenseite steht meistens 8 CHEVEAUX, 40 HOMMES[3]. Darin befinden sich: ein Trinkwassereimer mit Hahn, ein aufrechtstehender Kübel mit einem viereckigen Holzbrettchen als Deckel und ein Sandsack. C'est tout[4]. Und in diesen Waggons verbringen statt vierzig mindestens sechzig Menschen mindestens drei Tage und drei Nächte. Die Kranken werden zusammen in Waggons gepfercht, auf deren Boden Matratzen liegen. Jeder Waggon hat einen jüdischen *Zugführer*, vorn und hinten im Zug sind Abteile mit ein paar Grünen. Ob letzteres stimmt, kann ich nicht hundertprozentig sagen, ich habe es zum Glück noch nicht erlebt. Wenn sich der Zug in Bewegung setzt, ertönt ein gellender Pfeifton, und was dann in einem vorgeht ...

Und wenn man sich dann überlegt – Frau v. d. Heyden-Jacobson, Tochter eines steinreichen Mannes, zieht herum, ohne Ziel, ohne zu wissen, wohin, gekleidet wie eine Landstreicherin (die Menschen sehen nämlich lächerlich aus, weil sie alles übereinander anziehen, aus Angst, man könnte es ihnen wegnehmen). Auch wenn wir es nicht schlechter treffen sollten als in Westerbork – das Gefühl der Unsicherheit, nicht mehr in den Niederlanden zu sein und zu dem irrsinnigen Judenproblem in Polen zu gehören, reicht schon vollkommen, um verrückt zu werden. Und Du weißt, Leo, wenn es für uns soweit ist, werde ich es auch tragen, so kennst Du mich doch, oder? Und dann haben

---

1 »Hatikva« bedeutet Hoffnung. Seit 1907 das sogenannte Nationallied der zionistischen Bewegung, heute Nationalhymne Israels.
2 »Habt Mut«, niederländisches Wanderlied.
3 Französisch: Acht Pferde, vierzig Menschen.
4 Französisch: Das ist alles.

wir ja auch noch das Glück, daß Du in Eretz Israel bist und ein Zertifikat auf uns wartet. Und ich habe immer noch die Hoffnung, daß wir dadurch bald herausgeholt werden können, wenn wir nur einer Briefmarke habhaft werden, um Dir zu schreiben. Aber vielleicht ist das auch zu optimistisch.

Ich höre gleich auf, will Dir aber noch schnell von Freddy erzählen. Für ihn sah es schlecht aus, weil er noch keine Bestätigung aus Palästina hatte. Nun hatte er aber seinerzeit Marinus Kan Deinen Rote-Kreuz-Brief gezeigt, in dem Du über seine Ernennung zum Jugendleiter für eventuelle Kindertransporte nach Palästina schriebst. Kan hatte den Brief aus Versehen nach Amsterdam mitgenommen, und als ich letzte Woche in der Stadt war, habe ich um seine Rückgabe gebeten. Er kam per Kurier nach Westerbork (Kan konnte ihn nicht so schnell finden, als ich da war), wurde hier anerkannt und Freddy daraufhin freigestellt. Glück und Zufall! Wenn Du den Brief vierzehn Tage später geschrieben hättest, wenn ich nicht nach Amsterdam gefahren wäre ... Aber auch das Gegenteil kommt vor: Eine Bekannte rief mich am Sabbatmorgen in Amsterdam an und sagte, sie sei unterwegs, um ein unterzeichnetes Schriftstück für Herrn Birnbaum zu holen. Das Schreiben kam aus Bern, und als ich das Herrn Birnbaum in Westerbork erzählte, war er überglücklich, denn es handelte sich wahrscheinlich um die Einreisevisa für Honduras, mit denen sie gesperrt worden wären. Das Paket kam nicht mehr rechtzeitig in Westerbork an, die Familie wurde deportiert. Vielleicht kommen die Visa morgen. Schicksal, Schicksal, Schicksal. Tschüß, mein Schatz, morgen mehr.

21. Juli 1943

Jetzt fahre ich mit dem Tagesablauf fort. Um halb sechs wird also »Aufstehen!« gebrüllt, und dann ruft der Saalleiter: »Gibt es noch Kranke?« Dann muß man sich krank melden oder nicht. Man steht auf und wäscht sich im Waschraum. Als es hier noch sehr voll war, mußte man sich damit beeilen, denn sonst war kein Wasser mehr da. Waschen, Anziehen und Frühstücken. Morgens gibt es Kaffee, auf jeden Fall etwas Warmes, ich weiß nie, ob es Kaffee oder Tee ist, und ich trinke es fast nie, weil ich es auch früher morgens nie getrunken habe und es daher nicht brauche. Am allermeisten vermisse ich Wasser. Das Wasser hier schmeckt metallisch, ist eisenhaltig und außerdem heißt es, es sei nicht gut, es zu trinken, wenn man nicht daran gewöhnt sei, obwohl es eigentlich ja sehr gesund ist. Brot essen. Um sieben Uhr müssen sich alle Frauen zwischen sechzehn und vierzig Jahren vor der Baracke versammeln. Dann werden sie gemeinsam zum Appellplatz gebracht, zum Außendienst. Es gibt nämlich verschiedene Arbeitsgruppen im Lager, sogenannte *Dienstbereiche*, zum Beispiel den Außendienst, bei dem man völlig sinnlose Arbeit verrichtet: mit Eimern Sand schleppen oder Torfsoden tragen. Ich habe das auch mal einen Morgen lang gemacht. Die Leute sollen nämlich nicht untätig im Lager herumlaufen, damit der Eindruck entsteht, es handle sich um ein Arbeitslager. Damals war ich noch mit Jenny zusammen. Nachdem wir uns auf dem Appellplatz versammelt hatten, mußten wir unsere Lagerkarten abgeben. Ich hatte meine nicht dabei und hätte mich davonmachen können, wenn ich gewollt hätte. Es war einfach lachhaft, sie kontrollierten nichts. Es gab einen Kolonnenführer, der die Leitung hatte und uns sagte, was wir zu tun hatten. Wir wurden zu einem Platz gebracht, wo wir einen Holzeimer und ein Brett bekamen, mußten dann an einer sandigen Stelle einen Eimer mit Sand füllen – vor allem nicht zu voll, sonst geht es zu schnell. Dann zu zweit den Eimer tragen und im Schlenderschritt durch das Lager zu einer anderen Stelle, wo der Eimer in einen winzigkleinen Tümpel ausgeschüttet wird. Zurück und eine Viertelstunde von den Anstrengungen ausruhen. Die Männer mußten an diesem Morgen Soden tragen, und es war ein absurder Anblick, wenn man ihnen begegnete: das Torfstück wie eine Aktentasche unter den Arm geklemmt, im Schlenderschritt. Aber das Schlimme an dem ganzen ist ja eigentlich, daß all diese Menschen, die früher nützliche Arbeit getan haben, nun so herumlaufen müssen.

Aber wenn der *Untersturmführer* dazukommt, geht es in einem rasenden Tempo, dann müssen die Sandeimer randvoll sein und dann ist es natürlich schwere Arbeit, von Viertel nach sieben bis halb eins und von Viertel vor zwei bis halb sieben. Du weißt, daß ich schnell Rückenschmerzen bekomme, und so machte es mir schon Mühe, obwohl meine Eimer nicht voll waren. Am nächsten Tag ließ ich mir einen Zettel für die Klinik geben und erzählte von der Gipsgeschichte. Der Arzt, der mich untersuchte, war sehr freundlich, er meinte, er habe ja gar keinen Zweifel an der Wahrheit meiner Worte und ich könne sicherlich dabei krank werden, aber mir *dienstfrei* geben oder für den Außendienst untauglich erklären, solange ich nicht steif sei – das könne er nicht. Und als ich erwiderte, daß es dann zu spät sei, weil ich dann wochenlang flach liegen müsse, sagte er: »Das wird passieren, aber daran kann ich nichts ändern.« Schön, so etwas, nicht wahr? Der Mann konnte wahrscheinlich wirklich nichts tun. Andererseits gibt es Ärzte, die einen für ein paar Zigaretten sofort vom Arbeitsdienst befreien. Am nächsten Tag war ich wirklich krank, hatte Durchfall und mußte mich heftig übergeben. Am Tag danach hatte ich dann auch noch dienstfrei und bekam dank Jennys guter Beziehungen eine Stelle als Helferin der Sekretärin bei der Schulverwaltung. Und dort sitze ich jetzt und tippe läppische Zettel (Papiere mit ein oder zwei Sätzen) und mache den halben Tag lang nichts. Daher habe ich jetzt eine Schreibmaschine zur Verfügung und kann Dir schreiben. Die Arbeitszeiten sind ebenfalls kurz: Statt um sieben Uhr anzufangen, geht es um acht Uhr los, und um fünf Uhr sind wir fertig. Und die Kleidung wird auch nicht so schmutzig wie beim Außendienst.

Also: Um acht Uhr aus der Baracke. Die Frauen zwischen vierzig und fünfzig müssen um halb acht dort stehen, sie gehen in die Kartoffelküche und müssen dort etwa vier Stunden lang Kartoffeln schälen. Frauen mit kleinen Kindern und Frauen über sechzig brauchen nicht zu arbeiten. Ich schrieb ja schon von den *Dienstbereichen*. Es gibt den Innendienst, bei dem Frauen die Baracken sauberhalten müssen und den *Ordnungsdienst*, der als Polizei und Krankentransport fungiert. Jeder *Dienstbereich* hat einen *Gruppenleiter* und einen *Stellvertretenden Gruppenleiter*. Die Leitung besteht immer aus alten Lagerinsassen. Ich habe Dir früher schon einmal von der Verbitterung dieser Leute geschrieben, aber daß ihr Haß so groß sein würde, hatte ich mir nicht vorstellen können. Sie sind allesamt zu Psychopathen geworden, die nur den engen Kreis des Lagers sehen, in dem sie die Macht haben, und vergessen, daß da draußen die wirkliche Welt ist. Sie sind so erfüllt von diesem Haß, daß sie zum Beispiel Imbach, den Leiter der früheren Emigrationsabteilung des Jüdischen Rates[1], auf Transport geschickt haben, weil sie der Ansicht waren, es sei seine Schuld, daß so viele nicht emigrieren konnten. Das ist möglich, weil es dem Kommandanten[2] natürlich völlig egal ist, wer auf Transport geht, Hauptsache, er liefert insgesamt die von Berlin bzw. Den Haag gewünschte Anzahl. Die Registratur (wo alte Lager-

---

1 Die Emigrationsabteilung war eine Abteilung der »Zentralstelle für Jüdische Auswanderung«, die im Juli 1941 gegründet wurde. Dieser Name war trügerisch, denn Ausreisebewilligungen wurden während der ganzen Besatzungszeit nur in zwei Fällen genehmigt.

2 Der Kommandant des Lagers war SS-Obersturmführer Albert Konrad Gemmeker.

insassen arbeiten) erstellt die Listen, und wenn jemand eine ›Beziehung‹ unter den alten Lagerinsassen hat, die ihm wohlgesinnt ist, kann dafür gesorgt werden, daß er von der Liste gestrichen wird. Natürlich wird dann jemand anderes auf die Liste gesetzt, so daß alles ein Geschiebe unter Freunden ist, bei dem es einem schlecht werden kann. Es ist genauso wie in Amsterdam, mit dem Unterschied, daß man dort nicht sagte: »Ich will, daß dieser oder jener nach Polen geht«, wie das hier schon mal geschieht, sondern nur: »Dieser und jener darf nicht nach Polen« (so daß dafür natürlich ein anderer gehen muß). Ein kleiner gradueller Unterschied.

Um halb eins nach Hause kommen und Brot für den nächsten Tag auf die Lagerkarte holen. In der Schule esse ich warm. Kurz etwas herumwerkeln und wieder zur Schule. In der Baracke kann man melden, wenn man reparaturbedürftige Schuhe hat. Hat man kein Geld, braucht man nichts zu bezahlen, was zu Beginn des Lageraufenthaltes einem verrückt erscheint (wenn man ein Konto bei Lippman hat, kann man sich dreißig Gulden pro Monat auszahlen lassen), man kann um eine Waschnummer bitten und die Wäsche waschen lassen (einmal alle paar Wochen). Man bekommt auch als Frau eine Raucherkarte, was in Amsterdam nicht der Fall war, und es gibt eine Kantine, wo man Zigaretten und Limonade und sogar heimlich Butter kaufen kann. Weil es da aber immer voll ist, bin ich noch nie dort gewesen. Jeden Abend gibt es ein Konzert, was abgeschmackt ist, und sogar Kabarett. An Transportabenden findet zum Glück kein Konzert statt. Der Kommandant hat nämlich eine Schwäche für Konzerte und wünscht, daß man sie besucht. Er ist anscheinend überhaupt sehr kulturbeflissen. Wenn in der Schule Gesangsstunde ist, kommt er oft zum Zuhören, immer mit einem ganzen Gefolge. Der Dirigent Hans Krieg ist nämlich hier. Er bringt den Kindern Lieder bei (auch hebräische), manchmal im Kanon, und wenn Hunderte von Kindern singen, klingt es wundervoll.

Einmal alle paar Wochen kann man sich die Haare schneiden lassen. Diese Vergünstigungen gelten jedoch nur für Personen mit einem Stempel. Einmal alle vierzehn Tage darf man schreiben, zwei Postkarten oder einen Brief. Es gibt eine Zensur, und man darf nicht über interne Lagerangelegenheiten berichten, also etwa nicht über den Außendienst und auch nicht über die Transporte und darüber, wer alles weg ist. Natürlich werden doch heimlich Briefe aus dem Lager geschmuggelt, beispielsweise von Zimmerleuten, die ab und zu im Lager gebraucht werden, oder von der Militärpolizei usw. Dann gibt es in Transportnächten eine sogenannte *Notbereitschaft* (NB), die zum Helfen bereitstehen muß, und eine *Fliegende Kolonne* (FK), die beim Gepäcktragen hilft und auch aus Leuten besteht, die schon lange im Lager sind. Schließlich gibt es noch eine Abteilung *Fürsorge*, wo man Lebensmittel oder Gepäck erbitten kann, wenn man das nicht auf andere Weise bekommt. Nahezu alles, was ich im Augenblick besitze (ich kam schließlich ohne alles hier an), stammt von der *Fürsorge*. Die ist ein Kapitel für sich, denn obwohl sie dank des Gepäcks und der Lebensmittel von Menschen, die bereits abtransportiert wurden, sehr reich ist, rückt sie erst nach langem Bitten etwas heraus. Wenn die Vorräte nämlich kleiner werden, muß vielleicht auch das Personal verringert werden. Sie haben schreckliche Angst um ihre Stelle, denn auch sie sind wiederum alte Lagerinsassen, die fürchten, sie könnten als erste weggeschickt werden, wenn die Reihe an ihnen ist und sie keine oder weniger wichtige Arbeit verrichten. Wer damit rechnen muß, auf Transport zu gehen und etwa am Montag entdeckt, daß er keine Taschentücher hat, kann diese nicht tagsüber, sondern erst Montagnacht bekommen.

Ich habe jetzt fast alle technischen Besonderheiten skizziert. Außerdem kann ich Dir noch berichten, daß man hier mit Zigaretten alles erreichen kann. Ich habe vom Fall Heertje erzählt, überall gibt es Intrigen, und ich bin wirklich nicht durchtrieben genug, um sie alle zu verstehen. Tatsache ist jedenfalls , daß hier ein paar deutsche Juden die Macht in Händen haben und ungekrönte Könige sind.

Mein Bericht ist sehr wirr geworden. Natürlich habe ich auch das ein oder andere vergessen. Man ist hier so vielen Eindrücken ausgesetzt, daß man unmöglich alles behalten und aufschreiben kann. Ich hoffe, daß eines Tages die Zeit kommen wird, in der ich Dir alles erzählen kann. »Bald in unseren Tagen, Amen.«[1]

23. Juli 1943

Lieber Schatz,
Freddy geht zurück nach Amsterdam!!!! Wir können es kaum fassen, es ist zu schön, um wahr zu sein. Ich bin völlig aus dem Häuschen. Und natürlich ist es herrlich für ihn, aber für mich ist es sehr schwer, weil er mir doch so viel bedeutete. Freddy und Juul waren selbst ganz durcheinander: Letzte Woche schon fast auf dem Weg nach Polen und diese Woche nach Amsterdam. Sie gehen schon morgen! Man schwankt hier ständig zwischen Kummer und Freude, und man muß wirklich sehr stark sein, um das alles verkraften zu können. Salomon Eitje geht auch zurück, und sein Sohn Elie wurde diese Woche weiterdeportiert. Das ist schon sehr bitter. Freddy und Juul wissen noch nicht, ob sie in ihre Wohnung zurückkönnen, die ist nämlich versiegelt, wird aber inzwischen wohl freigegeben worden sein. Es ist zu verrückt, und Du kannst Dir wahrscheinlich gar nicht vorstellen, was das bedeutet, aber im Augenblick bin ich vollkommen erledigt. Und zu allem Überfluß erzählte mir gerade eben je-

1 Zitat aus dem jüdischen Achtzehngebet.

mand, daß Churchill als Datum für das Kriegsende 1944 oder 1945 genannt haben soll. Könnte ich im Moment die Sache nüchtern betrachten, hätte ich wahrscheinlich geantwortet: »Der sagt auch jede Woche etwas anderes und dabei doch nie die Wahrheit«, aber jetzt kann ich es nicht ertragen. Das Verrückte ist nämlich, daß ich mich jetzt, wo wir unser Haus verloren haben, gar nicht so sehr danach sehne, zurückzugehen. Gleichzeitig zermürbt mich die Vorstellung, noch monatelang hierbleiben zu müssen. Ich hoffe jetzt nur, daß ich einmal pro Monat frei bekomme, daß Mutter einen Ausweis bekommt, daß sie in Amsterdam bleiben kann und Vater und Mutter sich irgendwo einquartieren lassen können. Wir werden sehen, was passiert. Die einzige Lösung heißt doch: Frieden. Vorher ist der Druck, der einem im wahrsten Sinne des Wortes ständig auf der Brust liegt, doch nicht weg. Du sollst jetzt nicht denken, daß ich mit mißmutigem Gesicht herumlaufe und nie fröhlich bin. Doch, doch, aber richtig tief durchatmen und vor Glück seufzen kann ich schon seit Jahren nicht mehr, seit dem Tag, an dem Du weggegangen bist. Laß uns wieder hoffen ... es wird eintönig. Ich werde jetzt essen. Heute ist Freitag, und um Viertel vor acht ist Schul. Tschüß, mein Lieber, ich mußte einfach mal mein Herz bei Dir ausschütten. Ich brauche Deinen Trost so dringend, lieber Leo.

24. Juli 1943

Ich bin wieder besser gelaunt, denn inzwischen ist schon wieder so viel geschehen. Gestern abend bekam ich einen Brief von Deinem Vater, in dem er schrieb, es sei ein Rote-Kreuz-Brief von Dir eingetroffen, in dem Du die Hoffnung ausdrücktest, mich bald zu sehen. Das hatte mir gerade noch gefehlt! Ich war doch schon krank vor Sehnsucht nach Dir, und dann schreibst Du vor drei Monaten, daß Du mich bald erwartest. Also wieder ein Fehlschlag. Und auf der anderen Seite denke ich: Vielleicht werde ich doch eines Tages zu Leo gehen.

Heute morgen Freddy und Juul weggebracht, ich war gar nicht mehr nervös, auch gestern abend nicht, als sie kamen, um sich von mir zu verabschieden. Sie sind um sieben Uhr gegangen.

Und jetzt geht Bobby nach Hause!! Wie das möglich ist, weiß der Kuckuck. Als ich letzte Woche in Amsterdam war, wurde nichts ihretwegen unternommen, und jetzt bekam sie heute mittag einen Zettel mit der Nachricht, sie werde am Montag entlassen! Man erlebt hier wirklich die verrücktesten Sachen. Denn gerade ist ein Transport aus Amsterdam eingetroffen mit achthundert Leuten vom Jüdischen Rat, und es heißt, morgen komme der Rest. Es sind Leute dabei, z.B. meine Freundin Jenny, die am letzten Sabbat nach Amsterdam zurückgekehrt sind, weil ihre Männer oder sie selbst einen »Ausweis« erhalten hatten. Und jetzt sind sie wieder hier. Sie werfen uns hin und her. Wir sind froh, daß Mutter noch keinen »Ausweis« hat, denn so steht sie zumindest nicht auf dieser Liste.

Stell Dir nur mal vor: Um halb eins kommen Freddy und Juul in Amsterdam an, und um drei Uhr fahren achthundert Personen nach Westerbork. Dieser Transport fand zumindest in Personenwaggons statt. Und es ist zu verrückt – ich sehne mich nun wirklich nicht mehr danach, zurückzugehen. Am liebsten hätte ich wieder Urlaub. Hier kommen gerade jede Menge Menschen vom Transport herein. Ich kann nun nicht mehr in Ruhe schreiben. Ich hoffe, den Rückstand morgen auf der Schreibmaschine wieder einzuholen. Man kann jedenfalls nicht behaupten, unser Leben sei langweilig. Von mir aus dürfte es ruhig ein wenig langweiliger sein. Jeden Tag etwas Neues. Palermo und Orel gefallen und in der Straße von Messina wird gekämpft ... who knows. Schlaf gut, mein Schatz.

Sonntagnachmittag, den 25. Juli 1943

Lieber Schatz,
jeden Tag etwas anderes! Bobby geht nicht nach Amsterdam. Was für eine Enttäuschung! Heute morgen stellte sich heraus, daß es sich um einen Irrtum handelte. Wie schade! Sie war natürlich sehr geknickt. Und noch schlimmer finde ich es für Mutter, auch wenn sie von der ganzen Geschichte nichts wußte. Wir haben es ihr auch gar nicht geschrieben, sie wäre sonst bestimmt doppelt enttäuscht, daß Bob nicht kommt. Sie hatten einfach den Entlassungszettel an die falsche Person geschickt. Mittlerweile ist sie ein wenig darüber hinweg. Jetzt werde ich meinen Bericht beenden, und dann mache ich mir wieder jeden Tag ein paar Notizen und schreibe Dir alle paar Tage.

Es gibt hier verschiedene Gesperrten-Listen. Da sind die alten *Kampfeinsassen*, etwa 1700, die einen roten Stempel haben und bis zum Schluß hierbleiben und von denen ich Dir bereits schrieb, daß sie die Macht haben. Dann gibt es einige rote Stempel, die man für wichtige Arbeit erhält. Das sind nur sehr wenige, denn meist muß man erst ein Z[1] auf der Lagerkarte haben, ehe man eine solche Stelle bekommt. Nur mit Beziehungen geht es auch umgekehrt und auch dann nur ganz selten. Dann gibt es die grünen Stempel, die ebenfalls vom Kommandanten für bestimmte Leistungen vergeben wurden. Diese Stempel wurden vor ein paar Wochen für ungültig erklärt und die Leute, die einen solchen Stempel hatten, abtransportiert. Es gab auch eine Liste, auf der Eltern von Mitarbeitern der Expositur standen, die einen grünen Stempel hatten und die auf Transport geschickt wurden. Man nennt das hier: Eine Liste *platzt*. Wenn es montags nämlich nicht genug Leute für einen Transport gibt, ordnet der Kommandant an, daß eine der Gesperrten-Listen aufgehoben wird.

1 Zurückgestellt.

Schließlich gibt es dann noch die Putkammer-Liste.[1] Und so ist vergangene Woche die Palästinaliste geplatzt. Wer darauf stand, hatte einen blauen Stempel und war auf Anweisung Den Haags freigestellt. Ich habe Dir bereits davon geschrieben. Bei etwa dreihundert Personen waren die Papiere in Ordnung. Bis wann? Das hängt davon ab, ob noch Transporte gehen. Der Lagerkommandant Gemmeker ist daran interessiert, das Lager zu erhalten, denn sonst muß er an die Ostfront. Aber alles hängt davon ab, was Berlin beschließt. Letzte Woche ist Gemmeker mit einer Kommission im Lager gewesen. Man will das Lager nämlich zum Dauerlager reorganisieren. So wird es ein Café geben mit einem Ensemble, einem Kino, einem Tanzlehrer! Der Irrsinn wird auf die Spitze getrieben. Gemmeker soll gesagt haben, es solle ein Arbeitslager werden, und wenn wir hart arbeiten müßten, werde er für Entspannung sorgen. Würde man es nicht leibhaftig miterleben, könnte man es nicht glauben! Uns steht hier wirklich nicht der Sinn nach solchen Dingen, aber wenn man einmal dort sitzt, amüsiert man sich ja doch. So war ich diese Woche im Kabarett, Ehrlich, Chaja Goldstein (!) und hatte durchaus meinen Spaß. Ehrlich nimmt alles ganz schön auf die Schippe, spricht unter anderem über Schlesinger als *»Seine Majestät«* und traut sich, in seinen Liedern auch Anspielungen zu machen:

Immer langsam, immer langsam
Immer mit Gemütlichkeit
Wir hab'n noch lange Zeit
Es ist noch nicht soweit.

Aber es ist schon schrecklich, wenn man dann z. B. Juul dort sitzen sieht, deren Eltern zwei Tage zuvor deportiert wurden.

---

1 Für die Lieferung von Industriediamanten wurde man durch Vermittlung des deutschen Prokuristen der Rotterdamer Bank, Putkammer, vorübergehend von den Deportationen zurückgestellt.

Ich werde jetzt noch die Punkte durchgehen, die ich mir notiert hatte. In der Krankenbaracke sah ich kleine Kinder aus Vught, so mager und still und blutarm, daß einem die Tränen in die Augen schießen, wenn man sie sieht. Ein paar von ihnen sind ganz allein, ohne Eltern oder Verwandte, und man kennt noch nicht einmal ihre Namen. Wenn man die Kinder sieht, spürt man erst richtig, wie groß das Leid ist, das über uns gekommen ist.

Als wir gerade ein paar Tage hier waren, kam ein Transport aus Vught, und daher habe ich das ein oder andere von dort gehört. Eine Gruppe von Männern, die am Moerdijk gearbeitet hatten, ohne Stern, weil die anderen nicht wissen sollten, daß sie Juden waren (was sie natürlich doch wußten), hatten es dort sehr gut. Als sie nach Westerbork kamen und von dort nach Polen geschickt wurden (Transporte aus Vught werden immer direkt weitertransportiert), wurde ihnen alles weggenommen, und sie bekamen nur einen Anzug (bei ihrer Arbeit trugen sie Uniformkleidung, ihre eigene Kleidung mußten sie abgeben). Diese getragenen Anzüge kamen den Etiketten zufolge aus Griechenland, waren also wie hier von Juden geklaut. Vught selbst scheint ein Musterlager zu sein, mit Blumenalleen, Zentralheizung und modernen Eß- und Schlafsälen. Essen bekamen sie allerdings nicht, wohl aber Schläge. Und die Frauen wurden von NSB-Weibern tyrannisiert. Dann lieber so eine Schweinewirtschaft wie hier. Der Vater (42) eines Mädchens starb gleich nach Ankunft aus Vught in Westerbork, und Mutter und Tante wurden noch in derselben Nacht weitergeschickt. Eine Woche später wurde auch sie zum Transport aufgerufen, aber wieder rausgeholt. Jemand sagte neulich: »Unser Leid reicht für ganze Generationen.« Und so ist es auch. Dennoch lachen wir durchaus mal! Zum Beispiel war da neulich ein alter Mann im Frauensaal, abends, als sich die Frauen auszogen. Er wollte was sehen! Die Barackenleiterin packte ihn etwas unsanft an, und es entstand ein Handgemenge. Eine der Frauen, die auf ihrer Pritsche im dritten Stock saß, zog resolut ihren Schuh aus und schlug damit nach Herzenslust einem der Streithähne auf den kahlen Schädel. In einer der Baracken mußten alle Insassen pro Tag fünfzig Fliegen fangen und beim Barackenleiter abgeben. Kein Witz!! (Wir haben hier nämlich eine Fliegenplage.) Ich werde jetzt aufhören. Heute abend weiter, dann kann ich hoffentlich die letzten Punkte nachtragen.

Ich habe Dir schon von den Transportnächten geschrieben. So schlimm wie diese Woche war es noch nie für uns, weil all unsere Bekannten darunter waren. Vor ein paar Wochen ist auch Lex W. weggegangen, nachdem es eine Woche zuvor schon seine ganze Familie, Eltern, Schwiegereltern und sein Mädchen getroffen hatte. Das ist so ein schlimm, dieses Auseinanderreißen von Familien. Und manche Menschen verwahrlosen völlig. Manche, wie Vater, ertragen das Lagerleben gut, und andere, wie Lex, gehen *seelisch* daran zugrunde. Ich glaube, ich habe vergessen zu erzählen, daß sie vor etwa vierzehn Tagen das NIZ geräumt haben – Mutter war zum Glück gerade entlassen worden – und die Menschen deportiert haben. Großmutter auch, sie ging direkt nach Polen. 89 Jahre, stell Dir das mal vor!

Ich hatte gleich, als ich hier ankam, Eitje geschrieben, er müsse versuchen, eine Reisegenehmigung für mich zu erwirken, und zwar aufgrund der Tatsache, daß ich immer die Arbeitsgenehmigungen behandelte. Blüth zeigte mir damals einen Brief vom Reichsarbeitsbüro – ein Prachtstück! Amsterdam könne nicht weiterbestehen, wenn ich nicht zurückkäme, um die Angelegenheiten zu regeln. Ich sagte zu Blüth (der diesen Brief dem Kommandanten vorlegen mußte): »Auch wenn ich die Genehmigung nicht bekomme, will ich diesen Brief als kurioses Andenken haben.« Nun ja, ich rechnete absolut nicht damit, daß ich sie bekommen würde. Montag, den 12. Juli, um halb sieben bekam ich die Nachricht, ich sei bis zum 17. Juli beurlaubt. Großartig, nicht wahr? Ich habe an diesem Abend – es war ausgerechnet auch noch der Abend vor dem nächsten Transport – so etwas wie eine Audienz gehalten, habe allerlei Aufträge bekommen, für gute Freunde heimlich Briefe und Schmuck eingesteckt, und am nächsten Morgen stand ich am Ausgang. Links der Transportzug, rechts ein Lastwagen mit Mischehen, Fritz Grünberg vom Jüdischen Rat, einem Kurier, noch ein paar Leuten, die Urlaub erhalten hatten, und mir. Ich werde Dir einen einzigen schönen Vorfall von dieser Reise erzählen. Es gab reservierte Abteile für Westerbork, weil die Leute so viel Gepäck hatten. Und ab Assen war der Zug gerammelt voll. (Es gibt viel zu wenig Züge.) Fritz rief den Chef, und der stellte sich vor die Abteile, auf denen RESERVIERT WESTERBORK stand, und sagte: »Raus, meine Herren.« Und an uns vorbei gingen ... ein hohes Tier vom Arbeitsdienst[1] (die Hohen gehören immer zur NSB) und ein niederländischer SS-Mann in Uniform! Die mußten dann stehend weiterfahren und die Juden verfluchen, die fein gesessen haben. Ist das nicht schön?

Ankunft, Empfangskomitee, Dein Vater, Els, Eitje, Jo Pronk. Und dann zum Haus Deines Vaters. Schön gedeckter Tisch, eine Schüssel mit Süßem von Fräulein Roos, ein Ei! Wunderbare Tage gehabt. Geredet und geredet, bis ich keine Stimme mehr hatte. Eins muß ich noch erzählen, nämlich wie ich all die schönen Villen sah und sie mit unseren dreckigen Baracken verglich. Die Sorgfalt, mit der diese Häuser unterhalten wurden – und uns hatte man einfach irgendwohin geworfen. Ich höre auf, denn ich muß noch weg. Morgen trage ich definitiv alles nach. Es fehlt nur noch ein einziger Punkt.

---

1 Der Arbeitsdienst *Werkverruiming* des niederländischen Wohlfahrtsministeriums schickte Juden zur Arbeit in geschlossene Betriebe und Lager. Dort arbeiteten landesweit ungefähr 7000 Juden, die zunächst nicht deportiert wurden – ein perfides Verfahren mit dem Ziel, daß weitere Juden »dort Zuflucht suchten«, wie es Polizeichef Rauter in einem Bericht an Himmler vom 24. September 1942 formulierte.

22. August 1943

Es ist Sonntagnachmittag, und ich habe mich wieder sehr danach gesehnt, schreiben zu können. Und jetzt, wo ich Zeit dafür habe, weiß ich gar nicht so viel zu erzählen. Seit ich Dir das letzte Mal schrieb, bin ich in den Außendienst versetzt worden. Die Jungen müssen nämlich auf dem Land arbeiten, um die Ernte einzuholen, und am Dienstagabend bekam auch ich einen Aufruf. Eigentlich wollte ich Dir eine ausführliche Schilderung meines Lebens als Bäuerin geben, aber gerade kam Vater ans Fenster. Er kommt gleich herein, also wird nichts daraus. Ich bin auch nicht wirklich in Stimmung und habe morgen Schreibtag, muß also auch noch ein paar Postkarten schreiben. Ich beende diesen Brief also jetzt und werde Dir heute abend, wenn ich ein paar Besuche in der Krankenbaracke hinter mir habe, weiter schreiben. Bis bald, Liebling.

24. August 1943, 9 Uhr abends

In Hochstimmung! Ich bin wahrscheinlich vom Außendienst befreit und gehe – vermutlich dann immer wieder – für ein paar Tage nach Amsterdam. Morgen werde ich schwänzen und Dir schreiben.

25. August 1943

Aus dem Schreiben ist den ganzen Tag nichts geworden, weil ich gearbeitet habe. Es war nämlich schönes Wetter, und deswegen habe ich nicht geschwänzt. Ich werde Dir eben berichten, wie ich in den Außendienst gekommen bin. Eines Abends erhielt ich einen Zettel mit der Nachricht, ich sei zum Außendienst eingeteilt worden. Als ich mich erkundigte, zeigte sich, daß praktisch alle Frauen zwischen 16 und 40 Jahren ein paar Wochen im Außendienst helfen müssen, um die Ernte einzuholen, die zum größten Teil, ich meine, zu drei Vierteln, nach Deutschland geht. Danach dürfen sie wieder auf ihre alten Stellen zurück. Ich fand es nicht schlimm, aber nur, wenn ich wirklich nach kurzer Zeit wieder zurückkönnte und auch nur bei schönem Wetter. Schöne Bäuerin, was? Ich erkundigte mich bei meinem Chef, der mir nochmals versicherte, er werde mich so schnell wie möglich zurückholen.

Am Morgen dann mitten in der Nacht aufstehen, alte Klamotten an, um 7.15 Uhr auf dem Appellplatz. Mittlerweile hatte es zu regnen begonnen, und wir mußten rein. Eine Stunde später dann ein neuer Versuch. Auf dem Appellplatz hatte man verschiedene Gruppen eingeteilt, und das war vielleicht ein Namen-Rufen und ein Gebrülle – ein absolutes Chaos! Die neu Aufgerufenen mußten alle unter Bauer arbeiten, einem Österreicher, einer Mischung aus Gestiefeltem Kater und Jahrmarktsbudenbesitzer, einem groben Kerl, der viel herumschreit, aber sonst herzensgut ist. Wir wurden gezählt, in Dreierreihen aufgestellt, und marschierten aus dem Lager. Ich in Holzschuhen! Ich habe Dir noch nicht erzählt, daß ich hier fast immer Holzschuhe trage, um meine Schuhe zu schonen. Das kann fast niemand und ich bin sehr stolz darauf, daß ich es kann. Ich habe Hornhaut oben auf meinen Füßen. Abends und am Sabbat trage ich normale Schuhe.

Außerhalb des Lagers ist es wunderschön, prächtige Heide, und dennoch war ich völlig niedergeschlagen, weil ich daran dachte, wie wir früher hier geradelt waren und die Gegend genossen hatten, während wir jetzt Gefangene sind und von Passanten, die gelegentlich vorbeikommen, mit großen Augen angestarrt werden. Auch außerhalb des Lagers stehen ein paar Häuser, unter anderem vom Kommandanten und von der Militärpolizei. Dort besteht das gesamte Personal aus Juden. Küchenmädchen, Hausknechte, Gärtner usw. Genau wie die Negersklaven in den Südstaaten Amerikas. Ich versuchte, mich aufzumuntern, indem ich mir sagte, daß dies nicht ewig dauern werde und ich gesund und stark sei – fast jeder hier hat etwas, Durchfall, Angina, entsetzlich viele Infektionen –, aber es war dennoch schwierig. Wenn man außerhalb des Lagers ist, kommt einem alles noch viel schlimmer vor. Das Kartoffelnernten ist an sich nicht schlimm, wenn auch ermüdend, aber das Schlimmste ist, daß man dabei so schrecklich schmutzig wird. Du kannst Dir keine Vorstellung davon machen. Ich komme nach Hause und bin so schwarz wie ein Schornsteinfeger, und mein ganzer Körper ist von einer Staubschicht überzogen. Ich brauche mindestens eine Stunde, um wieder sauber zu werden. Und am Sabbat muß ich auch arbeiten. Ich konnte meine Niedergeschlagenheit nur mit größter Mühe überwinden und hätte mich so gern ein wenig von Dir trösten lassen. Mein *Anlehnungsbedürfnis* wird immer stärker, und dabei hatte ich in Amsterdam so viel Energie. Mein Trost ist, daß es jedem so geht. Alle, zumindest viele meiner Bekannten, sagen: »Ich will nicht denken, ich lasse mich einfach leben.« Außerdem hören wir in den letzten Tagen nichts von dem, was in der Politik geschieht. Post kommt fast keine, das alles deprimiert uns sehr. Ich habe Dir schon oft geschrieben, daß man hier *himmelhochjauchzend* (das ist natürlich übertrieben) oder *zu Tode betrübt* ist. Sonntag war hier eine Ausstellung mit den Handarbeiten der Kinder, von der Schule organisiert. Mein Vorgesetzter hat die gute Stimmung genutzt – der Kommandant, begleitet von aus der Fünten, hat die Ausstellung besichtigt und jeden Tisch sehr interessiert betrachtet, wenn ich nicht dabeigewesen wäre, hätte ich es nicht geglaubt – und hat versucht, uns aus dem Außendienst zu kriegen. Es scheint allerdings doch nicht so leicht zu sein, aber die Sache ist noch in Arbeit. Obwohl es eigentlich zu gefährlich ist, liege ich jetzt auf einem schmutzigen Stück Boden und schreibe Dir. Ich werde im Telegrammstil noch ein paar Punkte behandeln, die ich notiert hatte, und dann werde ich diesen Brief mal wieder beenden.

Mit Sluzker über meine Genehmigung gesprochen. Es klappt wahrscheinlich.
Die Frauen, die hier sind und deren Männer noch bei der Expositur in Amsterdam arbeiten, dürfen wieder nach Hause, also geht Jenny wieder weg.
Ich hatte in all der Zeit, in der ich hier bin, noch kein einziges Mal meine Regel. Die meisten nicht. Man sagt, daß sie Kampfer ins Essen geben.

Heute nacht ist wieder ein Transport gegangen, hauptsächlich Alte, Kranke und Strafgefangene, und in der nächsten Woche geht wieder einer. Ich befürchte das Schlimmste.

Westerbork, den 2. September 1943

Liebe Juul, lieber Freddy,
diese Überschrift ist natürlich Blödsinn, aber ich bin in der Schule und schreibe dort mit einer Menge Leute um mich herum. Ich habe ein paar Punkte notiert, und es ist gut möglich, daß ich Dir schon das letzte Mal darüber berichtet habe, aber ich bin zu faul, es nachzuschlagen. Daher mache ich mich anhand meiner Punkte an die Arbeit.

Ich werde Dir erst erzählen, wie ich aus dem Außendienst entlassen wurde. Das ist nämlich ein solches Wunder, daß ich noch nicht ganz begreife, wie es so schnell klappen konnte. Dazu mußt Du wissen, daß es fast niemandem gelingt. Ich hatte nämlich keine Lust mehr, weil das Wetter so schlecht wurde, mit anderen Worten, ich hatte einen Regenguß abbekommen, und man kann sich da nirgends unterstellen, weil überall nur flaches Land ist. Ich war zwar sofort wieder trocken, weil es nur ein Guß war, aber ich dachte, ich versuche jetzt auf jeden Fall, da rauszukommen, dann bin ich vielleicht raus, wenn das schlechte Wetter anfängt. An einem Morgen bin ich also nicht aufgestanden, bekam einen *Dienstfrei*-Zettel – ich hoffe, ich kann ihn Dir später einmal zeigen – und ging in die Klinik. Ich hörte, daß u. a. Dr. Elzas Sprechstunde hatte, und meldete mich bei ihm an, weil er ein Bruder von Frits Elzas ist, den ich gut kenne und der mir bei meinem Urlaub Grüße aufgetragen hatte, die ich aber nicht ausgerichtet hatte, weil ich es so merkwürdig finde, zu jemandem zu gehen, den man überhaupt nicht kennt, und dann zu sagen: Grüße von Ihrem Bruder. Ganz besonders, wenn derjenige auch noch einigen Einfluß hat. So aufdringlich.

Kurzum, ich ging hinein und überbrachte die Grüße. Wir begannen ein angeregtes Gespräch, denn er hatte gerade die Palästinapapiere erhalten, und ich erzählte meine ganze Gipsgeschichte. Er untersuchte mich kurz und gab mir dann einen Brief für den Chef der Klinik mit, in dem er empfahl, mich aus dem Außendienst zu nehmen und mir bis zum 15. September *dienstfrei* zu geben. Ich mußte innerlich schon sehr lachen und dachte immerzu: Meint er das ernst?, denn er hatte wunderbare lateinische Begriffe aufgeschrieben. Um es kurz zu machen, ich bekam vom Chef einen Brief für die Arbeitszentrale: »*Wegen Wirbelsäulenverkrümmung vom Außendienst zu befreien.*« Schön, nicht wahr? Das ist nämlich ein Befehl, keine Frage. Und mittags wurde ich von der Arbeitszentrale wieder für die Schule eingeteilt. *Schluß*. Anderthalb Wochen Ferien, herrliches Wetter und jetzt wieder an der Arbeit. Die vierzehn Tage dienstfrei hat Bial, der Chef des Arbeitsdienstes, nicht genehmigt. Das war nämlich auch zu verrückt, ich hätte es nicht einmal angenehm gefunden, denn man weiß nicht, was man mit seiner Zeit anfangen soll. Du hast keine Ahnung, wie gut ich aussehe, so sah ich mein Lebtag noch nicht aus. Rote Wangen, die Haare kurz geschnitten, hinten lauter kleine Locken, Du würdest Dich sofort in mich verlieben, wenn Du mich sehen könntest. Ich wollte ein Foto machen lassen, um Dir später zeigen zu können, wie ich in Westerbork aussah, mit langer Hose, aber das ging nicht. Ich finde es ausgesprochen schade, aber daran ist nichts zu machen. Es gibt Schlimmeres. Wirklich wahr.

Noch was Nettes. Als ich aus dem Außendienst kam, war ich natürlich entsetzlich schmutzig. Ich hatte meine Hände gesäubert, was ganz gut ging, und wollte meine Haare einmal beim Friseur waschen lassen. Ich kann das zwar leicht selbst, weil sie so kurz sind, aber ich hatte doch frei und wollte es gerne einmal richtig machen lassen. Aber ich habe keine Raucherkarte, weil ich erst am 20. Juni angekommen bin. Wer vor dem 20. Juni gekommen ist und einen Stempel hat, bekommt nämlich eine Raucherkarte – in Amsterdam gibt es das nicht –, und auf diese Raucherkarte kann man sich einmal im Monat die Haare waschen lassen. Ich also zum Friseur und gefragt, wie das nun gehen solle. »Sie können zwischen fünf und sieben kommen«, wurde mir gesagt. Ich dann dahin. Ein anderer stand mir Rede und Antwort und sagte: »Nein, das geht nicht, Sie brauchen einen Brief von Schlesinger.« Ich weiß nicht, ob ich Dir schon erzählt habe, daß Schlesinger hier König ist und eine Machtposition innehat, wie Du sie Dir nicht vorstellen kannst. »Ich kenne Schlesinger überhaupt nicht«, sagte ich ironisch. »Zu Verwaltung II«. Nach einigem Hin und Her mit einem ungehobelten jungen Kerl hörte ich, daß Schlesinger nicht anwesend sei. Ich zur Baracke, meine Haare selbst gewaschen, aber dann am nächsten Morgen zu Schlesinger. Das mußte ich ja doch einmal sehen. Und wirklich, ich bekam einen Zettel mit der Erklärung, ich dürfe einmal im Monat meine Haare waschen lassen. Für meine Unterlagen. Das ist etwa so, als würde man den Generalsekretär um eine Genehmigung fürs Haarewaschen bitten. Ich werde Dir mündlich erklären, wie verrückt das alles ist, ich meine, ich werde es versuchen, denn es ist fast ein Ding der Unmöglichkeit, Dir ein Bild von den Verhältnissen hier zu vermitteln; sie sind so irre, daß jemand, der die ganze Zeit normal gelebt hat, es einfach nicht begreifen kann.

Westerbork, den 2. September 1943

Liebe Juul und lieber Freddy,
dies ist eine Fortsetzung des letzten Berichts, aber die Überschrift ist wieder nur Show. Jetzt kommen leider weniger angenehme Dinge. Vergangenen Dienstag gab es wieder einen Transport, und obwohl es erst hieß, diese Woche fahre keiner, geht doch wieder einer. Gretha und Ies sind weg, obwohl Gretha im vierten Monat schwanger ist. Und Marianne van Stedum hat ihre Schwester freiwillig begleitet. Dabei war ihr von den alten Lagerinsassen und von Schlesinger zugesichert worden, man werde sie immer freistellen. U. a. gab es da einen Fall von einer Frau, die gerade eine Fehlgeburt erlitten hatte. Sie konnte bleiben, aber ihr Mann sollte auf Transport gehen. Da ist sie mitgegangen, wurde auf einer Krankentrage hingebracht.

Es fällt auf, wie wenig geweint wird. Die Menschen sind erschöpft und können nicht mehr denken. Ich hatte in dieser Nacht einen Ausweis, mit dem ich auf die Straße durfte, und habe für jede Menge Leute Aufträge ausgeführt, war auch bei Gretha und Ies und habe mich von ihnen verabschiedet. Ich kann Dir gar nicht sagen, wie gespenstisch das war, eine pechschwarze Nacht, nicht kalt, aber regnerisch und stürmisch, die dunklen Baracken und der Zug. Ab und zu sank ich im Schlamm ein, dann wieder watete ich durch Wasserpfützen – zum Glück trug ich Holzschuhe –, ich hatte wahnsinnige Kopfschmerzen, denn ich brütete eine Grippe aus, die ich inzwischen mit allerlei Mittelchen bekämpft habe. Ich hatte unter anderem eine Nachricht für die Industriebaracke, wo gearbeitet wurde für ... die Revue. Ich hörte, daß auch die Schusterwerkstatt für die Revue arbeitete, und obwohl man darum gebeten hatte, den Leuten helfen zu dürfen, die in dieser Nacht auf Transport mußten, wurde dies verweigert. Die Revue war eben ein Steckenpferd des Kommandanten, also ... Es ist wirklich fast nicht zu glauben.

Ich bin so allmählich am Ende meines Stoffs. Eins noch. Ich habe Dir, glaube ich, schon mal von den sechzig Angestellten geschrieben, die damals nach Amsterdam zurückgeschickt und wieder abgeholt worden waren und die jetzt wieder gehen sollen. Nun hörte ich gestern abend, daß diese Leute zwar nach Amsterdam zurückdürfen, dafür aber sechzig andere Familien des JR, die noch in Amsterdam sind, nach Westerbork geschickt werden und von dort wahrscheinlich gleich weiter. Und der Professor hat diesem Menschenhandel tatsächlich zugestimmt! Die Sperre der sechzig, die jetzt noch hier sind, ist bis zum 15. September gültig. Wenn die anderen aus Amsterdam bis dahin nicht hier sind, gehen diese Leute auf Transport! Es ist nicht zu glauben, das wird so allmählich ein zweites Leitmotiv.

Lieber Leo, ich höre jetzt auf. Noch eine fröhliche Anmerkung. Wir können hier im Augenblick fleischloses Essen für diejenigen bekommen, die koscher essen. Koscher ist es meiner Ansicht nach auch nicht, aber ich esse es natürlich. Wenn koscheres Essen da ist, weshalb sollte ich dann nichtkoscheres essen? Heute war das koschere Essen spät dran und es wurde jemand ausgeschickt, um zu fragen, wo es denn bleibe. Dieser Jemand ist ein getaufter Jude, und der fragte nach dem koscheren Essen.

Schön, oder? Nun, Leo, da hast Du wirklich wieder einen ausführlichen Bericht von mir bekommen. Vielleicht fahre ich nächste Woche nach Amsterdam, who knows, und dann werde ich Dir wieder eine Menge zu erzählen haben.

Noch etwas. In der Schule kam diese Woche ein Junge zu mir und mußte Geburtsdatum und Adresse angeben (d. h. seine Barackennummer). Es war 65, dieselbe Nummer wie meine. Ich sagte: »He, in der Baracke bin ich auch.« »Oh ja, Frau Lehrerin«, sagte er. »Ich kenne Sie auch gut, ich habe Sie schon so oft in der Waschecke gesehen.« Also mehr oder weniger nackt. Aber er sagte es so unschuldig. Jetzt höre ich aber wirklich auf.

6. September 1943

Lieber Schatz,
es ist wieder ›Montag vor dem Transport‹, alle haben heute mittag frei zum Packen. Die Stimmung ist unbeschreiblich. Am vergangenen Freitag hat nämlich der Kommandant dem *Dienstleiter* mitgeteilt, daß das Lager zum 1. November aufgelöst wird. Vier Transporte sollen nach Auschwitz gehen, während gleichzeitig der *Obersturmführer* mitteilte, daß auch andere Lager nach Auschwitz verlegt werden sollen. Ein Transport nach Theresienstadt, einer nach Vittel. Nach Theresienstadt auch in Viehwaggons. Barneveld[1] nach Theresienstadt. Vught auch aufgelöst. Also … Auslöschung der Reste des niederländischen Judentums infolge des Beschlusses von Himmler, Westeuropa leerzufegen von Juden.

---

1 Einige privilegierte Juden, hauptsächlich Intellektuelle, waren in einem Schloß bei Barneveld untergebracht.

Und jetzt kommt der Gipfel. Die restliche Palästinaliste (also etwa dreihundert Fälle, deren Papiere in Ordnung sind) geht zusammen mit den getauften (sic!) Ecuadorianern, Paraguayern und dergleichen mehr nach *Mitteldeutschland*. Wohin, ist fraglich.

Lieber Schatz, ich habe nun keine Ruhe mehr, Dir zu erzählen, wie ich mich fühle, denn alle schauen mir auf die Finger und wollen sehen, an wen ich wohl so viel schreibe. Heute ist nämlich Schreibtag, und man darf zwei Postkarten oder einen Brief schreiben. Meine Postkarten habe ich bereits geschrieben, sie verstehen also nicht, wieso ich noch einen Brief schreibe.

Noch ein witziger Vorfall: Ein polnischer Jude wollte bei der Registratur, wo die offiziellen Akten aufbewahrt werden, seine Papiere einsehen. »Was für Papiere haben Sie?« »Paraguay.« Sie suchen und suchen … kein Paraguay. Die ganze Registratur wird auf den Kopf gestellt. Endlich finden sie seine Papiere … es waren Ecuadorpapiere! Der Mann wußte selbst nicht mehr, welche Nationalität er (gekauft) hatte.[1]

Westerbork, den 13. September 1943

Lieber Leo,
eigentlich sollte ich Dir einen Brief schreiben, wenn Totenstille herrscht, damit ich mich vollkommen konzentrieren und meine Gedanken sammeln kann, aber das ist in den Baracken einfach nicht möglich. Seit ich weiß, daß ich weggehen werde, habe ich

---

1 Einige Länder, darunter Ecuador und Paraguay, verkauften Pässe an Juden, die über ausreichende finanzielle Mittel verfügten. Für die meisten europäischen Juden war es allerdings nach Ausbruch des Zweiten Weltkrieges und der Besetzung ihrer jeweiligen Länder durch die deutschen Truppen geradezu unmöglich, Ausreisevisa zu erhalten.

mir hundert Mal vorgenommen, Dir zu schreiben, und habe mir Sätze ausgedacht, die ausdrücken sollten, wie ich mich fühle, aber mittlerweile geht es mir schon wieder ganz anders. Es ist nämlich so, wie ich Dir schon bis zum Überdruß geschrieben habe: Mal kann man alles verdrängen, und im nächsten Moment ist es absolut nicht zum Aushalten. Am Sabbatmorgen bekam ich einen Brief von meinem Chef, den ich wie Gold aufbewahren werde. Zu dieser Zeit ging es mir ganz schlecht, weil mir in dem Augenblick bewußt wurde, was es eigentlich heißt, wegzugehen, ins Ungewisse, und nicht zu wissen, ob man von einer Bombe getroffen wird oder sonstwie draufgeht, wenn die Deutschen besiegt sein werden. Und ich glaube immer noch, daß wir bis dahin durchhalten werden. Aber danach ... wie lange wird es dauern, bis die Herren beschlossen haben, was mit uns geschehen soll? Und ob man nun in Mitteldeutschland interniert ist – es heißt nämlich, daß die Palästinaleute dahin sollen – oder ob man ins Auschwitzreservat gesteckt wird, es wird nach dem Krieg Monate dauern, bevor man da wieder rauskommt. Und ich werde wieder länger auf Dich warten müssen. Und wenn ich mir dann überlege, daß der Krieg vielleicht eine Woche nach unserem Abtransport zu Ende sein wird ... Dazu kommt etwas, das noch viel wichtiger ist. Wenn ich weg bin und der Krieg vorbei ist und ich mir eine Briefmarke besorgen kann, um Dir mitzuteilen, wo ich bin, habe ich immer noch Hoffnung, daß Du mich herausholen kannst. Aber Vater und Mutter! Daß Vater sein Zertifikat hat, ist natürlich ein unbeschreiblich großes Glück, aber sein Leben wäre auch dann zerstört, wenn er nach Palästina ginge, weil er nicht für sich selbst sorgen könnte. Dagegen würde er nichts verlieren, wenn er hier in Westerbork bliebe. Ich habe Dir erzählt, daß die Möbel eingelagert sind; sein Platz im Büro ist frei, Kleider usw. sind versteckt; er braucht nur ins Büro zu gehen und ein paar Zimmer zu mieten, und er ist fertig. Und jetzt ist die Situation doch so, daß sich jede Woche etwas ändern kann. Die Küsten werden bombardiert,

Italien ist abtrünnig geworden ... jede Minute könnte es passieren, daß keine Transporte mehr nach Deutschland gehen können. Ich schreibe jetzt ziemlich ruhig, weil ich heute morgen gehört habe, daß die Palästinaliste noch ein paar Wochen Zeit hat. Und obwohl ich genau weiß, daß solche Gerüchte und Mitteilungen nichts zu bedeuten haben, klammere ich mich doch daran, weil ein paar Wochen einen riesigen Unterschied machen können.

Und dann ist da das Problem mit Mutter. Wenn wir wirklich interniert werden sollten, wäre es natürlich besser, wenn Mutter mit uns ginge, weil sie in Amsterdam schutzlos ist und es natürlich schrecklich wäre, wenn sie z. B. eine Woche nachdem wir dann abgereist wären allein in Westerbork landete. Ich habe deswegen nach Amsterdam geschrieben und Eitje, Freddy und Deinem Vater diese Frage vorgelegt, und sie denken genauso darüber. Ich habe diese Frage auch einem der hohen Tiere hier gestellt und erwarte in den nächsten Tagen Antwort. Und dann werde ich Eitje wissen lassen, wann wir Mutter kommen lassen wollen. Und ich habe Dir, glaube ich, noch nicht von meiner Urlaubserlaubnis geschrieben. Seit Wochen laufe ich immer wieder zum JR, um zu fragen, wie es damit aussieht. Letzte Woche hörte ich, daß ich überhaupt nicht an die Reihe käme. Ich habe auch das sofort wieder an Eitje weitergeleitet. Und vergangenen Sabbat sagte Grünberg dann, ich sei in der nächsten Gruppe, die Urlaub bekomme. Jetzt heißt es also abwarten, ob dem wirklich so ist, denn ich glaube inzwischen gar nichts mehr. Natürlich fände ich es unwahrscheinlich schön, auch um meine Versteckangelegenheiten zu regeln und eventuell gemeinsam mit Mutter hierherkommen zu können.

Ich muß ehrlich zugeben, daß ich mich noch nicht so weit von Besitz gelöst habe, um es nicht schlimm zu finden, daß ich meine wunderbare Aussteuer, das Tafelsilber usw. nun vielleicht nie mehr wiedersehe. Ich merke hier doch, wieviel mir das bedeutet, auch wenn es natürlich unwesentlich ist. Ich will Dir auch noch kurz von unseren Freitagabenden erzählen. In den ersten Wochen hatten wir uns noch nicht genug an alles gewöhnt, um so etwas in Angriff zu nehmen. Außerdem war es ohne Tische ganz unmöglich. Aber jetzt haben wir Tische und Bänke in den Baracken, und obwohl es doch sehr schwierig war – man darf nicht vergessen, daß die Leute ihre festen Plätze an den Tischen haben und man sie schlecht wegjagen kann –, konnte ich es einfach nicht mehr ertragen zu sehen, wie Vater von Tisch zu Tisch irrte. Nun haben wir es recht gut getroffen, was die Leute an unserem Tisch angeht. Meistens sind sie weg, so daß wir den Platz für uns allein haben. Ein Laken dient als Tischdecke, zwei Kartoffeln als Leuchter, und obgleich wir meist nichts Leckeres dahaben, mache ich manchmal etwas. Einmal eine Brottorte, die in der Hauptküche gebacken werden konnte, und letzte Woche, als ich nicht genügend Zucker für eine ›Torte‹ hatte, habe ich dünne Brotscheiben am Ofen geröstet und mit Butter, Zucker und Zimt bestreut. Es schmeckte sehr gut. Und ich hatte ein paar Brotscheiben mit einer Art Fischpastete bestrichen. Ein weißes Papierchen mit hineingeschnittenen Fransen als Challahdeckchen[1], noch ein paar weiße Papierchen, um die Brotscheiben darauf zu legen. Es war natürlich primitiv, aber doch sehr schön. Und Vater fand es herrlich. Er hält sich wirklich außergewöhnlich gut. Wir haben auch feste Gesellschaft, ein Ehepaar, das bei uns am Tisch ›wohnt‹, Liepman Prins, der ohne seine Frau hier ist, und Cohen de Lara mit Frau, die, als sie uns sahen, fragten, ob sie sich dazusetzen dürften. Es gibt auch eine Art Zichron-Freitagabend für diejenigen, die nicht in einem der Häuser wohnen, also keinen Freitagabend halten können – dazu gehören wir ja eigentlich auch –, aber der ist so langwei-

---

1 Deckchen, das am Freitagabend, Sabbat und an Festtagen über die beiden vorgeschriebenen Challothbrote gelegt wird.

lig, daß ich ein einziges Mal dort gewesen bin und nicht vorhabe, das zu wiederholen.

Lieber Schatz, für heute beende ich meinen Brief. Es ist mir nicht gelungen, Dir zu erzählen, wie wir uns fühlen. Vielleicht kommt das, weil es uns jede Minute anders geht. Gestern abend gab es ein Kasperletheater für die kleinen Kinder. Ich bin mit einer ganzen Gruppe aus unserer Baracke dort gewesen und hatte großen Spaß mit den Kindern. Ein süßes Mädchen saß die ganze Zeit auf meinem Schoß. Ich habe mir vorgestellt, wie herrlich es sein wird, wenn wir beide ein solches Mädchen haben. Letzte Woche war ich in der Revue, von der ich Dir erzählt habe. Für Westerbork außergewöhnlich. Es ist merkwürdig: die aufgeregte Stimmung, in der die Menschen sind, die wissen, daß sie in einer Woche oder in vierzehn Tagen ins Ungewisse gestürzt werden sollen. Ich hatte dabei ein *unheimliches* Gefühl, und obgleich ich natürlich auch gelacht habe – dafür kennst Du mich zu gut – konnte ich es nicht loswerden.

Mein Liebster von allen, ich werde jetzt mal wieder aufhören. Vielleicht geschieht ja noch ein Wunder, obwohl ich nicht glaube, daß der Krieg nun aufhören wird, wo für uns die Gefahr so nah ist. Die Geschichte vollzieht sich, ohne auf uns, auf Dich und auf mich, Rücksicht zu nehmen. Tschüß, Liebster, wider alle Vernunft hoffe ich noch immer.

Westerbork, den 4. Oktober 1943

Lieber Leo,
ich schreibe mit Bleistift, weil ich im Bett liege. Es ist wieder jede Menge geschehen, jetzt ist Amsterdam wirklich leer, aber ich werde Dir alles nacheinander erzählen. Heute vor vierzehn

Tagen wachte ich mit Hals- und Kopfschmerzen auf. Am besten bleibe ich im Bett, dachte ich, denn wenn ich jetzt krank werde und Urlaub bekomme, habe ich nichts davon. Ich versäumte nur einen halben Tag Schule, weil ich mittags wegen des Transports sowieso frei hatte. Ich meldete mich also krank, und später wurde Temperatur gemessen. Ich fragte nicht, was mir fehlte, denn ich glaubte, ich hätte kein Fieber. Ich wusch mich in der Waschecke und legte mich wieder schlafen, bis der Arzt kam, der mich untersuchte und mir mitteilte, ich hätte ziemlich hohes Fieber. »Wie hoch denn?« fragte ich erstaunt. 39,8. Das war morgens um acht Uhr gewesen. Um es kurz zu machen, es bestand Verdacht auf Scharlach, und ich sollte sofort aufgenommen werden. Vater wurde gerufen, er war sehr bestürzt, und ich fand es schlimm für ihn: wieder eine Sorge mehr. Und mein Urlaub ...

In einer Krankenkarre zur Scharlachbaracke. Ich mußte doch lachen, es war ein wenig wie bei meiner eigenen Beerdigung. Ich lag ganz unter einer Plane, auf einem zweirädrigen Karren, Vater und Jenny gingen dahinter. In der Scharlachbaracke sagten sie, ich hätte nicht Scharlach, sondern Diphtherie. Also ab in die Diphtheriebaracke. Dort wurde ich in ein abseits stehendes Bett gelegt, bekam alle möglichen Spritzen und wurde sehr umsorgt. Nach drei Tagen stellte sich heraus, daß ich nicht Diphtherie hatte, sondern Angina. Man verlegte mich in die normale Krankenbaracke, wo ich jetzt noch bin. Ich bin ziemlich krank gewesen, hatte heftigen Ausschlag von den Injektionen und eine Art Entzündung im Kiefer, die so schlimm war, daß ich vor Schmerzen geweint habe. Ich hoffe, daß ich heute aufstehen darf und dann alles bald wieder überstanden ist.

Und noch etwas Nettes. Wir haben entdeckt, daß ich einen stillen Verehrer habe, d. h., jetzt ist er nicht mehr ›still‹. Der Schulpförtner, etwa vierzig Jahre alt und mit einer Stimme, um kleine Kinder ins Bett zu jagen. Offensichtlich wußte es jeder, nur ich hatte noch nichts gemerkt. Ganz stilecht, erst schickte er Blumen, dann kam er selbst. Fehlte nur noch der Zylinder. Ich mußte sehr lachen, aber er kommt jeden Abend, und mittlerweile langweilt es mich schon ein wenig.

Und jetzt kommt der Schlag! Dienstagnacht gellten Pfiffe. Erst dachten wir, es sei ein Brand ausgebrochen, aber kurz darauf hörten wir, daß ein Teil von OD und NB (*Ordnungsdienst* und *Notbereitschaft*) nach Amsterdam mußte, denn alle sollten von dort hierherkommen. Und wirklich, am nächsten Tag kam – zum Glück in Pkws und bei wunderbarem Wetter – der Rest aus Amsterdam, einschließlich Eitje, Asscher, Cohen, van Tijn und Sluzker, die wie die andern in den großen Baracken untergebracht sind und nicht in Häusern. Der ein oder andere ist entkommen und untergetaucht, zum Beispiel Brandon. Max Plotske haben sie gleich geschnappt, Karel Hartog ist abgehauen. Gien hat gerade eine zweite Tochter zur Welt gebracht und liegt im CIZ, dem einzigen jüdischen Krankenhaus, das nicht geräumt wurde; was damit geschehen wird, ist fraglich. Natürlich wurden auch wieder Leute vergessen, aber nicht viele, so daß nun ein Strich unter das letzte Kapitel der Judenverfolgung in den Niederlanden gezogen wurde. Ich vergaß, Dir die ›Kleinigkeit‹ zu erzählen, daß Mittwoch auch ganz Barneveld hierhergekommen ist. Es ist völlig unklar, was mit all diesen Menschen passieren soll, man spricht von einem Transport von zweitausend Personen, morgen! Heute ist wieder Fräulein Slottke hier, die Sekretärin von Rauter aus Den Haag, also ist bestimmt wieder heftiges Stempeln in Blau angesagt.

Mutter sieht recht gut aus, Dein Vater nicht, und er paßt sich nur mühsam an, er ist so pedantisch. Tschüß, Liebster, ich schreibe Dir bald, um zu erzählen, wie es weitergeht. Doch leider sehe ich jetzt keine Möglichkeit mehr, diese Briefe nach Amsterdam schmuggeln zu lassen.

W., den 24. November 1943

Liebe Mies,
diese Anrede ist wieder Unsinn, aber obwohl ich im Moment allein bin, kann doch jeden Augenblick eine ganze Kaserne hereinkommen, und daher beginne ich so. Ich habe eine ganze Weile nicht geschrieben, weil nichts geschah, was der Mühe wert gewesen wäre. Meine letzten Briefe habe ich nach Amsterdam schleusen können. In der Zwischenzeit hatte ich absolut keine Lust zum Schreiben und lebte in einer einzigen grauen Langeweile, Lustlosigkeit und Verzweiflung, weil das ewige Warten nie endete. Die Transporte gehen weiter, und auch wenn ich bisher nie wirklich Angst haben mußte, sieht man es doch immer näher kommen. Und dann dieser elende Winter, alles dunkel, kalt und jämmerlich.

Aber plötzlich eine Veränderung! Vergangene Woche bekamen alle Menschen mit anderer Nationalität die Aufforderung, bei Fräulein Slottke zu erscheinen. Dort wurde uns mitgeteilt, wir würden nach Palästina ausgetauscht und in Erwartung dieses Austauschs nach Celle bei Hannover in Deutschland abreisen. Diese Mitteilung verursachte eine Aufregung wie nie zuvor. Es gab kein anderes Gesprächsthema mehr. Es war auch wirklich ein Ereignis. Zuerst waren nur die Menschen aufgerufen worden, die auf der ersten und zweiten Veteranenliste standen, weil nur diese beiden Listen von Berlin genehmigt worden waren. Aber nach einigen Tagen wurden auch die dritte und die vierte Liste akzeptiert, so daß Dein Vater, Eitje und Freddy mitgehen sollten. Wir sollten in einem Personenzug reisen, bis 250,– Gulden mitnehmen dürfen, und das Lager sollte unter dem Schutz des Roten Kreuzes stehen. Letzteres ist nicht offiziell, das erste wohl.

Samstag wurde ein Abschiedsabend veranstaltet. Dienstagabend um sechs Uhr sollten wir abfahren. Montagmorgen lief tatsächlich ein Personenzug ein, anständige Dritteklasse-Waggons mit Gepäckwagen. Im Laufe des Tages wurden Äpfel! Zigaretten! Wurst! eingeladen, kurzum, zu schön, um wahr zu sein. Tatsächlich, zu schön, um wahr zu sein. Montagnacht, wir hatten schon ein Abschiedsessen gegeben, alles war eingepackt, die Wäsche gewaschen, wir geduscht und die Haare gewaschen usw. Um halb vier wurde ich durch Lärm im Saal geweckt und hörte, daß Leute ihre Papiere abgeben mußten. Liepman Prins, der bei der Registratur arbeitet, war dabei und erzählte mir, der Transport finde nicht statt. Und tatsächlich, gestern abend ist der Zug leer wieder abgefahren. Bis jetzt tappen alle im Dunkeln.

Das Verrückte ist, daß wieder eine neue *Austausch*-Geschichte die Runde macht, nämlich die Weinreb-Geschichte, von der ich Dir bestimmt mal geschrieben habe. Diese Weinreb-Liste ist nun wieder in Kraft getreten, nachdem achthundert Menschen von der Liste deportiert worden waren. Weinreb selbst war im Gefängnis und ist ohne Stern wieder rausgekommen, seine Familie wurde heute aus Westerbork entlassen, und die Leute von seiner Liste sollen nach Portugal und von dort gegen Deutsche in Brasilien ausgetauscht werden. Das ganze Lager hat den Koller. Und wir selbst wissen nicht, ob wir enttäuscht oder froh sein sollen. Auf jeden Fall ist es sehr lästig, denn wir hatten nach Amsterdam telegrafiert, um Lebensmittel für die Reise gebeten und diese auch erhalten, und jetzt müssen wir sie einfach so aufessen und wissen nicht, ob wir vielleicht morgen oder übermorgen doch gehen werden. Es ist wirklich zum Verrücktwerden.

Wir haben wieder einen neuen Schlag zu verkraften, nämlich die Nachricht, daß Vaters Geschäft besetzt ist. Überleg nur mal, was das bedeutet! Wenn Vater z. B. wirklich nach England käme, könnte er nach dem Krieg nach Holland zurückgehen und geradewegs ins Büro spazieren. Aber wenn das Geschäft nicht mehr existiert! Dann ist seine gesamte Existenz zerstört. Außerdem steht ein Teil meiner Aussteuer im Lagerhaus, mein Tagebuch – also die Briefe an Dich – und Möbel, Haushaltswäsche, Pakete usw. von Vater und Mutter. Das hatte gerade noch gefehlt! Zum Glück hörten wir heute dann, daß alles wieder einigermaßen in Ordnung ist. Du kannst Dir nicht vorstellen, wie sehr uns dieses Hin und Her zwischen Hoffnung und Furcht zermürbt. Ich wage fast nicht zu glauben, ich könnte Dich bald wiedersehen, und doch habe ich das Gefühl, es könnte vielleicht wirklich bald geschehen. Weißt Du, wie sie diesen Transport nennen? *Austauschwitz!* Schön, was? Auf jeden Fall habe ich das Gefühl, daß sie die Leute der von Berlin genehmigten Listen nicht nach Polen schicken werden. Und ich stehe auf der ersten Liste, Vater, Mutter und Bobby auf der zweiten, Dein Vater auf der dritten. A b w a r t e n. Am Abend vor dem Transport ist Els plötzlich krank geworden, zum Glück nicht ernsthaft. Sie hat Lungenentzündung, aber es war nicht so schlimm. Dein Vater ist hier sehr gealtert, auch geistig.

Jetzt kommt ein ganzer Trupp herein, ich war nicht sehr in Stimmung und hatte wenig Geduld, aber vielleicht werde ich Dich nun doch bald umarmen können und jede Minute lieb zu Dir sein.

24. Dezember 1943, Freitag

Diesen Sonntag sind wir ein halbes Jahr hier. Ich habe ein paar Notizen auf einem Blatt stehen, anhand deren ich diese kleine Zusammenfassung schreibe, ohne viel Kommentar, denn wieder ist die Zeit zu kurz, und ich habe nicht die notwendige Ruhe, um einen ordentlichen Bericht verfassen zu können. Dieses halbe Jahr scheint einerseits so schnell verflogen zu sein, aber andererseits habe ich das Gefühl, als wäre z. B. mein Urlaub schon wieder Jahre her.

Früher war der Tagelöhner, der Kartoffeln mit ein wenig Senf ißt, ein Symbol für die Armut. So weit ist es mittlerweile auch mit uns gekommen. Zum Glück haben wir inzwischen wieder Pakete erhalten, und daneben kratze ich auf alle möglichen Arten immer noch etwas Essen zusammen, aber einmal habe ich doch meine Mahlzeit so bestritten und mußte stets daran denken, wie weit es mit uns gekommen ist. Du mußt Dir vorstellen, daß wir es aus einem Eßnapf aßen und dabei zwischen lauter redenden, herumlaufenden und essenden Menschen auf einer Holzbank um einen Holztisch auf Böcken saßen, während es vom Dach tropfte. Es war nämlich sehr kalt draußen, und obwohl die Baracke sehr schlecht geheizt ist und wir unsere Jacken anbehalten, ist die Luft drinnen wärmer als draußen. Diese steigt dann hoch, kondensiert oben an den Holzbalken und kommt als große schmutzige Tropfen wieder herunter, so daß manchmal große Tropfen auf unsere Köpfe, den Tisch oder in unser Essen fallen.

Als Kontrast zu dieser armseligen Geschichte will ich Dir nun von einem ›Festessen‹ erzählen, das ich zusammengebastelt habe, weil Dein Vater und Freddy zur Zeit beide ohne Frau sind. Juul und Els liegen in der Krankenbaracke, und vor allem Dein Vater läuft den ganzen Tag so trübsinnig herum, daß ich ihn und Freddy einlud, am Freitagabend in meine Baracke zum Essen zu kommen. Wir hatten: Suppe, gekocht aus einer Wurst, die ich einmal bekommen und für eine besondere Gelegenheit aufbewahrt hatte. Darin waren: Fadennudeln, auch speziell aufgehoben, zwei kleine Dosen Suppengrün, Haferflocken, Kartoffeln und ein paar frische Möhren, *geschnorrt* aus der Küche. Gartenbohnen, von Mutter bei ihrer Arbeit organisiert (= gestohlen). Sie ist nämlich zum Bohnenlesen eingeteilt. Kartoffelküchlein mit gedünsteter Zwiebel, etwas Butter, Tomatenketchup, ein wenig Streichkäse, etwas Bouillon aus einem Bouillonwürfel und Haferflocken, gebraten in der Haushaltsschule. Ein herrlicher Pudding aus zwei Litern Milch, für die ich sieben Mal in die *Tischlerei* laufen mußte, wo ich eine Kontaktperson kenne, die mir Milch abgibt. Diese Leute bekommen nämlich Milch, weil sie so viel Staub abkriegen. Außerdem Grießmehl, Puddingpulver und Ersatzkaffee. Die Milch bekam ich erst Freitagmittag, als der Ofen nicht mehr heiß war, so daß es eine Stunde dauerte, bevor der Pudding fertig war. Dann mußte er noch in kaltem Wasser abgekühlt werden. Aber das Ergebnis konnte sich sehen lassen und schmeckte wunderbar. Geröstete Brotscheiben mit einer Dose Fischpastete bestrichen. Kaffee (Ersatz natürlich). Und ein Viertel Apfel.

Du machst Dir keine Vorstellung davon, Leo, was mich dieses ›Festessen‹ an Organisation, Lauferei, Gerenne und Nerven gekostet hat. Es scheint einfach, wenn ich es aufzähle, aber ich hatte unglaublich viel Arbeit damit. Auf jeden Fall war es köstlich, und Dein Vater fand es herrlich und hat auch wirklich ausreichend gegessen. Aber Du mußt bedenken, daß es für acht Personen war, nämlich für vier von uns, Deinen Vater und Freddy, noch ein Mädchen aus unserer Baracke, das ganz allein ist, und Jenny. Und wir haben erst sehr spät damit angefangen, weil sonst kein Platz am Tisch ist. Das Essen mußte warm gehalten werden, ich durfte nur bis halb fünf kochen, unsere Töpfe sind nicht groß genug, so daß ich z. B. die Suppe in zwei Portionen machen mußte. Du siehst nur einen kleinen Ausschnitt der Schwierigkeiten, aber alles hat doch noch gut geklappt.

In der Zeitung stand, daß man in Berlin angesichts der Bombardierungen nicht mehr lacht. Weißt Du noch, ich hatte Dir einmal geschrieben, Hitler habe gesagt, den Juden werde das Lachen vergehen. Wirklich, es ist uns vergangen, aber ihnen auch! Und noch immer versuchen wir, das Beste daraus zu machen.

Diese Woche sind am hellichten Tag Hunderte Flugzeuge Richtung Deutschland geflogen. Es war ein unvergeßlicher Anblick. Ein herrlich blauer Himmel mit weißen Wolken und großen weißen Streifen, parallel, und am Kopf eine Maschine —†— so etwa, fünf nebeneinander und zwischen ihnen, wie in einem Aquarium, schlanke weiße Schlieren: die Jäger, die über und unter ihnen herflogen. Ein Dröhnen von Hunderten von Maschinen, und immer wieder tauchten aus dem Hintergrund neue Flugzeuge auf. Unbeschreiblich, wirklich. Weil das ganze Lager auf den Beinen war, um es sich anzuschauen, hatte der Kommandant eine so miserable Laune, daß er eine neue *Lagerorder* ausgab, über die ich Dir gleich schreiben werde. Als Witz hat jemand hier gesagt: »Am Himmel herrscht so ein Betrieb, daß die Vögel zu Fuß gehen müssen.«

Vergangenen Sonntag haben die Deutschen ihr *Julfest*[108] gefeiert und sich dabei so gehen lassen, daß einer der Herren in der Krankenbaracke verbunden werden mußte. Das ist mit Sicherheit wahr und hat natürlich sofort im Lager die Runde gemacht. Als Folge, und da der Kommandant sowieso schon eine Stinklaune hatte, gab es einen neuen *Lagerbefehl*. Wir hatten für die Kinder ein schönes Chanukkahfest organisiert, für jede Baracke dasselbe. Dienstag um zwei Uhr fand in Baracke 61 die erste Aufführung statt. Sie war enorm gut gelungen. Die Kinder saßen alle im Eingang der Baracke, jedes mit einem Eßnapf und einem Becher vor sich, an Tischen mit weißen Laken, es gab ein Kasperletheater, einen Chor, Tänze, Theaterstücke, der beste

1 Das »Julfest« ist das germanische Fest der Wintersonnenwende. Die Nationalsozialisten versuchten, das christliche Weihnachtsfest durch das Julfest zu ersetzen, konnten sich aber damit nicht durchsetzen.

Aufsatz über Chanukkah[1] wurde vorgelesen, kurzum, es war wirklich etwas ganz Besonderes. Aber nach ein paar Stunden kam der *Lagerbefehl* heraus: Verbot aller Zusammenkünfte. Schluß. Außerdem waren für Erwachsene in jeder Baracke eigene Abende organisiert worden, mit Rezitationen, Sprechern usw. Alles ins Wasser gefallen. Ich erzähle Dir das nur, um Dir den Unterschied zwischen dem *Julfest* und dem Chanukkahfest klarzumachen.

Dies ist nur ein Abriß für all das, was ich Dir erzählen will; ich weiß, daß ich nicht in der Lage bin, Dir einen schriftlichen Bericht zu geben, der die Wirklichkeit auch nur einigermaßen wiedergibt. Auch mündlich wird dies nicht gelingen, weil es nie zu erzählen sein wird, wie es wirklich war. Ich habe den Kindern, die in meiner Baracke an meinem Tisch sitzen, kleine Geschenke gegeben, Dinge, die ich in der Schule ›organisiert‹ hatte, z. B. bunte Kreide, Hefte, Radiergummis und Bleistifte. Alles einzeln verpackt, mit Bändchen, so nett wie möglich. Wir haben auch Teelichter angezündet, für jeden Abend *ein* Lichtchen.

In Amsterdam wurden alle Mischehen aufgerufen. Sie mußten sich melden. Männer unter 45 Jahren werden in Arbeitslager in Holland gesteckt, über 45 müssen sie in den Amsterdamer Bosplan[2] und dort arbeiten. Die Kinder aus Mischehen müssen nach Deutschland. Vergangenen Montag scheint Groningen von einer Bombe getroffen worden zu sein, weswegen wir einen halben Tag und eine Nacht lang kein Licht und kein Wasser hatten. Die Folge waren 7500 Stunden verlorene Arbeitszeit, neben vielen anderen Schwierigkeiten natürlich.

---

1 Chanukkah: Acht Tage dauerndes Fest zur Erinnerung an die Wiedereinweihung des Tempels von Jerusalem (im Jahr 165 v. u. Z.), bei dem am ersten Abend eine, am zweiten zwei usw. Kerzen angezündet werden. Da Kerzen knapp waren, begnügte man sich mit einer einzigen.

2 Zwischen 1928 und 1945 wurde der *Amsterdamse Bos*, der Amsterdamer Wald, entworfen und angelegt.

Liebster, ich höre auf. Ich habe nun alle Punkte genannt. Nochmals, dies ist nur eine Art Notizbuch, ich hoffe, Dir alles ausführlich erzählen zu können. Wir werden jahrelang über alles reden müssen, was wir erlebt haben.

Bergen-Belsen

18. Januar 1944

Lieber Leo,
wir sind in Celle![1] Und ich habe Dir so viel zu erzählen, daß ich einfach nicht weiß, wo ich anfangen soll. Außerdem kann ich mich wieder nur schlecht konzentrieren. Obwohl hier gar nicht so viele Leute um mich sind, werde ich immer wieder abgelenkt, denn sie unterhalten sich sehr laut. Ich hatte noch ein paar Notizen aus Westerbork. Die will ich Dir erst schreiben, und dann lege ich los.

1. Anfang Januar wurden Deutsche nach Assen evakuiert. Sie kamen ganz ohne Gepäck an, hatten überhaupt nichts bei sich. Die Juden mußten alles für sie herrichten. (Aus Westerbork natürlich, denn anderswo sind keine Juden mehr.) Sie waren sehr überrascht, daß es in Holland überhaupt noch Juden gab.

2. Ein Beispiel für die Korruption in Westerbork, von der wir nur ab und zu etwas mitbekommen haben, da wir nicht zum engeren Kreis gehörten und somit nicht hinter die Kulissen schauen konnten. Helga Klau ist ein Modepüppchen, immer angemalt, u. a. bei Transporten. Sie ist das Liebchen eines hohen Deutschjuden, der u. a. getauft ist, arbeitet beim JR und hat mit anderen zusammen ein eigenes Zimmer, u. a. mit Hetty Brandel.

---

1 Das KZ Bergen-Belsen existierte von 1940 bis 1945 in der Nähe der Stadt Celle (bei Hannover). Es sollte vor allem Juden ausländischer Nationalität aufnehmen, um sie gegen Deutsche auszutauschen. Bergen-Belsen gliederte sich in verschiedene, voneinander unabhängige Nebenlager wie z. B. das »Häftlingslager«, das »Sonder- und Neutralenlager« und das »Ungarnlager«. Mit 4100 für den Austausch vorgesehenen Häftlingen war das »Sternlager« (so genannt wegen der gelben Sterne, die die Häftlinge auf ihrer zivilen Kleidung trugen), in dem sich auch Mirjam Bolle befand, das größte Lager Bergen-Belsens. Ab März 1944 wurde Bergen-Belsen in ein reguläres Konzentrationslager umgewandelt und mit vielen Häftlingen aus anderen Konzentrationslagern belegt. Infolge der Überbelegung starben viele Gefangene an Seuchen, Unterernährung und Erschöpfung, zwischen Januar und April 1945 waren es rund 35 000 Personen. Bei der Befreiung des Lagers am 15. April 1945 trafen die britischen Streitkräfte auf etwa 60 000 Überlebende, von denen noch 13 000 innerhalb der folgenden Tage und Wochen starben.

Eines Tages hatte Helga frei, und Hettys Mutter war da. Das paßte der Dame nicht, denn es war ihr freier Tag. Hetty sagte, ihre Mutter könne vorbeikommen, wann sie wolle. Am nächsten Tag war Helga im Besitz eines Briefes, unterzeichnet vom hohen getauften Herrn, Todmann, und vom Lagerkönig Schlesinger. Darin stand, an ihren freien Tagen hätten nur jene Leute, die sie empfangen wolle, Zugang zu ihrer Unterkunft.

3. Eine Frau von der Barneveldliste ist geflohen. Ihren Mann hat sie zurückgelassen. Folge: zwanzig Personen der Barneveldgruppe in die Strafbaracke, kahlgeschoren usw., u. a. die Eltern des verstorbenen Paul Denekamp, Houthakker, Betty Prins, die ihr Kind in Vught verloren hat.

Am Freitag, dem 7. Januar, ist Lea gekommen, aufgegriffen, weil in ihrer Gegend ein Mord verübt worden war. Drei Wochen im Scheveninger Gefängnis, wo sie Pakete vom Roten Kreuz erhielt. Sehr traurig, zumal wir damals schon ziemlich sicher wußten, daß wir auf Transport mußten. Wir haben noch lange mit ihr gesprochen, da wir sie von der *Antragstelle*[1] hatten ausrufen lassen. Und vor unserer Abreise bin ich zu einer ›Beziehung‹ gegangen – die einzige, die ich in W'bork hatte. Ich hatte mich nie an den Herrn gewandt, denn ich hatte ihn nicht nötig. Einmal hatten wir sogar Streit miteinander, weil er mir einen Kuß hatte geben wollen. Er war Vorsitzender der Metallindustrie, und er versprach mir, Lea im Lager zu halten, wenn es sich irgendwie machen lasse. Für eine einzelne Person werde er etwas tun können. Darüber war ich sehr glücklich.

Und damit ist also das Kapitel Westerbork abgeschlossen, und dies ist der Anfang von Celle. Ich hatte bereits geschrieben, daß von Transport die Rede war. Und dabei hatte ich schon ge-

---

1 Einrichtung, die der Lagerleitung Anträge zur Transportfreistellung vorlegte.

glaubt, es würde überhaupt keine Transporte mehr geben und wir könnten nach dem Krieg eine Zugfahrkarte W'bork–Amsterdam lösen. *Es wäre zu schön gewesen.* Die Meinungen waren geteilt, manche sagten ja, es werde noch Transporte geben, andere nein. Aber von ›offizieller Seite‹ hieß es: ja. Und so mußten wir uns also wieder ans Packen machen.

Am Samstagabend bekamen wir einen Brief: *»Sie können mit Transport rechnen.«* Also immer noch nicht ganz sicher: *»können«* und nicht: *»müssen«*. Das Lager war wieder in heller Aufregung. Trotz der Vorbereitungen wollten es viele nicht glauben. Unzählige Gerüchte machten die Runde: wie gut Celle doch sei, unter Aufsicht des Roten Kreuzes, gerade erst tausend Personen ausgetauscht, aus der Fünten soll gesagt haben: *»Das große Los.«* Fahrt in einem Personenzug.

Montag: gepackt, Fischbällchen gebacken, einen Brotbeutel vom Magazin bekommen (!!). Am Dienstag weitergepackt, Abschied genommen, und um zwei Uhr standen wir mit Sack und Pack bereit. Rucksack, Brotbeutel, Tasche für die Decken von Mirjam, Rucksack, Brotbeutel, Decken von Mutter. Großer Brotbeutel mit Lebensmitteln. Mirjams Handtasche, Mutters Einkaufstasche, Mirjams Umhängetasche. Und dann noch das Gepäck von Vater und Bobby, die zu uns in die Baracke kamen, um gemeinsam mit uns aufzubrechen. Gegen drei Uhr zum Zug. Mutters Rucksack mit allem, was nicht lebensnotwendig war, hatten wir als Gepäck aufgegeben, den Rest wollten wir bei uns behalten, um nichts zu verlieren. Und so zog ich los mit einem riesigen Rucksack auf dem Rücken, einem Brotbeutel an der Seite, einer kleinen Umhängetasche an der anderen, einer Handtasche in der einen Hand, der Tasche für die Decken in der anderen ... Schon nach wenigen Schritten bekam ich Herzklopfen. Zum Glück halfen uns diejenigen, die zurückblieben und auf die Straße durften, mit Schubkarren. Der Zug war schon gerammelt voll, aber wir fanden doch noch zu viert ein Abteil, gleich neben dem Klosett. Die Hauptstraße war voller Leute, die einem die Hände schüttelten, alle ›hohen Herren‹ waren da. Schwatzen, Lachen, Händeschütteln – kurz und gut, eine fröhliche Gesellschaft. Aber langsam wurde es immer ruhiger, und am Ende blieb nur noch der *Ordnungsdienst* zurück.

Dann fing es an. Wegen unseres Gepäcks saßen wir bereits ziemlich beengt. Bobby und ich hatten die Rucksäcke auf die Sitzbank gelegt und uns darauf gesetzt. Doch die Mädchen von der FK *(Fliegende Kolonne)* kamen mit einem Wagen voller Koffer und begannen, sie in die Abteile zu werfen, so daß wir einander fast nicht mehr sehen konnten. Es war eiskalt, aber – so glaubten wir – wenn sich die Lokomotive erst mal in Bewegung setzte, würde es schon wärmer werden. Und ständig kam neues Gepäck hinzu, offensichtlich jenes, das wir als ›Frachtgut‹ aufgegeben hatten. Der Gang vor den Abteilen stand voller Koffer, Rucksäcke, Decken, Körbe usw., so daß der Weg zur Toilette versperrt war. Wir saßen zwischen lauter Koffern auf den Rucksäcken und hatten unsere Füße zwischen anderes Gepäck geklemmt. Die anderen in unserem Abteil kannten wir nicht, aber sie waren sehr nett.

Um halb sechs setzte sich der Zug träge in Bewegung und blieb außerhalb des Lagers wieder stehen. Wir versuchten, so gut es ging, etwas Ordnung zu schaffen, stellten die Rucksäcke auf den Boden und einen Koffer auf die Sitzbank, auf den ich mich zusammen mit einem anderen aus unserem Abteil setzte. Anfangs war es sehr angenehm, aber später schmerzten uns die beiden Holzbänder, die um die Koffer liefen. Um Viertel nach sechs fuhr der Zug ab. Langsam, es war kalt, der Zug war nicht geheizt, ein herrlich klarer Abend – es war Dienstag, der 11. Januar. Wir hatten mittlerweile entdeckt, daß unsere Lebensmittel nicht mitgekommen waren, und am meisten tat es mir um die feinen Fischbällchen leid. Zum Glück hatten Vater und

Bobby Brot und Butter bei sich, Mutter hatte in ihrer Tasche Nougat und Lakritze – in all den Monaten nicht angerührt –, ich hatte Pfefferminzbonbons. Damit hatten wir zumindest etwas für die Reise. Nur schade um die Marmelade, um Butter, Haferflocken, Erbsen, Zucker usw. – in all den Monaten für den ›Transport‹ von den Paketen abgespart. Und wir sahen nichts von den Wundern – Zigaretten, Wurst, Äpfel –, die man uns versprochen hatte. Der Zug fuhr im Schneckentempo, immer wieder hielten wir an, und ich versuchte, mir klarzumachen, daß wir jetzt über die Grenze fuhren, ins Ungewisse, aber nichts drang zu mir durch. Ich war nicht traurig, auch nicht für Vater und Mutter, war aber auch ohne Hoffnung, nur ein wenig neugierig. Bei Nieuweschans passierten wir die Grenze, an Leer vorbei, wo wir zum ersten Mal deutsche Häuser sahen. Der Zug hielt oft an, fuhr nicht schnell, wir schwatzten, aßen und lachten, manchmal mußten unsere Nachbarn zur Toilette und kletterten über Koffer usw. Von der Reise gibt es weiter nichts zu berichten. Im Zug brannte kein Licht, denn die Fenster waren nicht verdunkelt, wir konnten also nach draußen schauen. Ich schrieb schon, daß die Nacht ungewöhnlich klar war. Das einzig Besondere war, daß nahezu alle Bahnhöfe in Deutschland hell erleuchtet waren, während man in Holland nicht die Hand vor Augen sehen konnte.

Und dann ... Bremen. Wir fuhren an einem verlassenen Trümmerhaufen vorbei! Natürlich verlassen, denn es war Nacht. Aber in den Straßen großer, großer Viertel – minutenlang fuhr der Zug an ihnen vorbei – lag der Schutt haushoch, eingestürzte Häuser, Häuser ohne Dächer, Gebäude mit nur noch einem oder zwei Stockwerken. Manchmal gab es eine Lücke, dann waren dahinter weitere eingestürzte oder schiefe Häuser zu sehen. Noch stehende Häuser waren tür- oder fensterlos. Manchmal kam ein Viertel, das weniger zerstört war, in dem z.B. eine Straßenbahn fuhr. Aber auch dort viele Häuser ohne Fenster. Bremen hat die ganze Reise wieder wettgemacht.

Um drei Uhr hielten wir an. Ich weiß bis heute nicht, wo. Wir versuchten, etwas zu schlafen, obwohl es viel zu eng war. Wir dämmerten ein wenig vor uns hin. Gegen sechs fuhren wir weiter, entfernten uns immer weiter von der bewohnten Welt. Wir sahen kein Haus mehr ... Heide, hin und wieder Wald. Kurz und gut, ans Ende der Welt. Bis irgendwo ein kleiner Bahnhof auftauchte ... Celle!! Jemand sagte: Bis jetzt haben sie uns noch nicht beschissen. Wir sind nicht in Polen, sondern in Celle. Tatsächlich. In Celle rangierten wir, offensichtlich mußten wir auf ein anderes Gleis. Dann – es muß gegen halb neun gewesen sein, denn es war inzwischen vollkommen hell – setzten wir uns wieder in Bewegung. Und während der Zug langsam an einem kleinen Bahnsteig zum Stehen kam, sahen wir eine Kolonne grün Uniformierter – mein Nachbar meinte: *»Waffen-SS«* – auf den Bahnsteig marschieren und kurz darauf den Zug auf beiden Seiten sichern – alle dreißig Meter stand ein Kerl mit Bluthund. Wir schauten einander an ... Dann hielt der Zug, und die Abteile wurden geöffnet. *»Raus.«* Da war mir alles klar. Wir schleppten das Gepäck zunächst auf den Bahnsteig, dann zu einem Wagen, der dort stand. Wir gingen zu Fuß zum Lager. Es war herrliches Wetter, und wir waren überglücklich, daß wir unsere steifen Beine noch bewegen konnten. Wir kamen durch eine prachtvolle hügelige Allee – die Adolf-Hitler-Straße. Ich hätte nie gedacht, daß wir hier jemals laufen würden – an Kasernen vorbei, die in gutem Zustand waren. Nach ungefähr einer Stunde erreichten wir einen Schlagbaum, der hochging. Wir hindurch. Zu beiden Seiten kleine Holzbaracken, grün, verfallen, armselig. Wir sahen viele Menschen in Anzügen mit einem roten Kreuz auf dem Rücken, die schlecht aussahen und offensichtlich hart arbeiten mußten. Was das für Leute waren, weiß ich bis heute nicht. Den Gesichtern nach zu urteilen, waren Russen darunter. Wir kamen an einem kleinen Feld vorbei, auf dem ein Schild mit einem Totenkopf über zwei Knochen stand – anstelle eines Schildes: »Zugang verboten«.

Wir gingen immer weiter, passierten noch einen Schlagbaum und noch einen, bis wir Juden sahen, am Stern zu erkennen, und wir entdeckten jemanden, der im letzten September mit dem Theresienstadttransport aufgebrochen war. Er war also gar nicht nach Theresienstadt, sondern nach Celle gebracht worden. Zu diesem Zeitpunkt wußten wir noch nicht, daß der ganze Theresienstadttransport hier gelandet war, wir dachten, man habe nur die Palästinaleute nach Celle geschickt. Aber jetzt wissen wir, daß sie nie in Theresienstadt gewesen sind, keiner von ihnen. Wir mußten uns in Fünferreihen auf einem großen Platz aufstellen. Hinter uns drei kleine Steinhäuser, die Klohäuschen, wie in Westerbork ohne Trennwände, nur mit Deckeln auf den Löchern. Vor uns die kleinen, kümmerlichen Holzbaracken.

Da standen wir also in Fünferreihen und wurden angebrüllt. Aber nicht angefaßt. Nachdem wir ein paar Stunden gestanden hatten, kletterte ein Grüner – ich werde mich noch erkundigen, um was genau es sich bei diesen Leuten handelt – auf eine kleine Bank und rief Leute alphabetisch auf, die dann registriert wurden. Unser Geld mußten wir abliefern – wir hatten wohlgemerkt 250 Gulden mitnehmen dürfen –, aber wir wurden nicht durchsucht!! Danach zur Baracke. Männer und Frauen getrennt, dazwischen Stacheldraht und ein abschließbares Tor. Kleine Baracken. Ein Eßraum, der in einen Schlafsaal führt. Kleine Holzbetten, zwei übereinander, mit Strohsäcken – keinen Strohmatratzen – und Strohkissen. Ein vollgestopfter Raum, enge Gänge, drei Lampen, eine Toilette. Ein Eßraum mit großen Holztischen und Bänken und ein paar schmalen Schränkchen. Von dort zum Gepäckholen. Das lag auf einem großen Feld kreuz und quer auf der Erde. Ein wildes Rennen und Suchen begann, manche weinten, weil sie ihre Sachen nicht finden konnten, ich auch fast, denn meine Tasche mit den Decken war weg. Zum Glück fand ich sie, und auch die Lebensmittel! Alles schleppen, während es schon dämmerte. Die Alten wußten sich keinen Rat, denn alle waren nur mit sich selbst beschäftigt. Alles zur Baracke geschleppt, die Männer mußten in die ihrige, das Tor wurde geschlossen! Betten machen und essen. Eine Art Kohl, glaube ich, ich weiß es nicht mehr genau. Wir hatten einen guten Platz, Bobby und ich oben, unter dem Licht, Mutter unten. Ins Bett. Panische Angst, aus dem Bett zu fallen, nicht geschlafen, wußten nicht, wann wir aufstehen mußten.

Plötzlich der Befehl: »Vor die Baracke.« Im Schlafanzug, Weste und Jacke darüber, Fellhandschuhe an, Schal um, Socken und Schuhe ... vor die Barackentür. Zu Mutter gesagt, sie solle drinnen bleiben, voller Angst, denn ich wußte nicht, wie die Deutschen reagieren würden, bislang hatten sie sich recht annehmbar benommen. Und stehen ... eine Stunde lang zählen und noch einmal zählen, die kleinen Kinder weinten und zitterten vor Kälte. Immer wieder stimmte die Anzahl nicht. Zwei aus Theresienstadt haben hier so eine Art Leitungsfunktion, d. h. sie fungieren als Verbindungsleute zwischen Deutschen und Juden. Wieder nach drinnen, essen, ich glaube: Brei, ich bin mir nicht mehr sicher. Ein Teil des Gepäcks mußte in ein Magazin gebracht werden, Schränke einräumen – fünf Personen teilen sich einen Schrank, in dem sie Jacken und Geschirr unterbringen können.

Ich wurde zur Verwalterin ernannt und mußte eine Liste mit allen Barackenbewohnern erstellen – ich bin in Baracke 19. Wie es zu dieser Ernennung kam, weiß ich nicht. Wir waren gerade in der Baracke, als Herr Katz, der Mann unserer *Barackenleiterin*, zu mir kam und sagte: *»Sie sind die Assistentin meiner Frau.«* Essen – ich glaube, Kohlsuppe und Brot –, ins Bett. Besser geschlafen, aber um halb zwölf geweckt, weil die Deutschen mit einer Liste von Frauen kamen, deren Nationalität sie wissen wollten. Also um sechs Uhr die Leute geweckt und nach ihrer Nationalität gefragt, die Liste zur entsprechenden Baracke gebracht, gewaschen – am Tag davor hatte ich mich nicht gewaschen – Appell. Wieder einige Stunden gestanden. Mittags wollte ich eine Tischordnung einführen. Wir sind nämlich zusammen mit Engländern untergebracht, Leuten vom Waterlooplein, die schon in Westerbork keinen guten Ruf hatten. Und in der Baracke sind auch die Familien Nordheim, Lissauer, Mossel, Pinkhof, Simon de Jong.

Liebster, nächstes Mal weiter. Es wird zu dunkel, und ich muß helfen. Vielleicht heute abend, sonst vielleicht morgen. Hier ist alles so ungewiß, daß man nichts weiß. Mach's gut, Lieber. Als ich hier ankam und alles so schrecklich war, hatte ich das Gefühl, ich sei jetzt ganz von Dir abgeschnitten und es sei vorbei mit uns. Aber die Hoffnung keimt immer wieder aufs neue.

20. Januar

In höllischem Lärm schreibe ich weiter. Ich werde Dir jetzt die Ereignisse chronologisch erzählen, weil ich keine Ruhe habe, sie in irgendeiner Form auszuführen. Ich will erst den Bericht auf den neusten Stand bringen und Dir dann ein andermal das eine oder andere ausführlicher beschreiben.

In der Zwischenzeit mußte ich Kessel schleppen. Man wird hier von einem Ort zum anderen gejagt. Aber das gehört zur ausführlichen Beschreibung.

Die Tischordnung war ein Schlag ins Wasser, und so hatten wir einen völlig verdorbenen Freitagabend. Nach dem Essen haben wir uns alle zusammen an einen Tisch gesetzt, den Kiddusch[1]

1 Kiddusch, wörtlich »Heiligung«, Segnung am Freitagabend, Sabbat und Festtagen.

gesprochen und ein wenig gesungen, was aufgesetzt war, denn uns war überhaupt nicht nach Singen zumute. Doch wir wollten für die Kinder Haltung wahren. Mittendrin ... Licht aus. Luftalarm! Ich kann Dir nicht erzählen, wie schaurig das war. Im Stockdunkeln, mit Frauen, die Streit anfingen, weil sie die Nerven verloren. Ein Grüner kam hereingestürmt und brüllte, wir sollten ja keine Kerzen anzünden, denn bei einem Angriff würden wir genauso draufgehen wie sie. Später durften wir eine kleine Kerze anmachen. Die Kinder hatten Angst, manche weinten. Dann haben wir im Dunkeln noch etwas gesungen und Geschichten erzählt. Es wurde immer später, die Kinder schliefen auf dem Schoß ein. Wir brachten sie zu Bett, wußten selbst nicht, was wir machen sollten, und legten uns schließlich auch hin. Das Klosett in unserer Baracke war kaputt, aber wir durften nicht nach draußen, also nahmen wir einen Eimer (etwa 140 Frauen), Marmeladegläser, Töpfe usw. Ich habe Dir noch nicht erzählt, daß es in unserer Baracke keine Waschgelegenheit gibt. Die Baracke gegenüber hat eine einzige Waschecke – bis jetzt war sie immer kaputt –, wo sich alle Frauen waschen müssen. Eine genaue Beschreibung des Lagers folgt noch. Aber nicht vom ganzen Lager, das Kilometer lang sein muß und von dem wir nichts wissen.

Sabbat war nichts Besonderes, nur: man merkte nichts von ihm. Wie überall in Deutschland arbeiteten die Männer zwar etwas kürzer, aber man wird so durch die Tage gejagt, daß die Männer doch nur ganz kurz bei den Frauen sein können. Die ganze Zeit über hat man Essen zu schleppen, und um sieben Uhr müssen alle drinnen sein, die Männer in ihrem Teil des Lagers. Hinter ihnen schließt sich das Tor. Es wird dunkel, ich muß aufhören.

21. Januar

Ich schreibe jetzt in der Männerbaracke weiter. Ruhe hat man hier nicht, denn jeden Moment kann man zu irgendeiner Arbeit gerufen werden, Kessel tragen usw. Am Sonntag dauerte der Appell sehr kurz. Eine Viertelstunde nur. Offensichtlich wollten die Deutschen auch schnell drinnen sein. Aber Montag war ein Tag, den man nicht so schnell vergessen wird. Beim Appell stimmte die Anzahl nicht, und die Deutschen waren so in Rage, daß sie uns bis nach dem Mittagessen stehen ließen. Auch die Männer, die in der *Entlausungs*einrichtung waren, mußten antreten und ohne Essen zurück an die Arbeit. Ebenso die Männer, die völlig verschmutzt von der Arbeit kamen. Dann gibt es noch einen Schäldienst, zu dem Bobby eingeteilt wurde. Alles steht unter Aufsicht der Deutschen. Und die Männer müssen auch Holz schleppen, Bäume fällen usw.

Jetzt zur *Entlausung* der Frauen. Vom Warteraum kommt man in einen weiteren Raum, in dem die Ständer mit den Kleidern stehen. Pudelnackt hin. Die Kleider sind herrlich warm, die Kleiderständer wurden nämlich durch heiße Luft gezogen. Anziehen, warten, gezählt werden und weg. Das ist eigentlich alles, was in den letzten Tagen passiert ist. Und jetzt bricht am nächsten Mittwoch der Theresienstadttransport wirklich nach Theresienstadt auf (so heißt es zumindest), und wir haben wieder Hoffnung, daß auch wir wegkönnen. Man sagt, wir seien im besten Lager Deutschlands. Trotzdem ist dieses Lager in bezug auf Hygiene, Freiheit und eine Menge anderer Dinge viele Male schlechter als W'bork.

Liebster, ich muß Schluß machen, Sabbat Schalom, und ich hoffe wieder einmal, bald auch für Dich einen herrlichen Freitagabend ausrichten zu können. Mach's gut, mein Liebling. Gestern war es sechs Jahre her, daß Du von mir gegangen bist, mit dem Zug, auf dem Weg nach Palästina. Ich weiß nicht, wie ich das ausgehalten habe, aber es mußte ja gehen.

23. Januar

Ich werde nun versuchen, jeden Tag ein paar Mal zu schreiben. Immer wieder ein Stück, damit ich nicht so viel auf einmal erzählen muß, sondern ein wenig ausführlicher sein und Dir einen besseren Eindruck von dem geben kann, was wir durchmachen.

Um halb sechs läutet die Toiletten-Wache die Glocke. Im Zweistundentakt stehen vor unserer einzigen Toilette jede Nacht fünf Frauen Wache, damit wir kein Papier, keine Binden usw. hineinwerfen, denn die Wasserspülung funktioniert kaum. Die Mütter mit Kindern, die viel zu tun haben, stehen auf. Die andern bleiben noch liegen. Um sechs Uhr kommt Albala – ein griechischer Jude, der Verbindungsmann zu den Deutschen ist und, soweit wir beurteilen können, ein Kriecher –, bläst in seine Trillerpfeife und ruft: »*Auf, bitte.*« Viertel nach sechs etwa stehe ich auf. Mein Handtuch und Waschlappen hängen an einer Art Gestell, das ich aus einem Bügel und Schnüren gemacht habe. Seife, Zahnbürste und Zahnpasta aus meinem Toilettenbeutel holen – er liegt in einem kleinen Behälter auf dem Balken –, eine Jacke anziehen, die an einem Nagel an der Decke hängt, und den langen Marsch antreten. Um zum Frauenwaschraum zu gelangen, müssen wir ein großes Feld überqueren. Aber der Frauenwaschraum war in all den Tagen, die wir hier sind, geschlossen. Die meisten Frauen holen jeweils tags zuvor in Krügen und Töpfen Wasser, mit dem sie sich morgens waschen. Wir machen das auch für Mutter. Aber Bobby und ich waschen uns bei den Männern. Ich bin nicht prüde, und wenn ich es je war, dann habe ich es mir hier gründlich abgewöhnt. Aber zusammen mit den Männern kann man sich doch nicht richtig waschen, auf alle Fälle nicht nackt. Ein ›Vorteil‹ ist, daß dort nur eine schwache Funzel brennt, so daß man praktisch nichts erkennen kann.

Der Weg dorthin ist ein Alptraum. Es ist stockdunkel, heute morgen hat es heftig gestürmt, Regen. Man stapft durch den Schlamm, ich habe Socken und Schuhe an. Ganz in der Nähe höre ich am Tor die Stimmen von Männern, die Kaffee in Kesseln holen, aber sehen kann ich überhaupt nichts. Ein Schuh bleibt im Schlamm stecken. Durch das Tor zum Männertrakt, geradeaus zum Waschverschlag. Gewimmel im Halbdunkel, ich weiß nicht, was ich mit meinem Mantel machen soll, hänge ihn über die Tür zum Männerschlafsaal. Wasche mich, mehr schlecht als recht. Rückweg. Dann weiter ankleiden, Haare kämmen. Heute morgen sind einige Bretter aus meinem Bett gefallen. Das passiert hier ständig. Die Unterseite der Betten besteht nämlich aus Brettern, die lose nebeneinander liegen und etwas zu kurz sind, so daß sie ständig herausfallen und auf die Frau unter einem – Mutter – fallen. Kaffee holen, ohne Milch und Zucker, aber schön heiß, frühstücken. Brot und ein wenig Kunsthonig (aus dem Vorrat). Dann zum Toilettenhäuschen, auch wieder ein langer Weg. Aber jetzt kann man zumindest etwas sehen.

Und jetzt schreibe ich hier, während die Baracke geputzt wird und alles herumläuft, was nicht an der Arbeit ist – Frauen über sechzig und Mütter mit Kindern unter vier. Nur sehr schwaches Licht. Um halb acht gehen die Arbeiter zum Appellplatz. Etwas später sehen wir eine ganze Kolonne Männer und Frauen über die Hauptstraße in Fünferreihen zur Arbeit ziehen, schweigend. Grüßen ist nicht erlaubt, einer, der es doch tat, bekam einen Stein an den Kopf. Trotzdem grüßen wir heimlich. Liebster, ich höre auf, mein Tisch wird saubergemacht. Nach dem Appell weiter.

Der Appell war schlimm. Ich schrieb Dir bereits, daß wir miserables Wetter haben, der Erdboden ist ein einziger Schlammpfuhl. Die Barackenleiterin wollte selbst nicht hin, sondern in der Baracke gestohlene Sachen suchen, während die anderen beim Appell waren. Ich sollte sie vertreten. Wegen des Hundewetters hatten wir möglichst viele in der Baracke gelassen, also ältere Frauen, Kinder unter zehn, kurz, so gut es ging geschummelt. Wir liefen zum Appellplatz, nach ein paar Minuten kam der Deutsche, der immer zählt – Wilhelm Tell[1] wird er genannt –, und ich mußte »Meldung machen«, d. h. jeder Barackenleiter oder jede Barackenleiterin nennt die Nummer seiner oder ihrer Baracke und dazu die Anzahl derjenigen, die zum Appell erschienen sind. Die anderen werden in der Baracke gezählt, aber die Leiterin muß auch ihre Anzahl wissen, falls der Deutsche danach fragt. Also: Baracke 19 – *vierzig Personen*. In der Baracke blieben sechs Mütter, zwanzig Kinder unter sechs Jahren, fünfzehn Kinder von sechs bis zehn, vierzehn Kranke und vier Bettlägerige. Wir merkten sofort, daß Wilhelm eine Stinklaune hatte. Und tatsächlich ... nach ein paar Minuten humpelten alle herbei, die in der Baracke zurückgeblieben waren. Kleine Kinder, Alte, wirklich alle. Ich stellte sie in Fünferreihen getrennt von jenen auf, die ich bereits gemeldet hatte. Doch die Kranken aller Baracken mußten sich gemeinsam aufstellen. Ich ging wieder zu ihnen, um etwas Ordnung zu schaffen, damit sie nicht noch mehr angebrüllt würden, aber man befahl mir, mich sofort wieder zu meinen eigenen Barackenleuten zu stellen. Ich also wieder zurück. Dann konnten wir abtreten, aber die Alten und Kranken mußten noch eine Stunde lang beim Appell stehen. Es war elendig schlimm. Mütter weinten, weil ihre Kinder eine Stunde lang dort stehen mußten, sie aber wegkonnten. Wie geschlagene Hunde schlichen wir davon.

---

1 Von niederländisch *tellen* = zählen.

Kurz darauf: Kessel schleppen von der Küche zu dem Platz, wo das Essen ausgeteilt wird. Zurück. Mutter eine Brotscheibe gegeben, ich ein paar Haferflocken mit Zucker, trocken. Das hätte mir früher mal einer erzählen sollen. Nach einer Stunde kamen die anderen zurück, natürlich völlig durchnäßt. Wir ließen sie am Ofen sitzen und gaben ihnen Kaffee. Dann: essen. Für jede ein Löffel eines Gemischs aus Karotten und Steckrüben und vier kleine Kartoffeln mit Schale. Wieder heftiger Streit, weil die eine meint, sie bekäme weniger als die andere. Und dann gibt es die Regelung, daß wir die Frauen nach ihrer Bettennummer aufrufen, wenn es eine Extraration gibt, d. h. wenn nach der Ausgabe noch ein klein wenig übrig ist. Alle kommen dann an die Reihe. Nach dem Essen mit Chelly Nordheim und Ro Lissauer geplaudert und eine Stunde lang mit Riwka Mossel Hebräisch gelernt. Und jetzt rede ich gemütlich mit Dir. Nur darf ich das nicht mehr in aller Öffentlichkeit tun, denn alle fragen mich, ob ich Tagebuch schreibe. Ich weiß nur nicht, wie ich das machen soll, denn alles, was man hier tut, geschieht öffentlich, alle wissen hier buchstäblich, ob man Pipi oder einen Haufen macht. Menschenunwürdig.

Von den weiteren Tagen habe ich Dir nicht so viel zu erzählen, weil hier ein Tag dem andern gleicht. Heute ist es einerseits etwas ruhiger, weil man nicht zur Arbeit gerufen wird – es ist Sonntag und deswegen offiziell ein freier Tag –, andererseits ist es viel voller, weil alle ›zu Hause‹ sind. Und ich habe Dir ja schon geschrieben, was hier für Leute sind. Das übersteigt wirklich jede Vorstellung. Diese Woche hatte ich meine Kartoffeln aufgehoben und abends aufgebacken und mit Mutter geteilt. Der ganze Tisch schaute zu, und man sah die Leute regelrecht denken: Die hat sie geklaut. Ro Lissauer erzählte mir, wie die anderen abends auf der Lauer liegen und schauen, ob wir uns etwa mehr nehmen. Es ist abscheulich, Menschen sind wie Hyänen.

Ich werde Dir noch kurz erzählen, wie der restliche Nachmittag wohl aussehen wird, dann habe ich morgen weniger zu schreiben. Es ist schade, denn Dir zu schreiben ist das einzig Schöne hier, aber die Gefahr ist zu groß, daß mich andere dabei erwischen. Alles weitere ist schnell gesagt. Ich habe von Riwka Mossel ein Buch geliehen. Ein wenig lesen, dann wird Brot, Margarine (30 g pro Person pro Woche), ein Löffel Marmelade und eingemachter Kürbis verteilt. Von sechs bis sieben habe ich Toilettenwache in der Baracke gegenüber, wo die Waschecke zum Glück wieder geöffnet ist. Die Toilettenwachen für heute nacht in der Baracke einteilen und anweisen. Mein Bett reparieren, aus dem wieder Bretter gefallen sind, und dann ins Bett! Der schönste Augenblick des Tages: viel an Dich denken. Offiziell müssen wir ab acht Uhr im Bett liegen, meistens wird es für mich etwas später, weil ich oft noch etwas besprechen muß.

24. Januar

Obiges muß berichtigt werden. Wir haben keine Margarine bekommen. Die haben uns die Griechen vor der Nase weggeschnappt. Vielleicht bekommen wir heute abend welche. Auch Kürbis gab's keinen. Heute morgen konnten wir uns zum ersten Mal in der Frauenwaschecke waschen. So weit ist es schon mit uns gekommen, daß ich das genießen konnte. Es ist jetzt auch etwas heller. Ansonsten das gleiche Programm wie gestern. Kaffee (gestern mittag hatten wir Pfefferminztee), Brot, Kunsthonig (aus dem Vorrat). Appell. Fast alle mußten antreten, und nach einer halben Stunde war er vorbei. Eine Liste nach Bettennummern erstellt, Kessel geschleppt und Essen ausgeteilt. Ich muß aufschreiben, wer eine Extraration hatte und wer nicht.

25. Januar

Gestern abend hatte ich sehr viel zu tun. Die Essensangaben stimmten nicht, viel Gerenne und Geschleppe. Es gab Brot, Kürbis, Marmelade und Margarine. Das machte viel Arbeit, vor allem weil acht Portionen Margarine fehlten und wir neu aufteilen mußten. Dazu gab es eine Art Wasserbreisuppe, aus der ich mit unserem letzten Päckchen Puddingpulver Pudding machte. Gestern wurden unsere Schränke kontrolliert. Wir dürfen dort keine Essensreste aufbewahren. Angeblich waren auch zu wenig Leute zur Arbeit erschienen. Zur Strafe mußten die anderen bis acht Uhr arbeiten, und heute mußten wir fünfzehn Frauen zusätzlich schicken, also auch Frauen zwischen fünfzig und sechzig. Sollte das wieder vorkommen, gebe es Essensentzug, so wurde gedroht, und dazu noch eine Stunde Marschieren um den Appellplatz (nach der Arbeit) und drei Stunden dort stehen.

Am Morgen gab es wegen des heute aufbrechenden Theresienstadttransports keinen Appell. Den Betroffenen wurde erklärt, sie würden tatsächlich nach Theresienstadt gebracht. Angeblich soll die Fahrt drei Tage dauern. Man gibt ihnen genügend Essen mit, doch sie werden in Viehwaggons transportiert. Natürlich werden wir nie wieder von ihnen hören. Ich belasse es dabei. Später mehr.

26. Januar

Jeden Tag gibt es eine Menge zu schreiben, und ich vergesse immer so viel, daß ich dann eigentlich viel ausführlicher berichten müßte. Du kannst Dir im Grunde noch immer kein Bild von der Hetze und dem ständigen Aufscheuchen hier machen, von der Aufregung, weil Alte arbeiten müssen und Mütter mit Kindern bis zu drei Jahren, also junge Frauen, nicht. Ich vergaß zum Beispiel, daß jeden Abend nach sieben die Grünen hereinpoltern und kontrollieren, ob noch Männer in unserer Baracke sind. Manchmal machen sie Witze, dann wieder haben sie eine Stinklaune. Ich vergaß auch, daß es fast jeden Abend Luftalarm gibt, woran wir uns schon so gewöhnt haben, daß wir im Stockdunkeln unsere Betten leerräumen, uns ausziehen und schlafen gehen. Die Inspektion des Schlafsaals, bei der jeden Tag neue Anweisungen gegeben werden. Mal die Decken einstecken, dann wieder doppelt zusammenlegen, niemand wird schlau daraus. Das heißt hier *Bettenbau*. Die Lieder der Kinder. Ich kenne noch nicht alle. In W'bork marschierte die Strafbaracke stets zu folgendem Lied:

Wir sind die tollen Jungs
von der S-Kompanie.
Wir schuften wie die Pferde,
doch trauern tun wir nicht.
Man läßt den Mut nicht sinken,
und dauert's noch so lang.
Denn einmal kommt der Tag,
dann geh'n wir nach Amsterdam.
(Melodie Turnlied)

Die Kinder singen hier auf dieselbe Melodie:

Am Morgen in der Frühe,
da kleiden wir uns an.
Dann kommen die Soldaten,
die zählen uns dann lang.
Sie zählen, zählen, zählen
wohl hunderttausend Mal.
Und wenn es dann nicht stimmt,
dann brüllen sie uns an.

Es gibt noch ein Lied auf die Melodie des Turnliedes, aber das kenne ich nicht.

Von gestern gibt es sonst nichts Besonderes zu erzählen. Wir bekamen Brot, Quark und eine ordentliche Suppe. Aber wie ich Dir schon schrieb, waren alle sehr aufgeregt. Theresienstadt ist weg, und angeblich kommt morgen ein Transport mit zweitausend Personen aus W'bork.

Heute morgen waren wir duschen, was herrlich war, denn wir mußten nicht zum Appell. Es war ein Hundewetter, und die anderen mußten eine Dreiviertelstunde im Freien und eine halbe Stunde im Waschraum beim Appell stehen. Heute mittag ein paar Kleidungsstücke gewaschen – und wir hatten Kohl + Karotten + vier kleine Kartoffeln mit Schale – und um drei Uhr wieder Appell, klatschnaß und kalt. Ab heute muß die Barackenleiterin drinnen bleiben und die *Stellvertreterin* – das bin ich – auf dem Appellplatz *Meldung* machen. Danach Kessel geschleppt, und jetzt schreibe ich Dir. Aber ich muß schon wieder aufhören, denn es ist eigentlich schon zu dunkel. Gestern mittag konnte ich mich eine Stunde lang mit jemandem aus der Männerbaracke unterhalten. Heute morgen war Dasberg bei uns, weil er eine Kinderliste haben wollte. Sie versuchen, Unterricht zu organisieren. Heute abend muß ich die Liste mit den Arbeitern abgeben. Also genug zu tun. Ich höre auf. Morgen weiter.

Ich vergaß Dir noch zu erzählen, daß hier eine Art Jüdischer Rat eingerichtet wurde. Mitglieder sind Eitje, Kan, Gelber, Weiss, Ahlfeld und Andriesse; Albala (der Grieche) ist der Verbindungsmann zu den Deutschen. Was daraus wird, muß sich noch zeigen. Sie brauchen sich jedenfalls nicht an der normalen Arbeit zu beteiligen.

27. Januar

Nach einem sehr chaotischen Mittagessen – Weißkohl + vier kleine Kartoffeln mit Schale –, weil es viel zu wenig Essen gab, schreibe ich Dir schnell. Hier ist wieder schreckliches Wetter. Es hieß, der Appell werde in der Baracke abgehalten, und wenn er in Ordnung sei, solle das jeden Tag so sein. Wir waren schon überglücklich … Aber nein, kurz darauf haben uns die Grünen rausgescheucht, und wir mußten doch auf den Appellplatz. Zum Glück stimmte die Anzahl nach zehn Minuten. Reine Schikane, in der Baracke wäre es natürlich genausogut gegangen.

Der Transport aus W'bork ist nicht gekommen. Aber heute morgen machte das Gerücht die Runde, wir würden in vierzehn Tagen ausgetauscht. Mittlerweile zum Kohlenschleppen geholt worden. *Sehen muß ich es.* Schon beim Gedanken daran kann ich vor Glück kaum atmen. Und ich überlege mir die ganze Zeit, was ich dann essen werde. Prosaisch, was? Gestern meinte jemand zu mir, ich sei für neunzehn, zwanzig gehalten worden. Es tut mir gut zu wissen, daß ich doch jung geblieben bin für Dich, trotz allem, was wir durchgemacht haben.

28. Januar

Heute ist schon wieder Freitag. Jeder Tag ist gleich. Einer ist nicht vom anderen zu unterscheiden. Gestern abend hatten wir Brot, Kürbis und eine Art Rhabarbersuppe. Wieder Luftalarm und im Dunkeln zu Bett. Ich hatte Dir noch nicht geschrieben, daß ich heftig huste und schon seit einigen Nächten nicht mehr geschlafen habe. Er war so schlimm, daß ich schon fürchtete, ich hätte eine Lungenentzündung. Und hier gibt es überhaupt keine Arzneimittel. *»Es gibt nur Leben oder Sterben«*, hat der

Kommandant gesagt. Aber zum Glück habe ich heute nacht wieder ruhig geschlafen, ich huste deutlich weniger. Ständig kalte und nasse Füße, auch dadurch, daß ich immer rein- und rauslaufe. Zum Glück können wir uns wenigstens sauber halten. Jeden Morgen wasche ich mich mehr oder weniger normal, einmal in der Woche duschen. In W'bork hatte ich auch frische Unterwäsche, weil wir ab und zu unsere Kleider in der Reinigung waschen lassen konnten. Hier geht das nicht, wir müssen alles selbst waschen und dann jedes Kleidungsstück an den Ofen halten, bis es trocken ist. Hinhängen kann man es nicht, denn dann ist man es los. Heute nacht sind mir wieder ein Gläschen mit Kürbis und ein Messer abhanden gekommen. Einfach so aus meinem Schrank geklaut. Eines der schlimmsten Dinge hier ist, daß die Palästinaleute nicht zusammen, sondern über mehrere Baracken verteilt sind. Die Menschen hier sind wirklich schrecklich. Das war in W'bork schon bekannt. Zufällig dachte ich heute morgen daran, daß ich Dir nicht über den Appell würde schreiben können, der jeden Morgen um sieben Uhr im Dunkeln für jene abgehalten wird, die draußen arbeiten. Und nun hörten wir heute, daß es morgen zweimal Appell gibt, um sieben und um neun Uhr, für alle. Vor unserem Sabbat.

Liebster, ich muß aufhören. Gerade sahen wir auf der Hauptstraße eine Gruppe gehen, mit Gepäck. Anscheinend Russen, die in die Häftlingsbaracke verlegt werden.

Vor Überraschungen ist man hier nie sicher. Heute nachmittag mußten wir plötzlich alle zum Appell erscheinen, außer den Kindern unter fünfzehn. Viele, die bisher drinnen gearbeitet haben, müssen jetzt zum *Schuh-Kommando*[1]. Ich nicht, da ich *stellvertretende Barackenleiterin* bin, aber ich habe mich sehr geschämt, als ich die anderen weggehen sah.

---

1 Baracke, in der Schuhe aufgetrennt wurden.

Noch eines habe ich vergessen. Ich schrieb Dir schon von der Korruption in W'bork. Wie es hier darum steht, weiß ich nicht. Allerdings wird erzählt, bei den Griechen liege Weißbrot und Butter offen auf dem Tisch. Kinder bis zu drei Jahren und ihre Mütter bekommen nämlich eine kleine Extraration – Butter, Milch, Wurst, Weißbrot. Davon nehmen sich die Griechen einfach etwas. Und das sind Juden. Dafür finde ich keine Worte.

29. Januar

Lieber Leo. Heute ist zwar Sabbat, aber davon ist nichts zu merken. Und da ich doch nichts anderes mache, als zu schreiben (für meine Arbeit und andere Chilul Schabbat[1]), konnte ich einfach nicht anders, als kurz mit Dir zu sprechen, auch wenn ich weiß, daß ich das eigentlich nicht tun sollte. Heute morgen war doch um sieben Uhr Appell, wieder die ganz normale Auswahl für die Einteilung in die jeweiligen Kommandos. Einer der Grünen hat eine starke Taschenlampe. Damit leuchtet er einem nach dem anderen ins Gesicht und wählt aus. Wie Vieh.

Albala ist ein mieser Kerl, das schrieb ich Dir bereits. Heute morgen hat er wieder die Barackenleiterin angeschnauzt, und zwar so, daß es plötzlich Hohngelächter gab. Albala ging zu der Gruppe, woher es kam, und schrie: Wer war das? Als niemand antwortete, rief er ... nach dem *Oberscharführer*, der zum Glück so tat, als hörte er ihn nicht. Gestern versetzte er eine Frau aus der Kartoffelküche (im Vergleich zu anderen kein schlechter Arbeitsplatz) zu den Schuhen, und zwar nur, weil er eine Griechin in der Küche unterbringen wollte. Die Russen, von denen ich gestern schrieb, sind aufgebrochen, d.h. die

---

1 Sabbatschändung.

Frauen, angeblich nach Vittel. Man sagt auch, daß erst die Griechen gehen und dann wir an die Reihe kommen. Ich wage es nicht zu glauben.

Gestern stand plötzlich auf einem von den Betten – niemand weiß, wer es geschrieben hat: »*Die letzten Juden gingen nach Auschwitz zur Vergasung (Tod).*« Schaurig. Was genau damit gemeint ist, weiß niemand. Vielleicht (möge Gott es verhüten) werden wir es später erfahren.

Es ist verrückt, wie schnell ein Mensch vergißt. In W'bork haben alle geflucht und sich nach A'dam zurückgesehnt. Hier flucht jeder über Celle und spricht von W'bork, als wäre es ein Eldorado gewesen. Und niemand spricht mehr von A'dam. Hoffentlich wird es uns nie so schlecht gehen, daß wir uns nach Celle sehnen. Hin und wieder, wenn man darüber nachdenkt und sich klarmacht, wie sehr alle leiden müssen, erscheint es als ein Wunder, daß wir uns so halten. Eine Dame, die allerdings schon etwas älter ist, hat in W'bork ihren Mann verloren und ist nun allein hier. Das scheint mir so ziellos und ohne Aussicht auf ein bißchen Glücklichsein. Eine andere Frau ist mit ihrem Mann hier, der fast völlig blind und somit auf Hilfe angewiesen ist. Er wurde einmal zur Arbeit mitgeschleppt, und als man merkte, daß er wirklich nicht sehen konnte, hat man ihn den ganzen Tag draußen im Regen stehen lassen. Er durfte nicht zurück. Der Mann einer jungen Frau ist in irgendeinem Konzentrationslager, und sie weiß nicht, ob er noch lebt oder tot ist. Und so hat jeder etwas anderes, und ich glaube nicht, daß wir wirklich begreifen, was uns widerfährt.

Es ist jetzt Nachmittag, und wir haben schon wieder einen *Arbeitsappell* hinter uns, d. h. alle müssen dann auf dem Appellplatz antreten, wo Arbeitskommandos zusammengestellt werden. Der Vollständigkeit halber: Heute mittag gab es wieder

Rüben und Kartoffeln mit Schale, gestern abend Brot und Bouillon. Heute abend Brot + Sauerkrautsalat.

Liebster, das war in etwa alles aus dieser Woche. Ich bin so vermessen, daß ich glaube, man wird dieses Tagebuch womöglich in vielen hundert Jahren finden, und dann könnte es eine wichtige Quelle sein. Deswegen habe ich auch die unwichtigen Dinge erzählt, weil sie einem Außenstehenden vielleicht ein klareres Bild vermitteln können. Denn ich stecke so mittendrin, daß ich mich nicht in einen Menschen hineinversetzen kann, der das alles nicht erlebt und nichts davon weiß. Vielleicht werden es unsere Kinder einmal lesen. (Ich fühle mich fast wie Glückel von Hameln.[1]) Doch ich werde damit aufhören, wenn ich bei Dir bin. Ich mache jetzt nur noch Notizen und schreibe keine ganzen Romane mehr.

30. Januar

Der Zug hielt an, nun sind wir in Celle,
man schreit und schlägt drauflos und quält.
Die Deutschen halten ständig Appelle,
und hören nicht auf mit dem ew'gen Gezähl.
Schon kommt Albala mit Pfeife gerannt,
in Reih und Glied werden alle gebannt.
Und wenn es nicht stimmt, dann wütet er bloß,
dann wütet er bloß: *was ist hier denn los!*
(Melodie Turnlied)

Morgen Strafe, weil Holz organisiert (= gestohlen) wurde. Eine Stunde länger arbeiten.

---

1 Die Memoiren der Glickel (Glückel) von Hameln (1645–1724), die für ihre Kinder gedacht waren, gelten als die ersten schriftlichen Erinnerungen einer jüdischen Frau.

31. Januar

Heute nacht 83 Juden aus Bengasi, Darna, Tula[1] angekommen. Doppelte Nationalität. Sehen elend aus, fast nackt. Haben bereits sieben Lager hinter sich.

8. Februar

Der Transport aus Westerbork ist angekommen, neunhundert Personen, mittlerweile haben sie sich eingelebt. Viel Neues haben sie nicht zu berichten; aus W'bork ist noch ein Transport nach Polen und einer nach Theresienstadt gegangen. Auch über den Krieg keine Neuigkeiten. Ich bin nicht wirklich in Schreiblaune, es ist zu viel los hier, um nachdenken zu können. Vom Weggehen ist keine Rede mehr. Letzte Woche wurde behauptet, wer einen englischen Paß habe, gehe am 11. Februar weg, aber nun, da der 11. in Sicht ist, glaubt niemand mehr daran. Gestern meinte jemand: »Wenn ich morgens aufwache, weine ich, weil der Tag anbricht, und wenn ich abends zu Bett gehe, wünsche ich, die Nacht würde ewig währen.« Und so ist es. Wir sind nun daran gewöhnt, man kann es hier aushalten, es könnte immer noch schlechter sein ... aber das einzige, was uns aufrecht hält, ist die Hoffnung, irgendwann wegzukönnen. Und dabei verspreche ich mir von einem Lager in Schweden oder England gar nichts Besseres, doch schon die Tatsache, daß wir dann nicht mehr in Deutschland wären, reichte. Denn wenn wir noch hier sind, wenn der Krieg vorbei ist – wobei das Ende noch nicht in

1 Bengasi und Darna sind Städte im Nordosten von Libyen. In Libyen, das seit 1911 italienische Kolonie war, wurden Ende der 30er Jahre nach und nach antijüdische Gesetze eingeführt. 1942 eroberten deutsche Truppen Bengasi und deportierten mehr als 2000 Juden, u. a. nach Bergen-Belsen. Mit Tula ist vermutlich das Dorf Tula in Sardinien (Italien) gemeint. In Italien wurden im Oktober und November 1943 etwa 8300 Juden deportiert.

Sicht ist –, dann kann es Ewigkeiten dauern, bis die Herren beschlossen haben, was mit uns geschehen soll. Liebster, ich höre auf, ich gebe ja doch nur Binsenweisheiten von mir. Ich will kurz versuchen, in groben Zügen zu schildern, wie anders alles ist.

Beim JR in ›normalen‹ Zeiten, d. h. nicht so sehr viel zu tun. Freitagnachmittag um zwei Uhr sitze ich Eitje (Mitglied des Komitees für Jüdische Flüchtlinge) gegenüber und nehme ein Diktat auf. Mitten im Brief sagt er: »Heute nachmittag gehe ich früh nach Hause, um fünf beginnt der Sabbat.« Er ist fertig mit dem Diktieren. »Tippen Sie es schnell in die Maschine, denn ich muß weg.« Um vier Uhr ist er weg. Eine Hand und ein Lächeln. »Guten Schabbes, und morgen abend um acht Uhr bei mir zu Hause (um zu arbeiten).« »Ich besuche Sie morgen nachmittag.« »Oh ja, richtig. Nun, bis dann.« Und schon ist er weg. Um Viertel vor fünf bringe ich mit dem Fahrrad die Briefe zum Unterschreiben vorbei. Das Dienstmädchen führt mich ins Zimmer und sagt, Eitje komme gleich. Kurz darauf kommt er tatsächlich, frisch gewaschen, rasiert und tiptop gekleidet, weißes Hemd, schwarzer Sabbatanzug, Du weißt schon. Das Dienstmädchen deckt den Tisch, die Kerzen sind schon angezündet, er unterschreibt schnell, klappt die Postmappe zu, und ich eile davon. Am nächsten Tag komme ich zu Besuch. Jetzt trägt er ein Sakko. Auf dem Tisch liegt eine weiße Decke. Vor dem einen Fenster sitzt Eitje, seine Frau in dunkelblauem Kleid mit weißer Spitze vor dem anderen. Auf dem Tisch stehen einige Silberschälchen mit Keksen und anderem. Wir reden. Über das Komitee, über alles mögliche. Immer mehr Gäste treffen ein. Man stellt sich vor. Eitje bewundert mein Kostüm und meinen großen Hut, und wir unterhalten uns über Kleider, die ihm gefallen, und solche, die ihm nicht gefallen. Er führt mich hinaus und dankt mir für den Besuch. Ich laufe durch die Sarphatistraat zum Haus meiner Schwiegereltern (in der Nieuwe Keizersgracht 62).

Letzte Woche Sabbat. Es ist ein Hundewetter. In habe einige Angelegenheiten in Baracke 11 besprochen und stapfe durch den Morast zurück zu meiner Baracke, gekleidet wie eine Landstreicherin (nicht übertrieben), mit eklig-schmutzigen Schuhen und Strümpfen (und Du weißt, wie schick meine Strümpfe und Schuhe immer waren), und friere. In der Nähe meiner Baracke sind ein paar Männer damit beschäftigt, den Boden ein klein wenig trockenzulegen, mit langen Schaufeln und Spaten. Einer von ihnen ist Eitje, gekleidet wie ich, mit Mütze. So steht es jetzt um uns. Ich habe versucht, Dir zu schildern, welch ein Kleinod der Sabbat für jemanden wie Ei war, mit welcher Sorgfalt alles vorbereitet wurde und wie man den Tag verbrachte ... und was daraus geworden ist. Und vielleicht wird ja alles wieder gut. Aber es gibt Dir eine Vorstellung von unserer Verarmung und davon, wie weit es mit uns gekommen ist, sowohl materiell als auch kulturell.

10. Februar

Heute morgen war ich sehr niedergeschlagen, denn ich sehnte mich so sehr nach Dir. Es ist schrecklich, daß die Jahre, die wir so schön gemeinsam hätten verbringen können, so sinnlos verstrichen sind. Als ich meine verschmutzte Unterwäsche sah, war mir zum Heulen zumute, und ich konnte das alles plötzlich nicht mehr ertragen. Manchmal, wenn ich zum Beispiel etwas Schönes sehe, kommt mir plötzlich ein ruhiges, ordentliches Haus in den Sinn, sauber und voll schöner Dinge. Ich verlange ja gar nicht viel, nur einen gemütlichen Raum mit all den hübschen Sachen, die wir bereits hatten. Ich versuche, nicht mehr daran zu denken, denn sonst höre ich nicht mehr auf. Ich habe in den Kriegsjahren – zumindest anfangs – viel gekauft. Geld war bedeutungslos geworden, und ich hatte genug. Jetzt fühle ich mich etwas besser, denn es gab … keinen Appell! Es ist sehr kalt, es weht ein schneidender Wind, und überall liegt Schnee mit Schlamm vermischt. Der Appell lag wie ein hoher Berg vor uns. In der Baracke gezählt, die Leute aufgestellt. Wir wollten gerade mit unseren Sachen nach draußen, als ein Grüner über die Hauptstraße kam und abwinkte: kein Appell. Wir sprangen wie die Verrückten in der Baracke herum. Deshalb ist meine Laune etwas besser. Wir gehen zum Duschen.

12. Februar

In Eile. Gestern ein schrecklicher Tag. Mußten von Viertel nach sieben bis halb elf und von halb zwölf bis Viertel nach drei beim Appell stehen. *Angeblich*, weil morgens zwei Baracken zu spät erschienen waren, doch in Wirklichkeit wohl, weil sie eine Sch-Laune hatten, denn vorgestern und in der Nacht wurde ständig Luftalarm gegeben. Als eine Frau zusammenbrach und man sie in die Baracke bringen wollte, sagte der Kommandant: »*Laß sie kaputtgehen, bei uns gehen so viele kaputt.*« Ich brauchte nicht hin, d. h. nur morgens, aber es war ein schreckliches Gefühl, zu wissen, daß Mutter den ganzen Tag stehen mußte. Mittags haben wir Bänke gebracht, und die Kinder, die drinnen bleiben durften, haben ihre Mütter besucht. Zum Glück durften sie herumlaufen und brauchten nicht in Reih' und Glied zu stehen. Ich habe eine große Kanne ›lemon secco‹[1] gemacht und gekocht und heimlich auf dem Appellplatz ausgeteilt. Aber es bleibt schrecklich. Und die Leute in den Kommandos durften nicht zurück, sondern mußten den ganzen Tag arbeiten, ohne etwas gegessen zu haben. Auch wir haben erst mit den anderen Essen bekommen und somit einen Tag gefastet. Liebster, nun bist Du also wieder informiert.

---

1 Pulvriger Zitronenextrakt-Ersatz.

16. Februar

Heute ist ganz unerwartet ein Transport aus W'bork angekommen. Wir hatten ihn erst für nächste Woche erwartet. Neues wissen wir noch nicht. Sie sind gerade erst da und noch von dem alten Transport getrennt, bis sie in der Quarantänestation gewesen sind. Es handelt sich um 770 Personen: Palästina, 120 000er-Stempel und Leute mit südamerikanischen Pässen. Letzte Woche gab es einen Auschwitztransport, die gesamte Krankenbaracke wurde ungeachtet der Sperrungen abtransportiert. Nur einige wenige Palästinaleute sind verschont geblieben. Morgen weiß ich vielleicht mehr. Oh ja, die Afrikaner gehen irgendwann dieser Tage. Es heißt, nach Vittel. Palästina soll angeblich am 1. März aufbrechen. Also ... wieder Hoffnung. Ich habe den Brief bis hierher noch einmal gelesen und dabei gemerkt, daß ich zu erwähnen vergaß, daß wir am Montag wiederum zweimal Zählappell hatten, weil die Anzahl nicht stimmte. Aber heute ist wegen des Transports kein Appell. Gestern gab es Apfelmus, zwar schon ein bißchen gegoren, aber doch fein. Außerdem bekamen wir auf einmal Waschpulver, Soda, Tonseife und Toilettenpapier. Wir wußten nicht, wie uns geschah! Nur der Appell ist schrecklich, vor allem, wenn es – wie meistens – schneit und hagelt und weht. Andererseits können wir von Glück reden, daß es nicht so schrecklich kalt ist. Und mit jedem Tag nähern wir uns dem Frühling, dem Frieden und ... Dir! Ein schöner poetischer Schluß, nicht wahr?

19. Februar

Nicht viel zu erzählen. In den letzten Tagen ist es eiskalt, es schneit, und der Wind pfeift unangenehm durch alle Ritzen. Zum Glück dauerte der Appell nicht allzu lange. Vorgestern sind tatsächlich die Afrikaner gegangen. Und natürlich hieß es sofort, wir alle – auch die Engländer – würden auch bald aufbrechen, nach Palästina. Lieber gestern als morgen. Angeblich am 1. oder 3. März. Weißt Du, Liebster, vor einiger Zeit sprach ich mit Zadok Mossel über Dich. Mossel dachte darüber nach, ob wir den Seder zusammen feiern sollten. Und plötzlich sah ich mich an irgendeinem Tisch sitzen ... allein. Ich war ganz krank vor Verzweiflung. Zwar sieht es nicht danach aus, daß wir den Seder überhaupt feiern können, sollten wir noch hier sein – keine Männer, keine Hagadoth[1], keine Matzen, kein Licht –, aber manchmal sehe ich mich, wie ich neben Dir sitze und Deiner Stimme lausche.

Gestern ist Charles Polak gestorben, Du kennst ihn, er war Schriftführer des Zionistenbundes. Er war seit sieben Jahren verheiratet und hinterläßt eine Frau und ein kleines Kind. Er hatte sich eine Lungenentzündung zugezogen. Innerhalb weniger Tage tot. Das ist das allerschlimmste, was passieren kann, unwiderruflich. Und hier ist es besonders tragisch, denn niemand kann der Frau helfen, sie muß einfach zum Appell. Der Leichnam wird mit einer Mistkarre abgeholt, niemand darf ihn begleiten, und er wird verbrannt. Auch ihr kleiner Sohn war krank, und man nahm ihn im Krankenrevier auf, damit er nicht zum Appell mußte. Dort wollte man ihn ins Bett seines gerade verstorbenen Vaters stecken! Liebster, ich höre auf. Werde heute wieder Deine Briefe lesen, zum ... Male. Gestern kam jemand zu mir und meinte, ich wäre bestimmt eine gute Mutter, weil die Kinder ganz verrückt nach mir seien. Herrlich!

---

1 Mehrzahl von Haggadah, der Textsammlung, die den Auszug aus Ägypten beschreibt.

21. Februar

Ich bin in richtiger Hochstimmung! Frau Katz, unsere Barackenleiterin, hat gerade Albala gefragt, ob wir weggehen würden, woraufhin er geantwortet hat: »*Demnächst.*« Stell Dir vor, wir hätten das Glück, rauszukommen. Gestern ging es mir so elend, es war eisig kalt, die Baracke kaum geheizt, und ich hatte wieder einmal das Gefühl, das alles sei unerträglich. Aber heute ist es wärmer, und es geht mir etwas besser. Gestern wurde eine Hesped[1] auf Charles Polak gehalten. Herzberg hat gesprochen, nicht so rhetorisch wie sonst, sondern schlicht und gut. Er weinte sehr, als er auch noch Paul Denekamps gedachte, und ich hatte das Gefühl, daß er eigentlich um sich und um uns alle weinte, als er sagte: »Ich sehe sie noch gemeinsam daherlaufen. Damals hatte man zwei junge, gutgekleidete Männer vor sich.« Und jetzt … Es war ein Wunder, daß eine solche Zusammenkunft überhaupt möglich war. Liebster, für heute wieder genug. Es heißt: Freitag in einer Woche!

24. Februar

Heute kamen siebzig Personen mit Papieren für England und Palästina. Sie waren in Italien interniert, stammen aber aus Nordafrika. Und dann kamen für fünf Leute Pakete aus Holland. An sich ist es ein gutes Zeichen, daß man uns diese Pakete überhaupt gibt. Sie wurden durchsucht, das Brot wurde aufgeschnitten, aber gestohlen wurde nichts. Es ist eiskalt, aber die Sonne scheint. Liebster, ich belasse es hierbei. Habe heute keine Lust. Gestern war ich voller Optimismus, heute bin ich niedergeschlagen.

---

1 Grabrede.

25. Februar

Der Ordnung halber noch ein paar Punkte, die ich immer wieder vergessen habe. Jetzt, da es früher hell ist, wurde die Arbeitszeit verlängert. Appell ist schon um Viertel vor sieben, und die Arbeitskommandos kommen erst nach sechs zurück. Letzte Woche hatten wir jeden Morgen minus zwölf Grad.

Die Afrikaner, die hier gestern angekommen sind, waren fünf Tage unterwegs. In dem Lager, aus dem sie kamen, hatten sie unter der Aufsicht des Roten Kreuzes gestanden, das sie auch unterwegs mit Essen versorgt hatte, sogar koscher.

Die Menschen leben hier von Photographien und Erinnerungen. An freien Sonntagen werden sie herumgezeigt, und wir erfreuen uns an der schönen Kleidung oder den Wohnungseinrichtungen.

Liebster, ich bin so angespannt und kann nur noch an den *Austausch* denken. Und je näher Freitag, der 3. März, rückt, desto pessimistischer werde ich. Und schon beim Gedanken, wir könnten befreit werden, muß ich weinen. Verrückt, nicht wahr? Ich werde die erste Zeit bei Dir wohl in Tränen baden. Gestern habe ich den Kindern eine Geschichte darüber erzählt, was wir nächste Woche machen werden. Packen und ähnliches, und dann in den Zug, an Wien vorbei, Budapest, Bukarest und weiter mit dem Schiff ... Und dann sind wir in der Türkei und statten dem Sultan einen Besuch ab. Und von dort reiten wir auf Kamelen nach Palästina. Und dann werde ich Dich heiraten, und alle Kinder übernachten bei uns, und wir bekommen herrliche Sachen zu essen, vor allem Orangen. Und das Haus ist hübsch eingerichtet, kurz und gut, ein Märchen. Ich habe drauflosphantasiert und selbst wohl noch mehr Spaß daran gehabt als die Kinder.

Mittags um halb zwei. Sie hatten heute eine Sch-Laune und haben wahnsinnig geschrien. Jemand wurde geschlagen, weil er seine Mütze nicht schnell genug abgesetzt hatte. Die Barackenleiterinnen mußten zweimal zur Baracke zurück, um zu kontrollieren, ob die Zahl der Zurückgebliebenen stimmte, denn es fehlte jemand. Als ich zum zweiten Mal zurückkam, stieß ich auf den Grünen, der kurz zuvor den Mann geschlagen hatte. *»Schaut gut nach, denn sonst bekommt ihr wieder kein Essen. Es muß doch stimmen«*, sagte er freundlich. Verstehst Du das? Wir mußten stehenbleiben, bis die anderen von der Arbeit zurückkamen. Zurück zum Essen und um drei Uhr antreten. Der Fehler soll beim *Schuh-Kommando* gelegen haben. Hoffentlich dauert es heute nachmittag nicht zu lange. Aber wenn sie eine Sch-Laune haben, lassen sie uns eiskalt (im doppelten Sinn) den ganzen Nachmittag stehen.

Noch etwas. Die Außenkommandos müssen hier sehr hart arbeiten. Sie dienen u. a. als Pferde, d. h. vier bis fünf Mann gehen an der Deichsel eines Wagens, der mit Holz, Erde, Steinen usw. beladen ist. Andere schieben den Wagen an. *Stellvertretende Pferde* nenne ich sie. Viele Männer ertragen die Strapazen nicht und brechen zusammen, manche verstauchen sich den Knöchel. Aber sie müssen im Zug bleiben (bestehend also aus den Ziehenden, den Schiebenden und einem SS-Mann dahinter) und sich auf den Arm eines anderen stützen, oder zwischen zwei anderen gehen, nur mitlaufen, hin und zurück. Und für diese Arbeit haben die Deutschen vor allem Intellektuelle ausgewählt, u. a. Oberrabbiner Schuster, Jaap Meijer, Jo Melkman. Reiner Sadismus.

26. Februar

Heute bin ich matt und lustlos, habe Durchfall und Muskelkater (wir machen jeden Morgen vor dem Appell Gymnastik, um warm zu werden) und glaube nicht mehr, daß wir am Freitag weggehen. Das ist das Schlimmste. Schnell die Geschichte von gestern fertig erzählen. Beim *Schuh-Kommando* arbeitete einer zuviel. Der (deutsche) Leiter wußte das, hatte es aber nicht gemeldet, da man sonst ihn bestraft hätte, weil er sich verzählt hatte. Tolle Art, was? Bei der Rückkehr hat er diesen einen ein Tor früher ins Lager gehen lassen und ihm aufgetragen, sich unauffällig unter die anderen zu mischen, wenn diese vom Appell kämen. Solche Angst hatte er (ein *Scharführer* oder *Oberscharführer* oder wie die Kerle alle heißen) vor seinen Vorgesetzten! Aber wir waren die Dummen. Zum Glück stimmte es mittags auf Anhieb.

Dann gibt es hier eine Frau, die ganz allein von Vittel hierhergeschickt wurde, weil ihre Papiere nicht in Ordnung waren. Gestern morgen wurde ihr plötzlich mitgeteilt, ihre Papiere stimmten jetzt. Sie mußte ihre Sachen packen und ist gestern mittag nach Vittel aufgebrochen. Völlig unerwartet. Das läßt mich wieder ein wenig hoffen, aber sonst bin ich heute zu nichts fähig. Am liebsten würde ich mich ins Bett legen und mit niemandem mehr sprechen. Mach's gut, Liebster. Ich hoffe, daß ich beim nächsten Mal fröhlicher bin.

29. Februar

Ich bin wieder *himmelhoch jauchzend, zu Tode betrübt*. Die Spannung ist unerträglich. Ich habe ständig Durchfall, ich glaube, das kommt nicht nur von der Kälte, sondern auch von den Nerven. Jedenfalls fühle ich mich elend und schlapp. Haufenweise Gerüchte machen die Runde. Ein Wachposten des Holzkommandos sagte, er sei zum Begleiter des Transports nach Ankara ernannt worden, der am 3. März aufbrechen solle! Der *Oberkommandant* kam am Sonntagabend aus Berlin zurück, und angeblich soll es zwischen dem 3. und 13. März einige Transporte geben. Der Kommandant war im Magazin und soll gesagt haben, alles müsse ordentlich sein, damit man die Sachen sofort holen könne, denn wir alle würden weggehen. Der *Oberscharführer* der Küche meinte: *»Nachher erzählt ihr, daß ihr nicht genug Essen bekommen habt.«* (Was ja stimmt.) Andererseits werden immer mehr Leute den Kommandos zugeteilt; Vater mußte auch zu den Schuhen, und Dein Vater ist beim Holzkommando.

In der Zwischenzeit war Frau Maykels hier, und wir haben uns eine Zeitlang unterhalten. Und jetzt höre ich gerade von ziemlich verläßlicher Seite, der Transport sei wegen der Kälte um vier Wochen verschoben worden und das Lager bekomme eine andere Leitung, mit besserer Behandlung. Oh Leo, ich kann es einfach nicht mehr länger aushalten. Jetzt wieder vier Wochen länger und Gott weiß, was dann wieder dazwischenkommt. Wann hat diese Qual, dieses mörderische Warten ein Ende?

1. März

Und wie schon so viele Male bin ich wieder über das Schlimmste hinweg. Aber ich habe mir vorgenommen, nichts mehr zu glauben. Vielleicht wäre es für Vater und Mutter und Deinen Vater auch besser, weil sie dann direkt nach Holland zurückkönnten.

Bobby arbeitet seit gestern in der SS-Küche. Sehr harte Arbeit, Viertel vor sechs anfangen, mittags dort bleiben und abends (wie spät, weiß ich noch nicht) zurück. Aber sehr gutes Essen. Gestern gab es dort Weißkohl mit Kartoffeln und Soße, so nahrhaft, daß sogar die Männer keine zweite Portion schafften, unsere ausgezehrten, ausgehungerten Männer wohlgemerkt. Apfelmus, Pudding, sie bekommen dort, was sie nur wollen, nur: Sie dürfen nichts mitnehmen, ihre Kleidung wird durchsucht. Liebster, ich höre auf. Habe noch immer starken Durchfall und fühle mich heute sehr elend, aber die schlimmste Enttäuschung habe ich schon wieder verkraftet. Wie oft wird man uns noch einen solchen Schlag versetzen?

Die Kriegsgefangenen, die hier waren, sind weg. Angeblich sollen wir nun eine andere Lagerleitung bekommen und besser behandelt werden. Aber bevor ich es nicht gesehen habe, glaube ich nichts mehr. Ich habe mein Lehrgeld gezahlt.

6. März

War ein paar Tage krank. Habe nun keine Ruhe, denn neben mir sitzt eine Frau, der ich nicht vertraue. Wenn sie mitbekommt, was ich mache, verrät sich mich vielleicht.

10. März

Ich bin über die Enttäuschung wieder einigermaßen hinweg. Und zum großen Teil, weil ich die letzten Tage sehr viel zu tun hatte. Wir haben nämlich ein Purimfest[1] für die Kinder organi-

---

1 Losfest zur Erinnerung an die Errettung der Juden im persischen Exil von König Ahasveros durch das jüdische Mädchen Esther.

siert! Für unsere Baracke habe ich es ganz allein vorbereitet und bin stolz und froh, denn es war ein großer Erfolg, und die Kinder fanden es in unserer Baracke am schönsten.

Wir hatten Quark aufbewahrt, einige Tage lang ein paar Kartoffeln von unseren Rationen gespart und alle Eltern um eine Brotscheibe pro Kind gebeten; jemand, der im Außenkommando arbeitet, sollte Tannenzweige mitbringen, was erst ein Problem war, denn man darf kein Holz mitnehmen. Aber der Mann, den ich gefragt hatte, ging zu seinem *Scharführer* und erklärte, wofür er es brauchte, und der erlaubte es ihm. Seine Kumpels hatten dennoch Angst. Als er abends mit einem halben Wald auf den Appellplatz marschierte, waren deutsche Gäste da! Zum Glück haben sie nichts gesagt.

Ich hatte aus Westerbork ein paar Skizzenblöcke mitgenommen und habe Bilder gemalt und die Namen der jeweiligen Kinder darauf geschrieben. Zwei Frauen waren bestraft worden und hatten diese Woche eine Ration Margarine weniger bekommen; diese beiden Rationen hätten wir eigentlich abliefern müssen, aber wir behielten sie einfach. Und dann gab es einen wirklich wunderbaren Zufall: In der Kantine bekamen wir Kekse. Es waren nicht genug, um sie im Lager zu verkaufen, daher kaufte die Leitung sie auf gemeinsame Rechnung und gab jeder Baracke ein paar Kekse für die Kinder. Ein Mädchen aus der Baracke malte auch noch einige Bilder.

Am Mittwoch haben wir kleine Kartoffelküchlein gebacken (hier sind etwa vierzig Kinder + ein paar Jungs aus den Männerbaracken – dort gab es kein Fest). Gestern einen Teig aus Kartoffeln, Süßstoff und Quark gerührt und zu Keksen verarbeitet (nicht gebacken), ein kleine Kuhle hinein und einen Klecks Marmelade darauf. Es sah wunderschön aus! Brotscheiben am Ofen geröstet, mit Marmelade bestrichen, Brot mit

Quark und etwas Marmelade. Ein Bettlaken ausgebreitet, drei Tische zusammengeschoben, noch zwei Tischdecken darauf. Teller und Brotbrettchen mit Naschereien. Die Bilder mit den Namen auf die Plätze der Kinder. Zu jedem Bild einen Tannenzweig und um die Schüsseln Tannengrün. Es sah richtig goldig aus. Alle Kinder waren hübsch gekleidet, so daß ich mich verpflichtet fühlte, einen Rock anzuziehen (ich trage sonst immer eine lange Hose), und das fanden die Kinder prächtig. Wir haben die Purimgeschichte erzählt, gesungen und gespielt. Und gegessen natürlich. Er war wirklich phantastisch. Und alle haben sich natürlich amüsiert. Albala, Kan, Andriesse usw. kamen vorbei. In Anbetracht unserer Lage war es wirklich etwas ganz Besonderes. Hans Krieg hat auch gesungen, und als alle Kinder Hatikva sangen, begannen die Erwachsenen zu weinen. Außer mir natürlich. Frau Mossel hat das Fest geleitet, und sie hat es wirklich sehr gut gemacht.

Jetzt die Privatfeier. Morgens um halb fünf aufgestanden, Suppe ausgeteilt, um sieben zu Vaters Baracke, dort auf dem Ofen Pudding gemacht. Die Zutaten stammten von Leo Reichenberger, der bei Vater in der Baracke und ungemein nett zu ihm ist. Kakao, Milchpulver, ein klein wenig Zucker und Kartoffelmehl. Der Kakao war steinalt, es gab zu wenig Zucker, und doch schmeckte der Pudding gut! Unsere Begriffe haben sich geändert, uns schmeckt alles! Danach Appell. Lange. Dann aus unseren zurückbehaltenen Kartoffeln und süßem Quark, den Bobby mehr oder weniger heimlich organisiert hatte, einen Teig geknetet, vier Brotschnitten ein wenig am Ofen geröstet, belegt, mit einer Gabel Karos gezogen, einen Klecks Marmelade darauf … Deinem Vater und Freddy/Juul gebracht. Essen ausgeteilt und selbst gegessen. Mit dem Teig zu Vaters Baracke, wo Leo Reichenbergs Sohn die Brotschnitten geröstet hatte, die wir morgens gebracht hatten. Brotscheiben belegt, Marmelade darauf, dazu ein paar Kekse + Pudding gemacht. Schnell gemütlich zusammen gegessen, zum ersten Mal seit wir hier sind. Und in die Baracke. Geschlafen. Schluß. Jetzt ist Mittag. Ich hab Dir ansonsten nicht viel Neues zu erzählen. Nur, daß der Arbeitsappell jetzt schon um sechs Uhr ist und wir um Viertel vor fünf geweckt werden. Ein langer Tag.

Bobby arbeitet in der Küche, wo für die amerikanischen Juden gekocht wird. Sie tragen keinen Stern und brauchen nicht zu arbeiten. Und wenn man dann hört, was die SS noch zu essen hat, gute Butter, Fett, Äpfel usw., und was dort alles weggeworfen wird, dann hat man das Gefühl, der Krieg wird nie zu Ende sein. Nun, da man gar nichts davon hört, fragt man sich, ob er noch zehn oder zwanzig Jahre dauern wird. Es ist ein Elend. Allerdings fliegen viele Flugzeuge übers Lager, und letzte Woche erschraken wir furchtbar, als eines Nachts eine Bombe explodierte.

15. März

Verbot, während des Appells Regenmäntel über den Jacken und Schuhüberzieher zu tragen. Wieder *Austausch*-Gerüchte. Jeden Tag andere Verordnungen für den ›Bettenbau‹.

18. März

Transport W'bork angekommen. Um Viertel nach zwölf erfuhren wir, daß er um halb eins da sein würde. (Letzten Donnerstag.) Waren 36 Stunden unterwegs, etwa zweihundert Personen. Izak de Vries, Elie Dasberg, Frau van Tijn. Auch die Kinder von Karel und Gien Hartog, völlig unterernährt und verwahrlost, ohne Kleider. Alle haben die Ruhr. Sehr einseitige Ernährung. Obsessives Verlangen nach richtigem Essen. Hungrige Gesichter, vor allem bei den Männern, wie in einem Film. Soldaten mit langen Mänteln und Gewehren. Assoziationen an Filme aus Sibirien.

22. März

Es ist noch einmal Winter geworden. Es schneit und hagelt, und es ist eiskalt. Ich habe nichts zu erzählen, nur daß zur Zeit ständig Bunkerstrafen verhängt werden. Außerdem müssen sich Menschen häufig an den Zaun stellen und bekommen nichts zu essen. Und sie machen uns mit den zunehmenden Bettenkontrollen verrückt. Ich hatte einen schlimmen Geburtstag. Ich bin schon so alt, und all unsere Jahre verstreichen mit Warten. Liebster, ich bin niedergeschlagen, ich rede unzusammenhängendes Zeug. An meinem Geburtstag hatte ich nicht einmal Zeit, noch einmal Deinen Brief zu lesen, den Du mir schriebst, als ich 21 wurde. Das konnte ich gestern erst. Ich hatte besonders viel zu tun, weil meine ›Chefin‹ krank war und ich alles allein machen mußte.

23. März

Ich kann mich in letzter Zeit (davor auch schon) selbst nicht leiden und werde deshalb, wenn ich mich nicht gut fühle, nur Notizen machen. Das Verrückte ist, daß ich Dir, obwohl ich alles genau beschrieben habe, immer noch keinen Eindruck dessen vermitteln konnte, was hier passiert und wie wir leben. Es hört sich gar nicht so schlimm an. Aber es ist schlimm.

Ich werde Dir nun kurz erzählen, was wir gestern getan haben. Die Deutschen machen in den letzten Tagen nichts anderes als kontrollieren. Betten, Schränke, ob genügend Leute arbeiten usw. usw. Wir hatten gehört, der *Arbeitsführer* bei den Schuhen wolle einen Rundgang durch die Baracken machen. Und mittags sahen wir, wie der Grüne, der morgens immer den Appell abnimmt, in die gegenüberliegende Baracke ging. Wir waren also vorgewarnt. Ein Blick in die Baracke. Brot vom Ofen (man darf nichts rösten), Kinder spielten mit den Bänken, schnell alle Bänke an ihren Platz zurück. Ein Blick in den Schlafsaal. Und weiter Brot austeilen. Die Kinder standen an den Fenstern. Sie kommen, sie kommen! »*Achtung!*« (Das muß der Barackenleiter rufen, wenn sie hereinkommen.) Alle stehen auf. Da kamen sie, zu dritt, der *Arbeitsführer*, der SS-Mann vom Appell und der Mann, der sich im Lager um die Reinlichkeit kümmert, gemeinhin »Stinkerkönig« genannt, weil er die Klosetts kontrolliert, + Albala und der jüdische Arbeitsaufseher. Und Albala sagte sofort: Paßt auf, daß sie sich nicht durch den Schlafsaal davonmachen. Dieser Mistkerl! Wenn die Deutschen nicht daran denken, braucht er sie doch nicht darauf aufmerksam zu machen.

Frau Katz, die Barackenleiterin, ging mit einem zur Inspektion in den Schlafsaal. Und ich begleitete den *Arbeitsführer* durch den Eßraum. Er zeigt auf eine Frau: »*Wie alt?*« »*Vierzig Jahre.*« »*Was machen Sie denn hier?*« »*Ich habe schweres Asthma.*« Hohngelächter. »*Ach was, Asthma. Ist das auch schon zu schlimm, um bei den Schuhen zu arbeiten?*« Ich sage: »*Die Frau ist wirklich schwer krank.*« (Sie hat psychisches Asthma. Wenn sie nervös wird – und wer wird das nicht? –, bekommt sie fürchterliche Anfälle. Ihre Schultern zucken dann auf und ab, und sie bekommt fast keine Luft.) Er fragt nichts mehr und geht weiter. Zeigt auf mich und noch viele andere. Eine junge Frau, die beim Putzkommando der Baracke eingeteilt ist, weil sie dann bei ihrem kleinen Kind bleiben kann, läßt er aufschreiben. Ich sage ihm, was sie macht, und er meint: »Das können die alten Frauen tun. Die mußten zu Hause auch den Haushalt führen.« Er schreit, denn normal reden können sie nicht: *»Wollen Sie mir etwa sagen, was die Frauen zu tun haben? Dann können Sie auch zu den Schuhen gehen.«* Er geht weiter, und wir geben den Frauen, die er noch nicht kontrolliert hat, heimlich ein Zeichen, daß sie sich zu denen stellen sollen, die schon dran waren. Hinter seinem Rücken wechseln sie die Seite, so daß später dann alle auf einer Seite stehen.

Mittlerweile ist Frau Katz mit dem anderen Grünen zurückgekommen. Er murmelt: *»Es ist mir zu viel Betrieb hier«*, und verschwindet. *»Wie viele Barackenleiterinnen gibt es hier denn eigentlich?«* brüllt wieder der *Arbeitsführer*. Zwei, sagt Albala beruhigend, obwohl wir im Moment zu dritt sind. Schreiend, fluchend und polternd verschwindet der Trupp wieder, woraufhin in der Baracke aufgeregtes Geschnatter losbricht. Drei Frauen wurden zur Arbeit eingeteilt, und heute morgen, als sie beim Appell waren, wurden sie wieder zurückgeschickt, weil sie zu alt waren. Das ist die perfekte deutsche Organisation!

27. März

Wieder ein neues Heft. Wie lange noch? Nur ein paar Fakten, die Herzensergüsse kommen später. Letzten Donnerstag ist hier etwas Schreckliches passiert. Ein Mann wurde erschossen. Angeblich war er zu nah am Stacheldraht. Dort steht nämlich ein Wachhäuschen auf Pfählen mit einem Soldaten, und irgendwo hängt ein Schild: *ES WIRD OHNE WARNUNG SCHARF GESCHOSSEN*. Der Mann hat das Schild bestimmt übersehen, oder es hing gar nicht dort. Und der Wachsoldat war natürlich froh, einen Juden erschießen zu können. Er hat nicht in die Beine, sondern in die Lungen geschossen. Nach einer halben Stunde war der Mann tot, vierzig Jahre alt. Ich muß ständig an die Todesmeldungen aus Mauthausen denken: »*Auf der Flucht erschossen.*« Man hatte ihn noch operiert und zu retten versucht, und ich habe den Eindruck, daß der Soldat gegen die Regeln verstoßen hat. Es wurde ein ausführliches Protokoll aufgenommen … aber für seine Frau ist der Krieg verloren.

Am Freitagmittag ist plötzlich Rabbiner de Vries gestorben. Als er hier ankam, war er kerngesund. Seine Frau, die schon seit Jahren kränkelte, ist nach etwa zwei Wochen hier gestorben. Rabbiner de Vries war nur zwei oder drei Tage krank. Lungenentzündung. Und Du mußt wissen, daß Elie Dasberg und Izak de Vries in Quarantäne sind und ihre Baracke nicht verlassen dürfen. Man kann die Toten nicht begraben, die Leichen werden auf einer Mistkarre aus dem Lager geschafft. Er war nicht im Krankenrevier, sondern im sogenannten *Altersheim*, einer Baracke, die eigens eingerichtet wurde für Männer über 70, Frauen über 65 und jene, die der deutsche Arzt für arbeitsunfähig erklärte. Sie brauchen nicht zum Appell. Die sterblichen Überreste wurden ins Krankenrevier gebracht und am nächsten Tag zusammen mit einem anderen Toten weggeschafft.

Am Donnerstag wurde ein Flugzeug abgeschossen. Wir sahen, wie es Feuer fing und die Besatzung mit Fallschirmen absprang. Ein historischer Anblick.

Dann Dein Vater. Ich schrieb Dir bereits, daß er letzte Woche einen Schwächeanfall hatte. Er liegt im Krankenrevier, und Freddy, der dort arbeitet, hat mit dem Doktor gesprochen und ist sehr besorgt. Er hat geschwollene Augen, Hände und Füße, und Freddy meinte, er sei ein Wrack. Er befürchtete sogar, Vater könne es nicht schaffen. Gestern war ich bei ihm, da klagte er über Grippe, aber ich fand doch, daß er weniger schlecht aussah als noch ein paar Tage zuvor. Liebster, ich habe Dir nicht viel Gutes zu erzählen. Ich weiß, wie sehr Dich das alles treffen wird. Nun, da ich Dir das über Deinen Vater schreiben muß, denke ich an den Brief, den ich Dir geschrieben habe, als Deine Mutter krank wurde. Die Umstände waren damals allerdings ganz andere! Damals war das Beste und Kostbarste nicht gut genug, und nun sind eine Brotschnitte mit Marmelade, Margarine oder Quark und ein Schluck Suppe oder ein paar Rüben alles, was wir ihm geben können. Trotzdem glaube ich, daß Freddy zu schwarz sieht.

Hier machen wieder alle möglichen Gerüchte die Runde. Es heißt, wir würden nach Theresienstadt oder sogar wieder nach Westerbork gehen und dort würden dann tausend Pakete bereitliegen. Außerdem, und das ist eine Tatsache, wird ein Transport mit tausend Personen erwartet. *Häftlinge* oder normale Kriegsgefangene. Morgen werde ich Dir mehr erzählen können, vielleicht. Den Gerüchten schenke ich keine Beachtung. Wie gesagt, ich glaube nichts mehr, bevor ich es nicht gesehen habe. Sie machen mich nicht mehr froh oder niedergeschlagen. Ich hoffe nur, daß Theresienstadt nicht wahr ist. Letztes Mal, als man sich das erzählte, hatte ich mir schon ein schönes Ende für mein Tagebuch ausgedacht, nämlich, daß alles, was Du lesen würdest, für Dich niemals so schwer sein würde wie für uns. Denn Du würdest es im Wissen um das ›happy end‹ lesen, während für uns noch alles im Ungewissen liegt: Schaffen wir es oder schaffen wir es nicht? Und dann, als Schlußbetrachtung, daß ich trotz allem, allem Elend (Elend ist nicht das richtige Wort, aber es gibt kein Wort, um auszudrücken, was wir durchmachen) froh bin, bei Vater, Mutter und Bobby gewesen zu sein, weil ich denke, daß sie ohne mich schon längst in Polen wären, und weil ich es ihnen in vielerlei Hinsicht etwas leichter machen konnte. Und ich kann verstehen, wie Du Dich fühlen mußt, mein Lieber, der Du jede Minute in Unruhe und Unsicherheit über unser Schicksal bist. Aber ich kann diese schöne Schlußbetrachtung leider noch nicht zum besten geben, denn es ist noch nicht vorbei. Aber ... es geht gut ...

5. April

Lieber Schatz,
in den letzten Tagen bin ich wieder völlig mutlos. Nun ist zwar endlich die Kälte vorbei, und das macht viel aus, aber trotzdem bin ich ganz verzweifelt, lieber Leo. Ich habe nicht viel Neues zu erzählen. Sonntag hat hier die Sommerzeit angefangen, und der Arbeitsappell war um halb sechs, so daß wir anderthalb Stunden Schlaf versäumt haben. Später stellte sich heraus, daß halb sechs ein Irrtum war, und jetzt beginnt der Appell wieder um sechs Uhr. Sonntag haben sie alle Arbeitskommandos mittags wieder antreten lassen. Sie mußten anderthalb Stunden auf dem Appellplatz marschieren. Es war schönes Wetter, also an sich nicht so schlimm, aber es wurde ihnen doch wieder etwas von den paar Stunden Freizeit genommen, die sie hier haben. Sie arbeiten zwölf Stunden am Tag mit einer Stunde Pause. Bobby arbeitet von halb fünf Uhr morgens bis halb sechs, sechs Uhr abends. Sehr schwer.

Gott sei Dank geht es Deinem Vater wieder gut, d. h. er ist sehr gealtert und nun auch in der Baracke für alte Männer untergebracht worden, aber alles in allem war es zum Glück nur halb so schlimm. Heute ist er aus dem Krankenhaus entlassen worden, und ich gehe gleich noch kurz zu ihm. Liebster, ich belasse es für heute hierbei. Morgen weiter. Freitagabend ist Pessach. Ich darf gar nicht daran denken.

10. April

Ich kann kaum glauben, daß ich Dir erst vor fünf Tagen zum letzten Mal geschrieben habe. Es kommt mir viel länger vor. Ursprünglich wollte ich Dir in groben Zügen schildern, wie wir hier duschen. Aber mittlerweile sind wichtigere Dinge passiert, so daß ich Dir darüber zuerst schreibe. Letzte Woche Mittwoch ist plötzlich ein Transport mit neunzig Personen aus Westerbork gekommen. Von uns sind nicht viele Bekannte darunter, anscheinend erwarten sie noch einen Transport. Sie sind in Baracke 10 in Quarantäne, und es ist strengstens verboten, mit ihnen zu sprechen. Die Wache hat den Befehl zu schießen. Vater spricht ab und zu doch mal mit jemandem, weil er bei der Essensausgabe arbeitet. In Westerbork sind nur noch zweitausend Personen. Gleichzeitig mit diesen neunzig sind Menschen nach Auschwitz, Theresienstadt und nach Rumänien deportiert worden.

Ich glaube, ich vergaß Dir zu erzählen, daß vor etwa zehn Tagen sieben ungarische Frauen hier eingetroffen sind. Sie waren in Theresienstadt und sind ins Ausländerlager nach Celle geschickt worden, mußten aber wegen der Besetzung Ungarns (dieser Bericht stimmt also) das letzte Lager verlassen, das ein paar Baracken von uns entfernt liegt, und sind jetzt hier. Dann ist noch ein *Häftlings*transport eingetroffen. Auch er ist in gesonderten Baracken untergebracht, die von dicken Riedhecken mit Stacheldraht umgeben sind. Letzte Woche, als wir zum Duschen gingen, konnten wir einen Blick erhaschen. Jede Menge Männer, dicht beieinander, in gestreiften Anzügen mit kahlem Schädel. Das war alles. Man sagt, daß viele von ihnen an Chlorvergiftung sterben. Wer und was sie sind, weiß niemand.

Und jetzt Pessach. Du weißt, mit welchem Unwillen ich dem Fest entgegengesehen habe. Am liebsten hätte ich mich im Bett verkrochen. Aber als Barackenleitern (Assistentin freilich nur) mußte ich wohl. Oberrabbiner Davids hatte Anweisungen und auch ein spezielles Gebet ausgegeben[1], aber angesichts der Leute, die wir hier in der Baracke haben, hatte ich keinerlei Vertrauen in das Ganze. Aber es ist gelungen! Allen Erwartungen zum Trotz! Wir hatten mit unzähligen Problemen zu kämpfen. Die Frauen wollten ihren Platz nicht freimachen – wir wollten die Orthodoxen nach vorn holen, damit sie allem gut folgen könnten –, und wir hatten außerdem nur anderthalb Stunden Zeit. Für die Sederschüssel[2] hatten wir ... nichts. Freitagabend zogen wir uns um, vor allem die Kinder sahen sehr ordentlich aus. Zwei Tische (oh nein, wir hatten vor, die Tische zum Hufeisen zusammenzuschieben, aber im letzten Augenblick kam die Meldung, das sei verboten). Die Deutschen wußten, daß *gebetet* werden sollte.

---

1 Aus den Anweisungen des Oberrabbiners Davids. »Vorbereitungen für den Seder: Kissen für denjenigen, der den Seder leitet. Statt gebratene Knochen geröstete Kartoffeln, statt Ei etwas Gemüse vom vergangenen Mittag. Für den Kiddusch Tee (auch Thymiantee oder Ersatz, sofern aus Blättern gemacht) oder Milch. Zeit des Seders: Wegen der Lagerregeln beginnt man Freitagabend um sieben Uhr (nach dem Essen, wenn die kleinen Kinder im Bett sind) und begrenzt Text und Erläuterung so, daß man in einer Stunde fertig sein kann. Der zweite Seder am Samstag kann durch das für gewöhnlich frühere Arbeitsende an diesem Tag familienweise um sechs Uhr beginnen. Wo notwendig, wird einmal auf niederländisch und einmal auf deutsch gesedert. Kinderseder ist Samstagnachmittag. Aus technischen Gründen ist eine Mahlzeit nicht möglich. Dennoch wird das Danklied nach der Mahlzeit auf traditionelle Weise gesungen. Bevor Chamez, Gesäuertes, gegessen wird, spreche man andächtig: ›Himmlischer Vater! Es ist dir bekannt, daß es unser Wille ist, deinen Willen zu tun und das Pessachfest zu feiern, indem wir Matzen essen und auf Gesäuertes verzichten. Wir sind sehr betrübt, daß es uns aufgrund der außergewöhnlichen Umstände und der Gefahr für unser Leben, wenn wir die uns zugewiesene Nahrung nicht ganz essen, unmöglich ist, diese Gebote heute zu befolgen. Nun sind wir bereit und gehen dazu über, dein Gebot zu befolgen, das von uns verlangt, zu leben und nicht zu sterben und deiner Warnung gehorsam zu sein: Nehmt euch in acht und bewahrt euer Leben und eure Seele aufs höchste! Darum bitten wir dich: erhalte uns am Leben und bewahre uns in Gesundheit und erlöse uns bald, damit wir deine Gebote erfüllen, deinen Willen tun und dir dienen von ganzem Herzen, Amen.‹ (Dieses Gebet wurde von Oberrabbiner Abraham Levisson geschrieben.)« [Anm. Mirjam Bolle]

2 Schüssel mit den für den Sederabend erforderlichen Speisen, die symbolisch an den Auszug aus Ägypten erinnern, zum Beispiel das Bitterkraut (Meerrettich), der Mörtel, den die Sklaven für den Bau der Pyramiden herstellen mußten (Charosset genannt: eine Mischung aus Nüssen, Äpfeln, Wein und Zimt), die Matzen, das »Brot des Elends« usw.

Ein Karton auf dem Tisch und darüber ein weißes Handtuch. Darauf: Schälchen mit getrocknetem Gemüse, einer Mischung aus roher Karotte, Rübe und Kartoffel, Salzwasser. Auf allem ein Stückchen Papier, sozusagen als Etikett, worauf stand, was es sein sollte. Ein Marmeladengläschen als Weinglas. Ersatztee als Wein. Zwei Kissen mit Hüllen. Teelichter als Kerzen. Schluß.

Am Tisch saßen Chasan de Jong und Familie, wir vier, kurzum, ziemlich viele. Am zweiten Tisch ebenfalls. Und dazwischen drängten sich die Menschen. Die Orthodoxen, die auf jeden Fall den Seder feiern wollten. Ich vergaß zu erzählen, daß wir erst selbst den Seder leiten sollten, weil nach sieben Uhr keine Männer in die Baracke dürfen. Aber wegen der Verlängerung der Arbeitszeit – bis halb sieben – dürfen die Männer bis fünf vor acht in der Frauenbaracke bleiben. Chasan de Jongs Frau wohnt in unserer Baracke, und deshalb leitete er bei uns den Seder, aber er wollte, daß ich die Erklärung dazu las. In der Baracke wohnen 140 Frauen. Mit den dazugehörigen Männern, die immer bei den Frauen essen, knapp zweihundert Personen. Und was für Leute. Ich befürchtete das Schlimmste. Aber es ist sehr gut gegangen. Ich habe erst die Geschichte erzählt, sehr kurz. Danach habe ich gesagt, daß wir den Seder feiern sollten, als hätten wir alles selbst miterlebt, was uns früher schwergefallen sei, aber im Augenblick gar nicht, weil wir wirklich in der Sklaverei lebten. (Ich dachte an das *stellvertretende Pferd*, das Transportkommando, das wir hier jeden Tag vorbeiziehen sehen.) Aber daß wir nach dieser Sklaverei auch die Befreiung erleben würden. Das kam riesig gut an! Und als de Jong begann (zu jedem Stück gab ich ganz kurz eine Erklärung und manchmal nur die wörtliche Übersetzung, z. B. »von Sklaverei zu Freiheit«), stellten sich allmählich alle Leute um uns herum. Und so haben wir den ganzen Seder – natürlich unter Auslassung vieler Teile – gefeiert, und zum Schluß haben die Kinder

»Leshana Hazot Bijrushalajim«[1] und wir allesamt »Hatikva« gesungen. Allgemeines Weinen. Aber alle waren begeistert, ich selbst auch. Dennoch war ich ziemlich traurig, als ich an Dich dachte. Ich hatte es mir so anders erträumt.

Ich hatte vor, am Sabbat nach der Arbeit zu Mossel zu gehen für ein paar Midraschim[2], denn ich konnte ihnen ja nicht schon wieder die Geschichte von Pessach erzählen, aber es kam anders.

Am frühen Sabbatmittag sahen wir eine Maschine herabschießen. Und ein paar Stunden später unwahrscheinliches Knattern! Ein Angriff auf das Lager! Alle mußten drinnen bleiben, die Flugzeuge tauchten beinahe bis zum Boden. Wir sahen zwei Maschinen mit sehr seltsamer Form, wie Segelschiffe. Alle suchten Deckung, flach auf dem Boden unter den Tischen. Es war schrecklich. Ein Höllenlärm. Auf der Hauptstraße sahen wir die Deutschen wegrasen. Auf Fahrrädern, Motorrädern und in kleinen Autos. Ich dachte kurz: So werden sie wegrennen, wenn sie einmal kapitulieren müssen. Irgendwann sahen wir Rauch im Schlafsaal. Eine Frau lag auf dem Boden. Sofort einen Arzt benachrichtigt, und kurz darauf wurde sie von Krankenträgern abgeholt. Nicht mehr zu Bewußtsein gekommen und später gestorben. Hand abgeschossen. Dutzende von Kugeln in der Baracke, durch die Decke, die Wände, ganze Betten durchbohrt. Es sind wieder Wunder geschehen: Es wurden Betten von Leuten getroffen, die gerade aufgestanden waren, Handtaschen durchlöchert. Und Vater war draußen, hat flach auf der Erde gelegen und später, als es vorbei war, vier Kugeln aufgelesen. Ich selbst habe schreckliche Angst. Ich weiß, daß

1 Der Sederabend endet mit dem Lied aus der Pessach-Haggadah, der Erzählung vom Auszug aus Ägypten: »*Nächstes* Jahr in Jerusalem«. Aber in Bergen-Belsen hofften wir, daß es noch in *diesem* Jahr, »Hashanah Házoth«, sein würde. [Anm. Mirjam Bolle]

2 Sammlung von Auslegungen der Bibel.

geschehen wird, was geschehen muß, trotz meiner Hoffnung, hier lebend rauszukommen. Aber wenn ich daran denke, daß wir vielleicht verloren sind und was ich dann für ein Leben hatte ... ohne jeglichen Sinn, dann fühle ich mich so elend. Denn ein Deutscher hat gesagt, es seien Erkundungsflugzeuge gewesen, die Fotos gemacht hätten und bestimmt zurückkämen ... Vielleicht erkennen wir gar nicht, wie ernst unsere Situation ist, weil wir zu subjektiv sind. Eine 37jährige Krankenschwester ist gestorben, und man spricht von 22 toten *Häftlingen*. Wir haben den zweiten Sederabend nicht gefeiert, ich war nicht dazu in der Lage, und auch sonst gab es nirgends eine Feier. Gestern gab es wieder günstige Berichte über den Krieg und den *Austausch*. Ich tue mein Bestes, nicht mehr zu hoffen.

14. April

Ich habe nichts Wichtiges zu erzählen. Für uns zählt nur, daß wir heute, nach drei Monaten, etwas anderes zu essen bekommen haben, nämlich eine Art Kartoffelsuppe mit Rübchen. Für uns ein Ereignis, obwohl ich zugebe, daß es im Rahmen des großen Weltgeschehens nicht gerade von großer Bedeutung ist. Dann gibt es hier jeden Augenblick Luftalarm. Das war früher auch so, aber damals haben wir uns im Lager nichts daraus gemacht. Aber jetzt sind die Deutschen äußerst nervös, und ständig haben wir Luftalarm und dürfen nicht aus der Baracke. Vor allem nachts ist das beklemmend, und ab und zu denke ich: Warum geben wir uns solche Mühe, munter zu bleiben und uns nicht unterkriegen zu lassen. Ein Außenstehender gibt doch keinen Cent mehr für unser Leben, nur wir selbst können nun einmal nicht anders als hoffen. Gestern abend hatte ich Streit mit Albala, aber es dauert mir zu lange, Dir das alles zu erzählen.

Hier ist es seit ein paar Tagen wirklich Frühling, und man lebt richtig auf und bekommt das Gefühl, daß jetzt alles gut werden muß. Aber der Krieg kümmert sich nicht um unsere Gefühle. So zügle ich meinen Optimismus. Tschüß, Liebling.

***

Ende April besuchte eine Kommission aus Berlin das Lager. Es wurden Namen von Palästinaleuten aufgerufen, die sich gesondert aufstellen sollten. Mirjams Eltern und ihre Schwester wurden aufgerufen, sie selbst nicht. Sie trat aber auf die Kommission zu, ihr Name wurde notiert, und sie durfte sich zu der Gruppe stellen. Noch am selben Tag erfolgte der Umzug dieser Gruppe von etwa 260 Personen in ein angrenzendes Lager, in dem nicht gearbeitet zu werden brauchte und der Appell nur zehn Minuten dauerte. Der nächste Brief wurde nach diesem Umzug geschrieben.

28. Mai

Was wir heute erlebt haben, übertrifft alles bislang Gewesene, und während ich dies schreibe, zittere ich noch immer. Ich habe Dir nicht mehr geschrieben, weil ich meine Aufzeichnungen versteckt hatte. Wir hatten nämlich gehört, daß alles Gepäck beim Umzug vom alten Lager hierher auf Papiere durchsucht würde, und weil ich meine Briefe an Dich so wahnsinnig gern mitnehmen würde, hatte ich sie auf gut Glück irgendwo ganz unten versteckt. Liebster, ich war so schrecklich niedergeschlagen, es ging einfach nicht voran, und ich zweifelte schon daran, ob wir überhaupt noch gehen würden. Und jetzt ist das Leben hier sehr gut auszuhalten, vor allem in den letzten Tagen, seit wir so wunderbares Wetter haben, aber wir langweilten uns entsetzlich, und vor allem die Unsicherheit war zermürbend. Jeden Tag machten andere IPAs[1] die Runde, aber ich hatte mir vorgenommen, nichts mehr zu glauben. Und heute, am ersten Pfingsttag, hätte niemand geglaubt, daß etwas passieren würde. Heute morgen, am ersten Tag von Schawu'ot, hatten wir eine besonders schöne hebräische Konversationsstunde bei Mossel, danach gab es essen, und ich wollte mich gerade in die Sonne legen, als wir hörten, daß Luftalarm gegeben wurde. Aber es war ganz verrückt – in der Baracke taten sie, als hätten sie nichts gehört, und manche von uns wollten auch nicht zurück in die Baracke. Ich hatte mich in Gottes Namen wieder auf mein Bett geschwungen und las in der französischen Ausgabe der »Brüder Kamarasow« (geliehen von Frau Mendes da Costa), als plötzlich der *Oberscharführer* in die Baracke stürmte. *»Alles raus, aufstellen, die Namen werden verlesen.«* Das bedeutete: wir gehen. Aber ... wenn Namen verlesen werden, heißt das auch, daß wir nicht alle gehen. Wer? In diesem Moment sahen wir den Kommandanten auf seinem Motorrad heranbrausen.

Aufgestellt vor der Baracke. Namen, nahezu alphabetisch, werden aufgerufen. Inzwischen donnern über unseren Köpfen die Flugzeuge. Der Kommandant hat ein Fernglas und tut nichts anderes, als nach oben zu schauen. Und die Spannung ist ... unerträglich ist gar kein Wort. Zum Verrücktwerden. Levy, Walter, Levy, Katharina, Levisson ... wir sind nicht dabei. Was hat das zu bedeuten? Fangen sie gleich noch mal von vorn an? Auf dem Tisch liegt unsere Kartothek.

Der Kommandant hat einen rot umrandeten Brief in der Hand, und einer von uns ruft die Namen nach einer Liste auf. Levie, Moritz ... also doch. Vater, Mutter und Bobby. Ich bin nicht dabei. Ich trete vor, und genau wie beim letzten Mal sage ich,

---

1 Gerüchte der »Israelitischen Presse-Agentur«, also die Gerüchteküche.

daß ich zur Familie gehöre. »*Dann werden Sie noch aufgerufen.*« Ich bin beruhigt. Die Gefahr ist gebannt, denke ich. Die Gefahr, in der ich wirklich schwebte, war mir nicht bewußt. Ich werde Dir gleich erzählen, warum.

Aufgerufen wird Mindel Färber, das fünfjährige Pflegekind von Clara Asscher-Pinkhof. Sie selbst nicht. Aufgerufen wird die alte Frau Pinkhof, die sich nicht einmal in unserem Lager befindet. Aufgerufen wird Marinus Kan, der früher schon nicht mitwollte, solange sein Sohn und er nicht *transportfähig* sind. Die alte Frau Pinkhof wird von Albala geholt. Bis vor den Zaun. »*Wollen Sie mit nach Palästina?*« »*Ja.*« »*Aber Ihre Tochter geht nicht mit.*« Einen Augenblick reden ... sie geht mit. Ich kann Dir das nicht beschreiben.[1]

Mittlerweile gab es wieder einen kleinen Appell, bei dem Gepäckangelegenheiten besprochen wurden. Morgen um sieben Uhr muß alles fertig sein. Ich höre jetzt also schnell auf. Morgen weiter.

29. Mai

Im Augenblick liege ich auf dem Bett und schreibe. Es ist schon wieder Luftalarm. Ich habe den Bericht von gestern noch einmal gelesen, und er klingt so entsetzlich harmlos. Das zitternde Warten, die Szenen, als sich Sally und Jo Pinkhof von ihrer Mutter verabschiedeten, oder als sich herausstellte, daß Abel Herzberg und Vromen nicht dabei waren. Der Kommandant tat

1 Clara Asscher-Pinkhof schrieb später in Palästina die letzten Teile ihres Buches »Sternkinder« (1946), in dem sie vom Schicksal jüdischer Kinder in Amsterdam, im Lager Westerbork und in Bergen-Belsen erzählt.

nichts anderes als nach oben zu schauen und plötzlich, beim Buchstaben P, mußten alle in die Baracke. Also Unsicherheit für diejenigen, die im Alphabet nach dem P kommen und nicht aufgerufen waren. Die Mossels! Zadok, der uns die ganze Zeit über jeden Tag Unterricht gegeben hat, auch auf der anderen Seite, bei den Schuhen. Nach einiger Zeit erneutes Aufstellen, und weiter ging es. Dann war es vorbei. Der Kommandant las ein paar Bestimmungen vor und fragte dann, ob jemand aus irgendeinem Grund nicht mitwolle. Er fügte auch hinzu, daß er die Liste von Berlin erhalten habe, ebenso wie eine Reserveliste. Die anderen, die nicht aufgerufen wurden, mußten ins alte Lager zurück. Was das heißt, verstehen nur wir, die es mitgemacht haben. Sie mußten sofort packen und weg. Wir halfen. Leo, in all diesen Jahren habe ich fast nicht geweint, nur manchmal, wenn ich allein war, aber nie in Augenblicken, wenn es wirklich allen Grund dafür gegeben hätte. Aber jetzt ließen mich meine Nerven im Stich. Mossels Frau weinte, nicht um sich selbst, sondern um die Kinder. Und Vromen, der mir mit zitternden Lippen Adressen nannte.

Nach einiger Zeit ... wieder Appell! Die Zahl stimmt nicht. Sollten etwa wieder welche gestrichen werden? Nein, es sind zu wenig!! Vromen, Leopold, Vromen-Snapper, E.!!! Dieses Gefühl ist nicht zu beschreiben, niemals. Die anderen mußten fort. Und jetzt haben wir gepackt, gleich wird das Gepäck von den Deutschen gewogen, und noch diese Woche reisen wir ab. Im Zug weiter.

31. Mai

Wenn wir noch lange hierbleiben, wird das hier noch ein riesiger Papierstapel. Aber ich muß Dir schreiben, sonst halte ich es nicht aus. In diesen paar Tagen ist so wahnsinnig viel geschehen. Nach diesem schrecklichen Sonntag, als die anderen weg waren, ließen wir unserer Freude freien Lauf Noch diese Woche! Die elende Unsicherheit, wann, war vorüber. Und die Vorbereitungen häuften sich. Bestimmungen, die das Gepäck betrafen, in der Küche wurden Pakete gepackt. Gestern Nachricht – heute morgen halb sieben bereitstehen mit Gepäck. Das wird in Anwesenheit eines Familienmitglieds in eine Garage gebracht, durchsucht und dann zum Bahnhof geschickt. Wir zurück in die Baracke und am Donnerstag auf die Reise. Große Aufregung. Wenn alles zum Bahnhof gebracht wird, wie soll man dann in der Nacht von Mittwoch auf Donnerstag schlafen, sich waschen? Antwort: Alles muß weg. Heute morgen um halb sechs begannen wir damit, das Gepäck nach Alphabet rauszutragen. Ein Haufen Plunder. Wir waren noch lange nicht fertig, als der Unterkommandant und ein weiterer Grüner auf dem Fahrrad angefahren kamen: *»Alles Gepäck zurück in die Baracke. Die Reise hat sich etwas verschoben!!!!!«* Patsch. Als bekäme man einen Schlag vor den Kopf. Und noch blieben die meisten optimistisch. *Etwas.* Wahrscheinlich ein Bahnhof zerstört. Nur eine Frage von ein paar Tagen. Um zehn Uhr, kurz vor dem Appell, kam der Kommandant. *»Er bedauert außerordentlich, aber ... die Reise ist auf unbestimmte Zeit verschoben!!!«* Unsere Stimmung ist nicht zu beschreiben. An unseren Nerven wurde so gezerrt, daß wir keine Spannkraft mehr haben. Wir sind kaputt. Und wieder aufs neue ... Unsicherheit. Wieder auspacken, uns wieder aufs neue hier einleben. Denn im Geiste waren wir schon weg.

Noch einen Vorfall muß ich Dir erzählen. Sonntag war eine Tochter aufgerufen worden, die Mutter nicht. Erst wollte die Tochter auch hierbleiben, aber sie ließ sich von den anderen überreden, das nicht zu tun. Gestern stirbt plötzlich eine der aufgerufenen Personen in der Krankenbaracke. Also darf jemand anderes statt dessen mit. Die Tochter bittet um die Mutter, aber da ist ja noch die Reserveliste. Noch eine weitere Person wird von Berlin bestimmt. Wenn dann noch ein Platz frei wird, darf der Kommandant wählen. Diese eine weitere Person ist ... die Mutter. Wenn Du das in einem Buch schreiben würdest, hieße es: zuviel Zufall. Aber das sind die Tatsachen.

Ich bin wieder total fertig. Wir wissen nicht, was noch daraus werden soll. Und sich erneut einstellen auf Elend, Unsicherheit, Gefahr. Mindestens zweimal am Tag gibt es Luftalarm. Gestern dachte ich: in ein paar Wochen keine Angst mehr. Jetzt, wenn der Krieg vorüber ist und wir immer noch hier sind, was dann? Es werden Schützengräben angelegt. Was wird hier noch geschehen? Komme ich noch jemals zu Dir? Und ich hatte schon so viele Pläne. Ich dachte schon an unsere Kinder. Tschüß, mein Allerliebster.

7. Juni

Gestern ist hier zum ersten Mal Post angekommen, nicht als Formular, sondern echt, viel aus der Schweiz. Ich versuche mich wieder darauf einzustellen, bis nach dem Krieg zu bleiben, aber oh, das ist so schwer. Heute morgen gehen wir zum Duschen ins Badehaus, dann sehen wir den Lagerausgang. Als ich neulich in der Sonne lag, habe ich mir vorgestellt, wie ich mich wohl fühle, wenn der Schlagbaum hochgeht. Und jetzt! Unsere Zukunft schien so hell und nah. Wieder Aufschub, wieder Unsicherheit. Ich bin müde und kaputt. Allerliebster, wenn wir diese Geschichte noch einmal zusammen durchlesen, oder wenn wir zum Beispiel in zwanzig Jahren ein Theaterstück oder – noch besser – einen Film über all das sehen, was bei uns geschehen ist, werden wir den Kopf schütteln und sagen: Sie haben wirklich sehr dick aufgetragen. Es geschehen wirklich unglaubliche

Dinge. Wir sitzen nämlich wieder im alten Lager! Ich werde Dir alles von Anfang an erzählen.

Nach diesem Schlag begannen wir uns allmählich wieder ein wenig aufzurappeln. Sonntag wurde ein Kurzreferat über unsere Situation nach dem Krieg gehalten, gefolgt von einer außerordentlich interessanten Debatte. Wirklich auf sehr hohem Niveau. Montagabend wurde sie fortgesetzt. Am nächsten Morgen kam der Befehl: Sofort umziehen auf die andere Seite! Später wurde uns mitgeteilt, es handle sich um eine rein interne Angelegenheit. Wir würden als geschlossene Gruppe in einer Baracke zusammenbleiben, bräuchten nicht zu arbeiten und sollten unser Gepäck stehenlassen, weil es *»jeden Moment losgehen konnte«*.

Und jetzt sitzen wir eingepfercht in Baracke 15, im alten Lager, ohne Speisesaal, leben auf den Betten, dicht an dicht. In strömendem Regen sind wir umgezogen, unsere Sachen waren klatschnaß, aber zum Glück konnte ich sie gestern raushängen und trocknen. Und als wir auf der anderen Seite waren, hörten wir von der Invasion an der französischen Küste! Und wieder einmal muß ich sagen: Wie wir uns fühlen, ist nicht zu beschreiben. Denn es klingt so einfach, wenn man sagt: Wir sind von der einen Baracke in die andere umgezogen. Aber das heißt: ein Ansturm auf Betten, den man so gut wie möglich zu lenken versucht, sich keinen Rat wissen mit dem Gepäck, nicht wissen, woraus man essen soll usw. Ich werde mich nicht weiter darüber auslassen. Und jetzt gibt es nur noch offene Fragen. Kommen wir weg? Was bedeutet Invasion? Wie lange noch?

Deinen Vater und Freddy gesprochen, die völlig niedergeschlagen waren. Ich hätte gern ein wenig mit ihnen geweint, aber ich muß sie immer noch ein bißchen trösten. Und als Trost gab es gestern einen Rote-Kreuz-Brief von Dir! Was das bedeutet, kannst Du Dir nicht vorstellen, so ein paar liebe Worte von Dir. Die Briefe sind aus Westerbork nachgeschickt worden. Auch das Sekretariat des Roten Kreuzes hat mir eine Antwort geschickt wegen unserer Hochzeit, von der ich kein Wort verstehe, aber es ist auch nicht mehr wichtig. Ich habe nun keine Angst mehr, ohne Identität zu sein. Man weiß, wo wir sind, und wir sind hundertmal registriert auf der Austauschliste.

10. Juni

Wir haben den nächsten Schlag schon wieder hinter uns. Arbeiten. Seit zwei Tagen bin ich bei den Schuhen. Mittwochmorgen hieß es, wir müßten um acht Uhr zum Duschen bereitstehen. Abends um halb elf kam Albala, um zu sagen, wir sollten um Viertel nach sechs zum Arbeitsappell erscheinen. Ich hatte schon geschlafen und war halb benommen von dem neuen Schlag. Ich stellte mir vor, daß noch am selben Abend ein Anruf aus Berlin gekommen sein könnte: *Austausch* abgeblasen. Ich war wieder mal völlig am Boden zerstört. Jetzt, wo ich dies schreibe, bin ich wieder ganz guter Stimmung, aber heute morgen, als ich so entsetzlich niedergeschlagen war, hätte ich Dir besser beschreiben können, wie ich mich fühlte. Und es war wirklich entsetzlich schwierig gestern. Schmutzige, schmierige Arbeit, von sechs bis halb zwölf und von halb eins bis halb sieben. Und tatsächlich ist man dann erst nach zwölf Stunden Arbeit wieder in der Baracke. Aber wir haben einen netten Tisch, lernen Hebräisch, natürlich ohne Bücher, und im allgemeinen ist es weniger schlimm als gedacht. An unseren *Austausch*chancen hat sich nichts geändert, wir wohnen weiterhin zusammen. Um es ertragen zu können, glaube ich es einfach. Wenn man uns offiziell mitteilt, daß alles abgeblasen ist, werde ich mich wieder daran klammern müssen, daß der Krieg hoffentlich schnell vorbei ist (woran ich nicht glaube). Es geht zwar voran, und es ist vielleicht nur noch eine Frage von Monaten, aber ich habe doch Angst vor dem Ende hier. Jetzt halte ich mich einfach an der Vorstellung fest, doch noch ausgetauscht zu werden, weil die *Austausch*kommission nichts mit dem Krieg zu tun hat. Denn wenn ich hier noch monatelang die Zeit totschlagen soll …

Morgen mittag, Sonntag, müssen wir vor unserem freien Sonntagnachmittag um halb zwei zum Appell. Ich habe mich jetzt eingestellt auf aufstehen, arbeiten, essen, ins Bett gehen. Sonntagmittag waschen und Hände pflegen. Und nicht denken.

12. Juni

Eigentlich würde ich Dir gern ausführlich von dem Zustand berichten, in dem die Juden hier leben, aber dazu bleibt mir nie die Zeit. Wir arbeiten von halb sieben bis abends etwa sieben Uhr, und jetzt liege ich im Bett und schreibe. Und obwohl ich nicht hart arbeite, ist der Tag so lang und das Leben so gehetzt, daß ich sehr müde bin. Ich habe Dir von meiner Verzweiflung geschrieben, aber das Lager als nicht allzu schlimm beschrieben. Dennoch halten wir wohl nicht mehr lange durch. Unsere Männer sind nur noch Skelette, graublaß mit hohlen Wangen und tief in den Höhlen liegenden matten Augen. Auch Frauen, die früher gut beieinander waren, sind dürr, und ihre Kleidung schlottert, aber sie sehen im allgemeinen doch besser aus als die Männer. Und alle haben Hunger. Wir essen zuviel zum Sterben, zu wenig zum Leben. Von morgens fünf bis abends acht leben wir von drei dünnen Scheiben Brot (trocken), einem Liter Reissuppe mit Lauch und fünf Eßlöffeln Rhabarber. *Schluß*. Das war das Menü von gestern. Es variiert jetzt etwas, aber die Menge bleibt gleich. Ich vergaß den Kaffee morgens und abends und manchmal ein paar Kartoffeln. Ich lege mich schlafen. Wenn wir im Winter noch hier sind, befürchte ich das Schlimmste. Und um so mehr für Polen.

14. Juni

Eigentlich sollte ich die nächste Geschichte besser später erzählen, aber vielleicht gibt es dann wieder so viele andere Dinge, daß ich diese wieder vergessen habe. In aller Ruhe kann ich Dir nicht gerade schreiben, denn überall um mich herum herrscht Lärm. Hier also:

»Meine Damen, aufstehen, zehn vor fünf.« Ich bleibe liegen, werde langsam wach, versuche meine Augen zu öffnen. Nach ein paar Versuchen gelingt es mir. Mein erster Gedanke ist: noch ein bißchen schlafen, wieder so ein endloser Tag, ich will nicht. Darauf überlege ich, wie spät es wohl ist, und stehe um fünf vor halb sechs auf. Dann folgt ein festes Programm. Den Balken abräumen, Seifendose, Handtuch, Strümpfe, Schuhe, nach draußen. Herrlich frische Luft, zu Fuß zum WC-Häuschen, dann in die Waschecke, waschen, zurück zur Baracke, Haare kämmen, allem im Bett seinen festen Platz geben, Decken darüber (die Bettdecke wird also nicht gelüftet, wird abends ausgeklopft), alles glattstreichen – *Bettenbau, Scheiße* – trockenes Brot essen, drei hauchdünne Scheiben. Ein Pfiff: *»Raustreten zum Appell«*, und nach und nach drängen wir zum Appellplatz. Dort sind schon viele andere. Alle unterhalten sich. Wieder ein Pfiff. »Aufstellen.« Die Vorstellung beginnt. Jeder stellt sich zu seinem Kommando, Schuhe, Uniformen, Weißwäsche, Außendienst usw. Männer und Frauen getrennt, in Fünferreihen. Die Vorarbeiter stellen uns auf. Ein einziges Gewimmel und Geschreie. Der jüdische Arbeitschef (= Sklaventreiber) läuft und schreit wichtig herum. Dann marschieren ein paar Deutsche auf der Hauptstraße heran. Einer mit einem Hund, dahinter die Chefs auf Fahrrädern. Am Ausgang bleiben sie stehen. Und dann hören und sehen wir die verschiedenen Kommandos abmarschieren, nachdem sie mehrfach gezählt wurden. Am Tor zählen die jüdischen Chefs und die Deutschen allesamt wie die Verrückten. Und dann hören auch wir: »*Frauen* (*Damen* dürfen sie nicht sagen) *im Gleichschritt, marsch!*« Und da gehen wir dann, eine lange, lange Reihe, zu den Schuhen. Die Schuhbaracke ist unbeschreiblich. Schmutzig, stickig, dunkel, kalt, alles, was man (nicht) will.

Liebster, ich belasse es hierbei. Ich kann Dir ja doch nicht beschreiben, wie es ist, elf Stunden am Tag dort zu hocken. Und die Drohung, danach bis halb zehn am Zaun stehen zu müssen. Und dennoch gibt es auch nette Szenen dazwischen. Die Italiener mit ihrer lebendigen Gestik. Das Geschrei der Deutschen. Wir, die den ganzen Tag nichts machen, nur so tun, als würden wir arbeiten, usw. Alles ist wie ein Film, den man sich als Außenstehender mit Entsetzen anschaut – vor allem die ausgemergelten, fahlen Gesichter der Männer –, der aber, wenn man selbst dabei ist, doch erträglich ist, das heißt, in anderer Hinsicht wieder schlimmer ist, als man denkt. Ab und zu sind wir alle mal niedergeschlagen, aber wir ziehen uns gegenseitig wieder hoch, wir haben viel Halt aneinander. Und hier lernt man die Menschen kennen, wie sie wirklich sind. Leute, die in Amsterdam Damen und Herren waren, sind hier manchmal wie Hyänen, stehlen und betrügen, aber wer ein gutes Herz hat, bleibt, wie er war und schafft es sogar, sich um andere zu kümmern.

15. Juni

Ich vergesse ganz, Dir zu erzählen, was wir bei den Schuhen machen. Hierher schickt man die alten Schuhe. Zerfetzt, schmutzig, staubig usw. Wir trennen sie auseinander und sortieren das Leder. Die dreckigste Arbeit, die es gibt, manchmal mit Kot an den Sohlen. Alles mit ganz kleinen Messern (wir mußten unsere Taschenmesser dafür abgeben), und die härtesten Schuhe, zum Beispiel die Soldatenstiefel, dürfen auf eine Art Säge in Form einer Guillotine gelegt werden, die genauso stumpf ist wie die Messer. Voilà. Strafen: gebückt am Zaun stehen, keine Brotration usw. usw.

Ich habe oft die Idee, einen Film zu machen über unser Leben (wenn alles gut ausgeht) als Symbol für diese Zeit und für die Veränderung von Zeiten; der Film beginnt mit unserer Verlobungszeremonie, und am Schluß stehe ich in Eretz Israel und schreibe einen Brief an die Filmgesellschaft mit der Bitte, unsere Geschichte zu verfilmen; nach einer Nahaufnahme unserer Chuppah[1] in Palästina, dazu u. a. ein Bild von Bobby auf der Mittelschule, wo sie etwas über die Seidenindustrie in Lyon lernt, und dann von Bergen-Belsen, wo in einer schmierigen Baracke Kokons aufgeschnitten werden. Vielleicht verdienen wir damit ja noch Geld. Es müßte eine Art Propagandafilm für die Lösung der Judenfrage werden. Wer weiß. Den Plan habe ich im Kopf. Ob ich ihn wohl ausführen kann?

18. Juni

Heute, Sonntag, vor einem Jahr (20. Juni) wurde ich nach Westerbork deportiert. Wie wird es nächstes Jahr sein?

---

1 Hochzeit.

20. Juni

Die Diamantenleute wurden am Sonntag zur *Kommandantur* gebracht und dort einer nach dem anderen verhört. Um halb drei nachts zurückgekommen. Geheimhaltung. Die IPA sagt, sie müssen wählen: Industrie eigener (schwarzer) Diamanten oder Polen.[130]

21. Juni

Im Augenblick Luftalarm. Herrlich, jetzt brauchen wir nicht zur Arbeit. Gestern haben wir Hannover brennen sehen.

23. Juni

Heute abend will ich Dir von dem Scheinleben schreiben, das wir hier führen. Wir arbeiten von halb sieben morgens bis halb sieben abends bei den Schuhen, das heißt, wir arbeiten nicht. Ich zum Beispiel vollbringe nichts, vielleicht zwei Schuhe pro Tag, aber man hat für mich 35 Paar notiert. Das wird über *Scharführer, Oberscharführer, Kommandant* nach Berlin durchgegeben. All diese Instanzen sind an einer hohen Produktionszahl interessiert, so daß jeder noch ordentlich aufstockt. Ich wüßte daher gern, wie hoch die Zahl in Berlin sein wird. Wenn die Wachleute reinkommen, braucht man nicht zu arbeiten, man muß nur so tun als ob.

---

1 150 bis 200 jüdische Spezialisten mußten auf Himmlers Befehl in Bergen-Belsen Diamanten schleifen. Einige überlebten bis zur Befreiung des Lagers.

Wenn man einen Schlafsaal betritt, sieht er ordentlich aus. Aber in den Betten liegen schmutzige, feuchte Handtücher, Kleidung, Essen usw. Wenn es bloß von außen ordentlich aussieht. Schein. Die Schränke sind sauber, saubere Eßnäpfe usw., aber wenn man etwas Essen von mittags für abends aufbewahrt (das kommt fast nie vor, niemand kann sich beherrschen, nicht alles aufzuessen), muß man das ins Bett legen, denn in den Schrank darf es nicht. Das Badehaus – ein stinkender Raum, schmutziger Boden, über den man mit sauberen Füßen läuft, zu sechst unter die Dusche. Schein. Und so geht es weiter.

Noch etwas. Beim Ausgang des Lagers zu den Arbeitsbaracken steht ein kleiner Verschlag, drei mal vier Meter. Darin steht ein Doppelstockbett, in dem zwei junge Männer wohnen. Die machen den ganzen Tag über nichts, dürfen aber nicht heraus, weil sie im Krematorium arbeiten und wahrscheinlich zu viel sehen. Wenn wir zu den Schuhen gehen, kommen wir daran vorbei. Frau van Tijn, die ihren Hals reckte, um die Jungs zu sehen, bekam einen Klaps mit den Worten: »*Du neugierige alte Ziege.*«

28. Juni

Im Laufe dieser Woche ist ein Transport aus Jugoslawien angekommen, etwa 450 Personen. Heute ein paar Afrikaner abgefahren. Wilde IPAs über uns, aber ich will mich nicht recht freuen.

Abends. IPA, daß wir bald abfahren, weil die Deutschen gefordert hatten, daß unsere Liste noch am selben Abend abgegeben wurde. Zwar geglaubt, aber alles an mir abgleiten lassen aus Furcht vor erneuter Enttäuschung. Auf jeden Fall habe ich dieses Heft lieber mal wieder versteckt.

30. Juni 1944

Ich sitze im Zug und kann es nicht fassen. Eigentlich müßte ich hinausschauen, denn wir fahren durch eine wunderschöne Landschaft, aber ich will doch schnell in aller Kürze berichten, was passiert ist, im Telegrammstil, denn ich darf wirklich nichts von dieser Aussicht verpassen. Und zweitens hoffe ich, Dich nun doch in wenigen Wochen zu sehen, vielleicht sogar in wenigen Tagen!

Gestern, am 29. Juni, um Viertel nach fünf komme ich gewaschen aus der Waschecke und sehe Lübke (einen Grünen) vor Baracke 15 stehen, und die Menschen tanzen. Begriffen: Wir gehen weg. Nicht gedacht, gehandelt. Mit Handtuch unterm Arm weggerannt, von Freunden verabschiedet, denn ich wußte, daß später dafür keine Zeit mehr bleiben würde. Gelände abgeriegelt. Vier Grüne haben von halb sieben morgens an unser Gepäck Stück für Stück durchsucht. Wir um ca. halb zwei aus der Baracke (wir = Frauen). Große Straße überquert, in einer Garage *Leibesvisitation*. War nicht sehr gründlich. Das Gepäck mußten wir in der Garage zurücklassen. Um halb acht die Männer. Sahen das Gepäck auf Wagen wegfahren. Um drei Uhr nachts marschierten wir ab, die Kranken und Alten mit dem Auto. Den Augenblick, als sich der Schlagbaum hob, werde ich nie vergessen. Es war noch Nacht (drei Uhr), und im Dunkeln habe ich ein bißchen geweint (ich nehme an, ich war nicht die Einzige). Um fünf Uhr nach sehr ermüdendem Marsch auf dem Bahnhof Bergen angekommen. Das Gepäck ein einziges Durcheinander. Doch etwas herausgeangelt. Um Punkt sieben Uhr fährt der Zug ab. Alte Zweite-Klasse-Waggons, sieben in einem Abteil, ganz durchlaufender Zug, WC, kurzum, alles, was wir jahrelang nicht mehr gesehen hatten. Eine Lehne! Samtüberzogene Sitze! An sich überhaupt nichts Besonderes (es gab z.B. kein Wasser, keine Schlafgelegenheit, wir schliefen wie die Sardinen zu siebt), aber unsere Normen hatten sich verändert. Läden sehen, Aussicht über Land ohne Stacheldraht.

Unsere Reise – wunderschön ist gar kein Wort! Durch den Thüringer Wald, Hildesheim, Northeim, Göttingen, Berge, dicht bewachsen mit Wäldern, und in ihrer Mitte ein weites, leicht abfallendes Tal. Manchmal mit Dörfern, dann wieder nur einige Häuser. Grün in allen Schattierungen und Formen, tiefgelb das Korn, rot der Klatschmohn und rosafarben der Klee, Obstbäume. Und jetzt der Main mit einem breiten Tal und dann die Berge, die wie ein schützender Arm um die Täler liegen. Der Zug schlängelt sich durch die Landschaft, und immer wieder gibt es Aussichten in die Ferne, so weitläufig, friedlich und lieblich, daß ich eigentlich darüber schreiben müßte, aber immer wieder hinausschaue. Vom Krieg bislang nur wenig zu merken: bloß kaum Männer, und wenn man sie sieht, dann in Uniform (meist SS), auf den Bahnhöfen weibliche Arbeitskräfte und überhaupt: fast keine Menschen, kein Vieh auf den Weiden. Auf den Bahnhöfen Schilder: *DIE RÄDER ROLLEN UNS ZUM SIEG, UNNÖTIG REISEN VERLÄNGERT DEN KRIEG*. Im Zug: *VORSICHT BEI GESPRÄCHEN, FEIND HÖRT MIT*. That's all.

Würzburg. Offensichtlich wissen die Leute, daß es mit uns etwas Besonderes auf sich hat. An jedem Bahnhof hängen Menschen aus den Fenstern, um den *Sonderzug* zu sehen. Wir bekommen auch Wasser und manchmal warme Milch und warmes Wasser für die Babys der Familie Hartog. Unsere Transportbegleitung ist relativ freundlich. Einer in Zivil (er trägt Handschuhe aus Angst vor Infektionen), zwei in Uniform. Aber ich begreife es noch immer nicht, kann es noch nicht fassen. Es geht zu schnell. Nürnberg. Nicht oft bombardiert, aber es sieht dennoch ziemlich beschädigt aus. Tod, Totenstille in den Straßen, sechs Menschen auf einem Riesenbahnhof. Unsere

Kontrolle besteht außer einem Kerl in Zivil aus zwei Grünen, die nach jedem Bahnhof durch den Zug (fast hätte ich Baracke geschrieben) gehen und durchzählen. Als ob wir weglaufen würden. Wir sind wertvoll!

2. Juli

Was wir erleben, lohnt wirklich die Mühe, es in einem Tagebuch zu notieren. Und wie tief wir gesunken waren, merken wir erst jetzt, da wir wieder in eine einigermaßen normale Gesellschaft zurückkehren und uns allmählich dem Gefühl hingeben dürfen, gerettet zu sein. Langsam, denn wir haben so große Angst vor Enttäuschungen, daß wir uns noch nicht trauen, uns gehenzulassen. Ich werde Dir kurz weiter berichten. Wir hatten ein schweres, dunkles Roggenbrot aus dem Lager mitbekommen, ein halbes Pfund Margarine pro Person und für je fünf Personen eine Dose salzige, fette Leberpastete. Und mein Magen war das Essen überhaupt nicht mehr gewohnt, so daß mir gestern, als wir aussteigen mußten, schrecklich übel war. Wir erreichten Wien (ich glaube um halb acht) und wurden von fünf Grünen erwartet. Wir stiegen aus, stellten unser Gepäck auf den Bahnhof und warteten. Aber weil mir nicht gut war, blieb ich im Zug auf der Sitzbank liegen. *»Sie fahren als allerletzte«*, sagte der Grüne freundlich. *»Und bleiben Sie nicht in der Sonne liegen.« »Sorgen Sie dafür, daß das Fräulein im Auto sitzen kann«*, sagte er zu der Leiterin. Als Mensch behandelt werden! Dieses Gefühl kennen wir gar nicht mehr. Wirklich nicht. Auf einem Überfallwagen ins *Obdachlosenheim*. Ein Riesengebäude, Steintreppen, große, helle Schlafsäle. Betten, nicht auf- oder nebeneinander, sondern getrennt, weiße, saubere Laken. Ein Waschraum mit Waschbecken, es gibt fließendes warmes und kaltes Wasser. So sieht also Hilfe für Obdachlose aus. In normalen Zeiten hätten wir gesagt: sieht ordentlich aus. Natürlich kahl. Für uns war es ein Palast. Meine Hände waren monatelang nicht richtig sauber gewesen. Als wir ankamen, gewaschen. Gegessen. Curryreis und einen Becher Suppe. Alle Teller, Löffel usw. gehörten dem *Heim*. Jeder bekam eine Essenskarte, die gelocht wurde. Wir bekamen auch eine Ration Brot. Und die Menschen, das Personal, außerordentlich freundlich. Gestern abend hat Taubes eine Rede gehalten, daß nun Gott sei Dank die Gespräche über dickes oder dünnes Essen vorbei seien. Und so ist es auch. Wir lernen allmählich wieder zu lachen, sind freundlicher zueinander, kurzum, wir werden wieder Menschen!

Heute fahren wir weiter, werden gleich geimpft, auf Bitte der türkischen Regierung. Heute nacht ist der Transport aus Vittel angekommen, der mit uns *ausgetauscht* wird. Die hatten es wahrhaftig gut getroffen, eigene Zimmer, ein Park, ideal. Und als schriller Gegensatz dazu ist gestern abend ein Transport aus Ungarn eingetroffen, der jetzt nach Polen abfährt.

Ich höre jetzt auf. Im Zug weiter, denke ich. Wir werden von einer Kommission begleitet: ein Mann vom *Auswärtigen Amt*, einer vom *Polizeipräsidium* und ein Mann vom Schweizer Konsulat. Donnerstag in Konstantinopel!!!

2. Juli, später

Jetzt in Ungarn, im Mitropazug, 2. Klasse. Gerade in einem *Speisewagen* gegessen!!! Judensterne ab. Kann schlecht schreiben. Mache nur Notizen. Vergaß, daß wir in Nürnberg die *Halle* gesehen haben, in der Hitler immer spricht. Hätte ich mir früher nicht vorstellen können.

3. Juli

In Wien – Soldaten. In Ungarn – Pußta. Wie schade, durch all diese Städte zu reisen, ohne sie besichtigen zu können. Budapest – Vorstädte zerstört. Drei enorme Brände. Wir befinden uns in Ujvidek (Grenze Rumänien-Ungarn). Sollten ursprünglich über Belgrad fahren, aber zu gefährlich.

Doch Jugoslawien. Unbeschreiblich. Fahren Hunderte von Metern über der Donau. Bäume bis zu den Kronen im Wasser. Mitten im Fluß Weiden. Auf der anderen Seite Dörfer und kleine Städte an die Felsen gebaut. Arm, arm, arm. Schafe mit Hirten und Hund. Kleine Pferde. Frau mit einem Joch und zwei runden Körben. Alle barfuß. Männer mit nacktem Oberkörper. Wir bleiben vor einem Tunnel stehen, fahren gerade wieder an, glaube ich.

11.15

Der Zug steht. Bombardement. Rauchsäulen wehen uns entgegen. Ist die Bahnlinie getroffen? Halb zwei; wir sitzen immer noch fest, und ich nutze die Gelegenheit zum Weiterschreiben. Bis Wien sind wir gut behandelt worden, d. h. wir haben angenehm gesessen und hatten ausreichend Vorräte. Es gab zwar kein Wasser, aber die Reise war dennoch im allgemeinen recht vergnüglich. Seit Wien ist es eine Show, denn mit diesem Zug fahren wir in die Türkei. Also ... ein Mitropazug, 1., 2. und 3. Klasse (mit Entschuldigungen wegen der 3. Klasse) – der Zug fährt langsam wieder an – zwei Speisewagen, ein Schlafwagen – der Zug steht wieder – aber: kein Gepäckwagen, so daß alles Gepäck in die Dritte-Klasse-Abteile mußte, kein Wasser, zwei Waggons zuwenig, so daß wir wieder mit viel zu vielen Menschen in einem

Abteil sitzen. Ein Schlafwagen, nur für die Deutschen. Das Essen schmeckt gut (wir finden alles fein), ist aber viel zu wenig. Deutsche Rote-Kreuz-Schwestern, die nichts tun, denn wir haben unsere eigenen Schwestern. Alles Show. Und es stinkt ihnen ganz gewaltig, daß sie uns dieses gute Leben bieten müssen.

Belgrad. Prachtstadt. Wahnsinnig bombardiert worden. Der Flugplatz heute vor unseren Augen zerstört. Alle Bahnhofsuhren in Jugoslawien sind stehengeblieben. Viele Menschen auf bloßen Füßen. Hirten und Hirtinnen. Deutsche Soldaten flirten mit uns: *»Es sind Juden, ihr bekommt Unannehmlichkeiten.«*

4. Juli

Bulgarien. Felsen, Höhlen. Panzerwagen fahren vor und hinter dem Zug; Angst vor Partisanen. Häuser aus Mist und Stroh. Bevölkerung antideutsch, zerlumpt, arm, manchmal Bärenmützen (im Juli). Die verrücktesten Dinge geschehen hier, Dinge, die zu roh und unwahrscheinlich sind. Heute morgen ist an irgendeinem armseligen, unordentlichen und malerischen Bahnhof ein Ensemble eingestiegen wie aus einer Revue, riesige Schnauzbärte, ein Mann in deutscher Uniform (wahrscheinlich gestohlen), barfuß, und andere ganz unglaublich ausstaffiert, so daß wir jetzt mit Musik reisen! Nach Polen schicken sie uns nicht mit Musik. Ein erschütternder Kontrast.

4. Juli, später

Immer wieder ein kleines Stück fahren und dann wieder die Bahnlinie nach Bomben absuchen. Zwischen den Waggons sehen wir Flammen auf der Schienenstrecke. Sofia schrecklich bombardiert. Halb neun und stockdunkel. Schafe und Hirten. Die Deutschen haben ihre Uniformen schon ausgezogen. Unkenntlich in Zivil.

5. Juli

Wir stehen an der türkischen Grenze. Gestern abend sind wir durch eine neutrale Zone gefahren. Ich hatte noch nie davon gehört, aber unsere Kommission war schon in Zivil, und die Dörfer, durch die wir fuhren, waren hell erleuchtet und vermittelten ein so festliches und sicheres Gefühl, wie wir es schon lange nicht mehr hatten. Vater mußte eine Erklärung unterschreiben, daß er während des Krieges gegen *»Deutschland und seine Verbündeten«* keine Waffen tragen werde. (Alle Männer natürlich.) Wahrscheinlich werden wir erst um zwei Uhr hier abfahren und morgen in aller Frühe in Konstantinopel aussteigen. Das Verrückte daran ist, daß ich noch vor ein paar Tagen, als ich im Bett lag und mir vorstellte, in Konstantinopel, also in Sicherheit, zu sein, sofort weinen mußte. Und jetzt, wo es soweit ist (denn wir sind nun doch schon nahe der Grenze, in einer *neutralen Zone*), wird mir wieder nicht richtig bewußt, was das heißt. Ich weiß nur, daß die Reise an sich schon ein Erlebnis war, das ich niemals in allen Einzelheiten wiedergeben werden kann. Und stell Dir vor, die Kommission stand gestern nacht, als wir durch das Guerillagebiet fuhren, Todesängste aus.

Im Zug überall Bewachung und Panzerwagen vorn und hinten mit großen Scheinwerfern. Wenn Du das in einem Buch lesen würdest, liefe Dir bestimmt ein Schauer über den Rücken. Wir fuhren durch ein Gebiet aus kahlen Felsen und Höhlen, und tatsächlich wäre es von überall aus möglich gewesen, den Zug unter Beschuß zu nehmen. Dennoch hatten wir absolut keine Angst. Wir scheinen zu viel durchgemacht zu haben. Nicht, daß es mir Spaß machte, denn ein wenig bange war mir schon, aber längst nicht so sehr, wie man vielleicht denken würde. Und die Reise war wirklich unglaublich schön. Große Schafherden mit Hirten, einfach biblisch. Wir sahen eine schmale Landstraße, die durch die Berge führte, und dort ritt ein Mann mit einem schwarzen Umhang und einer hohen Mütze auf einem Maulesel, einen Stock vorne quer. Wie gemalt!

Und mittlerweile machen sich die Leute wieder Sorgen ums Essen. Im Speisewagen bekommen wir nämlich lächerlich wenig, davon wird noch nicht einmal eine Puppe satt. Aber wir machen uns nicht so viel draus, jetzt, da wir wissen, daß wir bald wieder ordentliches Essen bekommen werden. Auf der anderen Seite ist dieser Übergang sehr gut für uns. Heute morgen wurde ein türkischer *Speisewagen* angehängt, wo man ein phantastisches Frühstück erhält. Und jetzt drängeln sich alle, damit sie dort essen können. Als ob man nicht noch ein kleines bißchen länger warten könnte. Dennoch bin auch ich an die Reihe gekommen und habe gerade bei den Türken gegessen. *Spiegelei!!* Mehr brauche ich dazu nicht zu sagen! Wir haben die Freiheit gefeiert, und das auf unglaubliche Weise, im türkischen Speisewagen bei einem gemütlichen Abendessen mit lauter netten Menschen. Freundliche Kellner. Von der türkischen Regierung! Unvergeßlich.

Soeben über einen gelben Fluß gefahren. Die Maritza. Büffel, Moscheen, Störche, Lehmhütten. Letzte Woche um diese Zeit wußten wir noch von nichts.

6. Juli

Wir sind mitten in einem Märchen. Im Augenblick sitzen wir in einem Boot und fahren über den Bosporus. Prachtvolle Häuser, unbeschreiblich schön, und Wasser, so blau, wie ich nie gedacht hätte, es einmal zu sehen. Und alles ist ein einziges Erlebnis. Immerzu. Pakete mit: Schokolade! Haselnüssen! Käse! Ei! Obst! Zigaretten! Aber es gibt auch Schattenseiten. Wir sind Schnorrer, Bettler, werden isoliert auf ein Boot gesetzt und müssen von der Fürsorge leben. Und wir haben inzwischen auch die Mentalität von Schnorrern, d. h. wir haben gelernt, zu betteln und alles ohne Geld zu bekommen. Vielleicht verlernen wir es auch schnell wieder. Wenn ich bedenke, daß wir früher zu den Menschen gehörten, die verteilten, und nicht zu denjenigen, die empfingen. Aber ein Märchen bleibt es dennoch.

7. Juli

Goldenes Horn. Moscheen, der Sultanspalast, Esel, mit Körben beladen, schöne Krüge mit rundem Bauch und schmalem Hals. Einzigartige Boote und Segelschiffe, aber das Schönste von allem: das blaue, blaue Wasser. Heute abend fahren wir noch weiter. Und wir kommen immer näher zu Dir. Wir haben jetzt einen luxuriösen Zug, so etwas Schickes und Schönes. Vater und Mutter haben ein Schlafwagenabteil, etwas Außergewöhnliches. Und gestern abend haben wir bei Licht gegessen! Die Berge mit Tausenden von beleuchteten Fenstern, Vollmond. Alles gleich schön und himmlisch. Verschleierte Frauen. Kirchhöfe mit rauhen Steinen. Felsen, Wadis. Alles, was wir hier sehen, ist biblisch. Fahren am Rand der Wüste entlang. Primitive Dörfer, Kamele.

8. Juli

Jetzt in Adana. Auf dem Bahnhof eine Plakette von Roosevelt und Churchill, die sich hier getroffen haben. Fahren durch kochend heiße Tunnel.

9. Juli

Aleppo. Frühstück, waschen und duschen im Zeltlager, errichtet von britischen Soldaten, die uns seit der Türkei begleitet haben. Menschen schlafen auf den Dächern.

10. Juli

Hama, Homs, Tripoli. Wüstenwind, Zeltdörfer, feuchte Wärme, Schneegebirge. Beirut, Mittelmeer. Ras-a-Nakura (Rosh Hanikra).

PALÄSTINA!!!

Zeittafel

1940

10. Mai Die deutsche Wehrmacht überfällt die Niederlande, Belgien und Luxemburg.

14. Mai Rotterdam wird von der Deutschen Wehrmacht bombardiert und weitgehend zerstört. Das niederländische Heer kapituliert mit Ausnahme der Truppen in der Provinz Zeeland.

29. Mai Arthur Seyß-Inquart wird von Hitler zum Reichskommissar für die besetzten Niederlande ernannt.

Oktober Beginn der Liquidation jüdischer Betriebe.

November Entlassung aller jüdischen Beamten aus dem öffentlichen Dienst.

1941

10. Januar Gesetz zur Meldepflicht von Personen, die ganz oder teilweise »jüdischen Blutes sind«.

13. Februar Gründung des Jüdischen Rates in Amsterdam.

25. bis 27. Februar Generalstreik gegen die deutschen Besatzer.

August Sperrung des gesamten jüdischen Vermögens in den Niederlanden.

1942

20. Januar Auf der Berliner »Wannseekonferenz« besprechen hochrangige Vertreter des NS-Staates die Koordination der geplanten Deportation und Ermordung der europäischen Juden, der sogenannten »Endlösung der Judenfrage«.

Mai In den Niederlanden muß der sogenannte Judenstern getragen werden.

Juni Weitere antijüdische Gesetze: Juden dürfen nur noch zwischen 3 und 5 Uhr nachmittags einkaufen, sie dürfen nicht mehr in Parks und Grünanlagen. Es wird eine Ausgangssperre zwischen 8 Uhr abends und 6 Uhr morgens verhängt.

22. Juni Deportationschef Adolf Eichmann teilt dem Auswärtigen Amt in Berlin mit, daß mit der Reichsbahn Absprachen über den Transport von 100 000 Juden aus den Niederlanden, Belgien und Frankreich nach Auschwitz getroffen seien.

26. Juni Der Jüdische Rat in Amsterdam wird über bevorstehende Deportationen in Kenntnis gesetzt.

1. Juli Aus dem Flüchtlingslager Westerbork wird ein »Polizeiliches Durchgangslager« unter deutscher Verwaltung.

14. Juli Deutsche Polizisten ergreifen ungefähr 700 Juden auf offener Straße als Geiseln und drohen mit ihrer Deportation, falls sich die 4 000 Juden, die eine Aufforderung zum »Arbeitseinsatz« erhalten haben, nicht einfinden sollten. Bereits am nächsten Tag beginnen die Deportationen, die Geiseln werden fast alle wieder freigelassen.

1943

Januar Das Konzentrationslager Herzogenbusch (niederländisch: Vught) wird errichtet.

21. Mai 7000 Mitglieder des Jüdischen Rates erhalten eine Aufforderung zum »Arbeitseinsatz« und werden in den folgenden Tagen nach Westerbork deportiert.

September Der Jüdische Rat wird aufgelöst, die letzten Mitglieder werden nach Westerbork deportiert.

1944

September Das Konzentrationslager Herzogenbusch (Vught) wird von kanadischen Truppen befreit.

1945

12. April Das Lager Westerbork wird von kanadischen Soldaten befreit. Zu diesem Zeitpunkt befinden sich noch etwa 900 jüdische Häftlinge im Lager.

15. April Das Konzentrationslager Bergen-Belsen wird von britischen Streitkräften befreit. Im Lager sind etwa 60 000 Überlebende, von denen noch 13 000 innerhalb der nächsten Wochen an den Folgen ihrer Haft sterben.

Der südliche Teil der Niederlande wird von den Alliierten Ende 1944 befreit, der Norden mit Ende des Krieges im Mai 1945.

dän.
Coventry
Dover
Dieppe
Amiens
Paris
Compiègne
Rethel
Seine
Orleans
Langres
Epinal
Dijon
Le Creusot
Vichy
Riom
Lyon
Rhône
26. Juni 1940
1.–27. Nov. 1942
Niederlande
Rotterdam
1940
3.6.40
Belgien
Antw.
Brüss.
28.5.
1940
Maginot-Linie
Kiel
Rostock
Hamburg
Wesermünde
Elbe
Hannover
Berlin
Stettin
Oder
Danzig
Brombg.
Kulm
Weichsel
Posen
Kutno
1.–28. Sept.
Kielce
Kattowitz
Essen
Köln
Rhein
Westwall
Deutsches Reich
Magdeburg
Leipzig
Dresden
Reichenbg.
Breslau
Sudetenland
Frankfurt
Mainz
Prag
Protektorat
Nürnberg
Pilsen
Stuttgart
München
Donau
Wien
Preßburg
Brünn
Ostmark
Budapest
Bern
Zürich
Schweiz
Innsbruck
Brenner
Mailand
Verona
Triest
Laibach
ital.
Marbg.
Agram
Drau
Sawe
Szeged
Venedig
Po
Genua
Italien
Waffenstillstand 3. Sept. 1943
Spezia
Livorno
S. Marino
Gran Sasso
Adriatisches M.
Kroatien
6.–17. April 1941
Zara
ital.
Sarajewo
Montenegro
Cattaro
ital.
Tirana
Albanien
ital.
Rom
4.6.44
Monte Cassino
Nov. 43
Sangro
Foggia
Anzio
23.1.44
Garigliano
Neapel
Salerno
9.9.43
Tarent
Brindisi
Korfu
Korsika
11.11.42–3.10.43
19.9.43
Räumung
Sardinien
Cagliari
Menorca
Mallorca
Marseille
Toulon
Perpignan
Palermo
Messina
9.43
Sizilien
Catania
Gela
10.7.43
Pantelleria
7.6.43
Malta brit.
Bizerte
11.11.42
Tunis
Bône
Bougie
Tebessa
Gafsa
Sfax
Gabes
Tunesien
Tripolis